航空技术与经济丛书·智库报告

中国航空物流枢纽发展指数报告
(2021~2022)

Development Index Report on
China's Aviation Logistics Hubs (2021-2022)

国家发改委综合运输研究所
航空经济发展河南省协同创新中心
中国城市临空经济研究中心
河南航空经济研究中心

金 真 谢本凯 等／著

社会科学文献出版社
SOCIAL SCIENCES ACADEMIC PRESS (CHINA)

本研究得到教育部人文社会科学研究青年基金资助项目（20YJC630124）、河南省高等学校青年骨干培养计划资助项目（2020GGJS175）、河南省哲学社会科学规划年度项目（2021BJJ101）、河南省高等学校智库研究项目（2021-ZKYJ-02）、2022年河南省高等学校重点科研项目"基于交通大数据的绿通智能服务平台优化技术实现"（22A870008）的资助。

指导委员会

主　任：张大卫
副主任：汪　鸣　张占仓　马　剑　李广慧　李　捷
　　　　　王　红　康省桢　耿明斋
委　员：张安民　张　宁　刘兆喻　杨　波　郝爱民
　　　　　赵　巍　金　真　钟志平　李新国　吴振坤

前　言

经济全球化和新技术革命推动的产业变革，正深刻改变着世界。产业在全球布局空间的优化，形成了日臻完善的国际化垂直分工体系和网络化格局；现代信息技术、先进制造技术、快速交通技术的迭代应用打破了信息不对称和时空限制，也改变了国际和区域间的生产、交换和消费方式；中间品贸易加大了国际贸易的流量，贸易自由化和便利化对要素流动、生产安排和物流组织的速度与效率提出了更高的要求。航空运输业因为能够提供高时效、高附加值、高技术含量产品的运输服务，在全球供应链中的作用日益凸显。它和其他技术特别是和互联网技术的结合，改变了经济要素配置、产业的组织方式和空间布局特征，推动形成了一种新经济业态——航空经济。

作为航空经济发展的一种重要空间载体，我国临空经济区历经10余年的建设和积累，目前已经步入"二次创业"阶段，在推动地方经济发展和新旧动能转换的过程中扮演着重要角色，正不断发挥交通衔接、对外交流、产业聚集等作用。航空经济作为一种经济形态，不仅成为各地政府、企事业单位营商与投资工作的热点，更是我国实现区域协调发展、高质量发展的重要方向。

推动中国航空经济发展，已成为新时代我国经济发展的基本特征和战略任务。中国航空经济的本质就是从"高速度"向"高质量"、从"中低端"向"中高端"转变，涉及产业升级、结构优化、动力转换、生态建设、区域协调等方面的重大变革和战略调整，也是经济发展规律、发展导向、发展水平的最新体现和基本要求。尤其是近两年国家高度关注"空中丝路"

建设，这为中国航空经济发展提出了更高要求和更大期待。

为全面把握我国现有航空物流枢纽发展的现状、经验和存在的不足，深化中国航空物流枢纽指数指标体系研究，郑州航空工业管理学院"航空经济与管理"河南省特色骨干学科群，联合国家发改委综合运输研究所、航空经济发展河南省协同创新中心、中国城市临空经济研究中心及河南航空经济研究中心成立联合课题组，在《中国航空物流枢纽发展指数报告（2020~2021）》的基础上，共同研究形成了《中国航空物流枢纽发展指数报告（2021~2022）》。

目录

第一篇 总报告

第一章 2021~2022年中国航空物流枢纽发展形势及政策取向 / 3
 第一节 2021~2022年中国航空物流枢纽发展情况 / 3
 第二节 中国航空物流枢纽发展形势及展望 / 9
 第三节 推进航空物流枢纽发展的政策取向 / 15

第二章 中国航空物流枢纽发展指数的构建与分析 / 25
 第一节 中国航空物流枢纽发展指数指标体系的构建背景 / 25
 第二节 中国航空物流枢纽发展指数指标体系 / 26
 第三节 中国航空物流枢纽发展总指数 / 45
 第四节 中国航空物流枢纽发展分指数 / 47

第二篇 区域篇

第三章 京津冀地区航空物流枢纽发展分析 / 57
 第一节 发展概述 / 57
 第二节 京津冀地区重点机场分析 / 58

第四章　长三角地区航空物流枢纽发展分析 / 71
  第一节　发展概述 / 71
  第二节　长三角地区重点机场分析 / 73

第五章　珠三角地区航空物流枢纽发展分析 / 94
  第一节　发展概述 / 94
  第二节　珠三角地区重点机场分析 / 96

第六章　西部地区航空物流枢纽发展分析 / 105
  第一节　发展概述 / 105
  第二节　西部地区重点机场分析 / 107

第七章　中部地区航空物流枢纽发展分析 / 124
  第一节　发展概述 / 124
  第二节　中部地区重点机场分析 / 126

第三篇　专题篇

第八章　"空中丝绸之路"视域下空港型物流枢纽比较研究 / 143
  第一节　"空中丝绸之路"的内涵与空港型物流枢纽的发展 / 143
  第二节　"空中丝绸之路"的中国行动 / 147
  第三节　"空中丝绸之路"视域下空港型物流枢纽比较 / 150
  第四节　开放合作，携手共建"空中丝绸之路" / 158

第九章　河南航空物流发展新契机：解读《河南省"十四五"现代物流业发展规划》/ 161
  第一节　河南省航空物流发展现状 / 161
  第二节　《河南省"十四五"现代物流业发展规划》与国家战略的

　　　　　有效融合 / 162
　第三节　《河南省"十四五"现代物流业发展规划》对航空物流的
　　　　　战略部署 / 164
　第四节　坚持"一条主线"，发挥物流对经济增长的拉动作用 / 165

第十章　郑州新郑机场空铁联运发展研究 / 169
　第一节　郑州推进空铁联运的原因 / 170
　第二节　空铁联运的发展现状 / 171
　第三节　郑州推进空铁联运的主要策略 / 173

第十一章　航空物流企业服务质量评价研究：基于航空物流企业
　　　　　分类的视角 / 176
　第一节　前　言 / 176
　第二节　航空物流企业分类与服务质量评价研究综述 / 178
　第三节　航空物流企业分类分级 / 183
　第四节　航空物流企业服务质量评价指标体系 / 186

第十二章　新发展格局下航空经济高质量发展路径 / 201
　第一节　高质量发展要求下航空经济的新特征 / 201
　第二节　河南航空经济发展的优劣势 / 202
　第三节　河南航空经济高质量发展路径 / 202

后　记 / 205

第一篇　总报告

第一章

2021~2022年中国航空物流枢纽发展形势及政策取向

2018年12月25日,国家发改委和交通运输部联合发布《国家物流枢纽布局和建设规划》(以下简称《规划》),明确提出到2020年建设30个左右具有典型示范效应和带动能力的国家物流枢纽,到2025年建成120个左右的国家物流枢纽,基本形成以国家物流枢纽为核心的现代化物流运行体系。国家物流枢纽的培育与建设,将成为未来一段时期影响我国物流业发展的关键一环。根据《规划》的要求,我国将布局航空物流枢纽共计23个。[①] 本章对航空物流枢纽的发展情况进行概述,以期使读者对我国航空物流枢纽的现状有所了解。

第一节 2021~2022年中国航空物流枢纽发展情况

一 航空物流枢纽的建设要求

物流枢纽是集中承载货物存储、转运、集散等功能的物流设施集群和区域物流活动的运营组织中心。如果物流枢纽所使用的运输方式主要是航空运输,并且依托货运机场、客运枢纽机场和航空口岸等基础设施,为空港及其辐射区域临空产业的发展提供快捷高效的国内国际航空物流和陆空联运服务,那么这类物流枢纽就是航空物流枢纽。《规划》中提出了航空物

---

① 本报告使用"航空物流枢纽"来指代《规划》中提到的"空港型物流枢纽"。

流枢纽具体的布局和建设要求，如表1-1所示。

表1-1 航空物流枢纽的布局和建设要求

考核指标	指标具体要求
运营主体	单一企业或以战略合作、资本联合形成的企业联盟作为系统组织配置枢纽物流资源的运营管理主体
区位和设施条件	（1）距机场不超过5公里；（2）部分枢纽应具备铁路专用线
占地面积	≥0.5平方公里，且物流运营占地面积超过60%
物流强度	≥50万吨/平方公里·年
货运规模	枢纽完成的航空集散规模达到机场货运总量的30%以上
设施集中度	（1）集中连片布局；（2）分散布局的互补功能设施原则上不超过2个
主要功能	（1）航空干线组织；（2）区域分拨及配送；（3）陆空等多式联运；（4）国际物流服务
信息化	具备有效接入枢纽各类资源并支持业务对接、信息互联互通、对外开放兼容等综合功能的信息平台

根据各地区临空经济区发展的情况，结合表1-1中提到的要求，航空物流枢纽可以包括两种类型的企业，一类是机场，另一类是机场周边临空经济区内的大型物流园区。从实际入选国家航空物流枢纽承载城市的名单来看，以机场作为航空物流枢纽建设主体来进行申报的城市占据多数。

由于我国机场普遍存在"大而全"的现象，各机场间定位不清，缺乏"专而精"的货运机场，结合入选国家航空物流枢纽的23个城市所对应的25座机场的生产情况[①]，我们可以清晰地看出国家航空物流枢纽的布局情况。如表1-2所示，从旅客吞吐量来看，排名前25位的机场中，只有乌鲁木齐地窝堡机场、宁波栎社机场、银川河东机场、拉萨贡嘎机场未能入选；从货邮吞吐量来看，排名前25位的机场中，只有贵阳龙洞堡机场、北京大兴机场、三亚凤凰机场、哈尔滨太平机场、宁波栎社机场、银川河东机场、拉萨贡嘎机场未能入选；从起降架次来看，排名前25位的机场中，只有乌鲁木齐地窝堡机场、三亚凤凰机场、宁波栎社机场、银川河东机场、拉萨贡嘎机场未能入选。

---

① 我国航空物流运输的货物大部分是通过客机腹舱载货形式完成的，因此民航业三大生产指标都有一定的参考价值。

表 1-2 国家航空物流枢纽承载城市 2020 年机场生产情况排名

城市/机场	名次	旅客吞吐量（人次）	名次	货邮吞吐量（吨）	名次	起降架次（架次）
广州/白云	1	43760427	2	1759281.2	1	373421
成都/双流	2	40741509	7	618527.7	4	311797
深圳/宝安	3	37916059	3	1398782.5	3	320348
重庆/江北	4	34937789	8	411239.6	6	274659
北京/首都	5	34513827	4	1210441.2	5	291498
昆明/长水	6	32989127	12	324989.8	7	274433
上海/虹桥	7	31165641	11	338557.1	10	219404
西安/咸阳	8	31073884	10	376310.9	8	255652
上海/浦东	9	30476531	1	3686627.1	2	325678
杭州/萧山	10	28224342	5	802049.1	9	237362
郑州/新郑	11	21406709	6	639413.4	14	178682
南京/禄口	12	19906576	9	389362.4	11	181725
长沙/黄花	13	19223825	15	192018	15	156321
厦门/高崎	14	16710197	13	278336.4	16	139827
贵阳/龙洞堡	15	16583878	27	113452	17	134606
北京/大兴	17	16091449	35	77252.9	18	133114
三亚/凤凰	18	15412787	33	79933.6	25	108157
青岛/流亭	19	14561592	14	206785.9	20	127058
哈尔滨/太平	20	13508687	28	112052.4	24	108444
天津/滨海	21	13285478	17	184980.4	22	115770
武汉/天河	23	12802070	16	189361.1	23	115197
乌鲁木齐/地窝堡	25	11152723	24	122005.4	28	100096
宁波/栎社	31	8971579	26	119155.9	38	75373
银川/河东	39	6906054	40	51824.4	47	61630
拉萨/贡嘎	47	4133192	43	41920.2	66	36762

同时，考虑到航空物流枢纽合理布局以及区域间均衡发展的需要，选择航空物流枢纽承载城市时，海南选择了三亚，而银川、拉萨两市的机场虽然生产指标排名并不靠前，但由于两市所处区位非常重要，因此也被列入了国家航空物流枢纽承载城市。此外，需要强调的是，虽然部分城市并未列入国家航空物流枢纽承载城市，如合肥、鄂州、嘉兴、南通，但因为一些快递电商企业的布局，未来在航空物流枢纽建设中仍然大有可为。

枢纽经济作为一种新经济模式，是交通运输与经济社会融合的时代产物。现在，物流枢纽不再只是传统的区位经济和枢纽的概念，也不再只是强调物流系统的硬件设施和软件组织，其在物流网络中的节点和平台作用更加突出，它要实现的目标是以打造全球卓越效率机场为核心，发挥机场动力源的作用，打造全球航空货运枢纽，并让物流枢纽成为新的经济增长点。因此，推进航空物流枢纽建设的实质是推进临空经济区的高质量发展。

为此，本章接下来将从枢纽机场货邮量、客货比及进出港货量三方面来观察中国航空物流枢纽2020年的发展情况。

二 中国航空物流枢纽2020年的发展情况

（一）枢纽机场2020年货邮量变化

由表1-3可知，2020年入选国家航空物流枢纽的23个承载城市的25座机场合计完成货邮吞吐量1372.47万吨，占全国机场货邮吞吐量的85.38%，与2019年（85.72%）基本持平。

表1-3 枢纽机场2020年货邮量变化

城市/机场	全国名次	本期完成量（吨）	上年同期（吨）	增速（%）
上海/浦东	1	3686627.1	3634230.4	1.4
广州/白云	2	1759281.2	1919926.9	-8.4
深圳/宝安	3	1398782.5	1283385.6	9.0
北京/首都	4	1210441.2	1955286.0	-38.1
杭州/萧山	5	802049.1	690275.9	16.2
郑州/新郑	6	639413.4	522021.0	22.5
成都/双流	7	618527.7	671903.9	-7.9
重庆/江北	8	411239.6	410928.6	0.1
南京/禄口	9	389362.4	374633.5	3.9
西安/咸阳	10	376310.9	381869.6	-1.5
上海/虹桥	11	338557.1	423614.7	-20.1
昆明/长水	12	324989.8	415776.3	-21.8
厦门/高崎	13	278336.4	330511.6	-15.8
青岛/流亭	14	206785.9	256298.8	-19.3

续表

城市/机场	全国名次	本期完成量（吨）	上年同期（吨）	增速（%）
长沙/黄花	15	192018.0	175724.5	9.3
武汉/天河	16	189361.1	243193.4	-22.1
天津/滨海	17	184980.4	226162.7	-18.2
乌鲁木齐/地窝堡	24	122005.4	172800.5	-29.4
宁波/栎社	26	119155.9	106120.2	12.3
贵阳/龙洞堡	27	113452.0	120110.2	-5.5
哈尔滨/太平	28	112052.4	135923.2	-17.6
三亚/凤凰	33	79933.6	99821.0	-19.9
北京/大兴	35	77252.9	7362.3	949.3
银川/河东	40	51824.4	61245.8	-15.4
拉萨/贡嘎	43	41920.2	39320.2	6.6

资料来源：中商情报网。

2020年货邮吞吐量实现正增长的机场有10个，25个机场货邮吞吐量合计增长-6.4%。

从2016~2020年的货邮吞吐量看（见图1-1），上海浦东机场始终是国内最大的货运机场，货邮吞吐量从2016年的343.6万吨增长到2020年的368.8万吨，年均增长1.8%；杭州萧山机场是年均增速最快的机场，货邮吞吐量从2016年的48.8万吨增长到2020年的80.2万吨，年均增长13.2%。

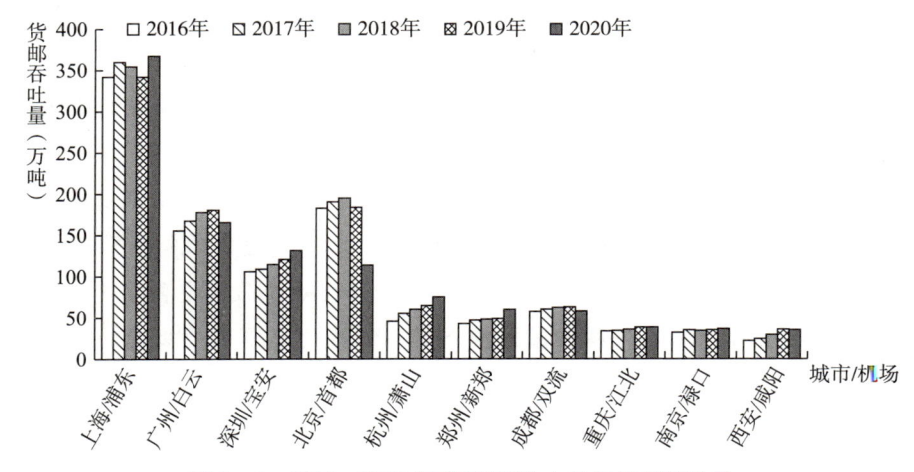

图1-1 2016~2020年我国前10大机场货邮吞吐量

受疫情影响，北京首都机场年均增速为-11.1%，其余机场近年来基本保持稳定增长。从整体市场份额看，前10大机场的整体市场份额从2016年的69.0%下降到2020年的67.9%，下降1.1个百分点，市场份额并无显著变化，近年来一直占我国机场货邮吞吐量的七成左右。

（二）枢纽机场2020年客货比变化

业界普遍以客货比①作为体现机场货运功能的参考指标，客货比越低表明机场的货运功能越突出，反之则说明货运发展较客运相对滞后。货运业务全球领先的孟菲斯机场（FedEx基地机场）、路易斯维尔机场（UPS基地机场）以及辛辛那提机场（DHL基地机场）等，客货比指标均小于20。

对比2019年各枢纽机场客货比，如果以50作为临界值，2020年只有上海浦东机场、广州白云机场、深圳宝安机场三座机场的客货比低于50（见图1-2），多数枢纽机场的货运属性并不突出。

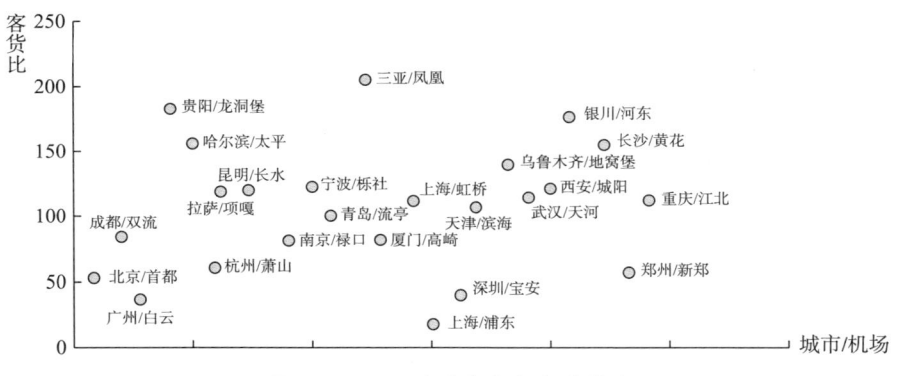

图1-2 2020年各枢纽机场客货比

2018年，《关于下发2018年冬航季航班时刻配置政策的通知》明确了货邮飞行航班时刻安排的时间窗口，以进一步提高货邮飞机日利用率和机场货邮服务设施利用率。2020年1月，《民航局关于下发2020年夏航季航班时刻配置政策的通知》再次推动政策落实，调整了货邮飞行航班时刻配置政策，增加了货邮航班时刻供给，力争贡献5%的货邮运输增长量。

2020年受疫情影响，客运量大幅下滑，客货比出现明显变化，上海浦东机场、广州白云机场和深圳宝安机场三座机场的客货比低于50。其余各

---

① 客货比=旅客吞吐量（人次）/货邮吞吐量（吨）。

机场的客货比也均呈现明显的下降态势。

（三）枢纽机场 2020 年进出港货量比较

长期以来，各大机场提供的货运服务的形式主要还是客机腹舱带货，全货机不多，且以国内航班为主，国际航班不多，航线基本属于点对点，缺少中转和路由的轴辐式网络，服务内容严重同质化，服务质量与国际先进水平差距较大，多表现为机场的出港货量远大于进港货量。

疫情发生后，国内外航司大面积削减航班计划，国内通达国际的客运航班大幅度减少，腹舱货物运输通道基本中断，尽管全货机航班保持正常运转，但航空货运运力严重不足，通达能力严重受损。中国民用航空局（以下简称民航局）数据显示，2020 年 1 月我国共完成货邮运输量 60.6 万吨，同比下降 9.8%。其中，国内航线的运输量同比下降 11.1%，国际航线同比下降 6.7%。自 1 月 23 日起，货邮运输量出现迅速下降态势，2 月完成货邮运输量 29.7 万吨，同比下降 21%。

随着疫情逐步得到控制，中国成为全球疫情防控支援中心，航空货运则成为运输国际医疗防疫物资、保障国际供应链畅通的重要方式。在此情况下，全球范围内一方面纷纷增开和新增至中国的货运航线，另一方面国内外航空公司推出"客改货"航班以补充国际航空运力，国际航空货运能力快速提升，航空货运紧张局面得到明显缓解。3 月，国内共完成货邮运输量 48.4 万吨，同比下降 23.4%，尽管同比仍为下降态势，但全货机运量开始逆势增长，增幅达 28.4%，货量占比超过 50%。4 月，单周全货机航班已经达到 1050 班，客改货 939 班，批复全货运加班包机 839 班，同比增加 117.4%，批复中外航空公司客改货加班包机 1873 班。而进入 5 月，国内实际执行的国际货运航班已达到 4250 班/周，同比增长达 215%。2020 年，大多数机场的进出港货量不均衡，进港货量明显大于出港货量，但北京首都机场、成都双流机场、上海虹桥机场、天津滨海机场等机场的进出港货量相对均衡。

第二节 中国航空物流枢纽发展形势及展望

当前，国际国内形势发生深刻复杂的变化，世界经济增长乏力，全球民航业结构性变化引发了航空物流流向、物流通道、运输组织方式的变化。

受此影响，全球供应链面临加速调整，供应链区域化、短链化、利益集团化更加明显，疫情造成的国际货运通道中断，倒逼我国航空物流转型升级。

一 全球民航业发生结构性变化

（一）航空公司的私有化进程停滞，机场竞争加速

20世纪70～90年代，美国与欧盟先后实施过"天空开放"政策，航空公司私有化进程加速，并且在不断并购与重组中形成了相对稳定的竞争格局。但是疫情改变了这一状况，鉴于民航业对国家经济与社会发展的综合效应，各国几乎都发布了对民航业的扶持措施，除了减免税费，还直接提供财政援助。航空公司私有化进程停滞，意味着未来民航业的竞争将更多体现国家意志。

此外，航空公司加快机队结构调整，选择关闭基地或建设次级枢纽等策略，都在一定程度上推进了机场竞争格局的调整。

（二）运力过剩，市场集中度更高

国际航空运输协会（IATA）曾预测2020年全行业运行的机队将减少20261架，大批航空公司将出现亏损，并且已经有17家航空公司破产。一旦大批航空公司破产，将产生连锁反应，直接影响上游的飞机租赁和飞机制造行业。

每一次全球性调整的结果就是由航空公司并购与重组所带来的市场集中度不断走高。美国次贷危机期间发生了14次航空公司的并购重组，直接导致美国航空市场集中度超过了85%。

二 航空货运市场数字化、智慧化程度提高

2019年，各航空公司已经开始淘汰传统的纸质系统，实行数字化办公，包括使用收集UDD的数字设备、用于危险货物申报的应用程序以及可实时预订和跟踪货件的在线平台。货运代理、集成商和机场也在加大对数字化技术的投资。越来越多的机场要求地面处理人员和供应商通过数字平台预留舱位，从而提高效率，并通过数据共享降低成本和碳排放。另外，电子航空运单（e-AWB）从2019年1月1日起成为所有在启用的贸易通道上运送货物的默认运输合同。

全球疫情导致的航空客运业务萎缩、隔离人群范围扩大和时间增加等因素，加快了航空货运数字化市场的发展。由于"居家期"电子商务的市场更为庞大，电子商务的发展也推动了航空货运的发展。而个人消费者对于航空货运的服务和速度的要求可能更苛刻，这也倒逼航空货运数字化的发展。疫情之下，许多企业员工都将在"非接触式"的环境中工作。这意味着，很多工作都需要通过电脑端或者移动端来完成。对于航空货运从业者来说，电子平台、货物追踪解决方案、数字海关、数字报价解决方案、移动应用服务、数字化仓库、AI 客服……这些应用程序虽然在过去的接受度较低，但在当下"非接触式"的工作环境中都将大展拳脚。

此次疫情将航空物流保障从行业层面对货物的组织与调配提升至国家安全和产业安全的高度，同样也推动航空货运市场的进一步变革。智慧化建设作为航空业发展的重要方向已经蓄势待发。航空货运要打造智慧化系统，一是要实现运输全过程信息化与货物操作流程管理信息化，广泛整合行业内外技术优势和数据资源，通过搭建货运信息化服务平台和信息应用系统，推动机场货运各类数据的自主交互，最终实现航司、海关、机场、货代"业务协同、服务整合、信息共享"；二是加快探索 5G、云计算等信息技术在航空物流体系中的智慧化应用，通过制定物流信息技术标准、构建信息共享平台、打造货运生态体系，从企业内外、产业之间、线上线下等多个层面实现跨界融合，使货站内设施及应用技术更好地服务于信息化时代的安全生产及满足新常态下的发展需要，为客户提供先进、经济和便利的物流服务，全面提升我国航空货运的信息化水平。

三 航空物流转型升级速度加快

中美关系的时空背景、基本范式、基本逻辑发生重大变化，其对全球航空货运行业的影响体现在以下几个方面。（1）贸易摩擦影响全球供应链，在其影响下贸易方可能发生转变。在亚洲，一些国家如越南、菲律宾等将成为部分货物的替代供应方，相应地，航线及航线需求也会发生变化。（2）全球整体航空货量和营收下滑。（3）不确定因素导致投资下降（包括飞机投资、货运设施设备投资等）。

虽然资源配置效率、"成本－效益"等传统供应链构建原则仍将发挥基础性作用，但保障本国供应链安全也将成为重要驱动力。美国、日本、印度等经济体已经对重要产业的供应链战略与政策做出调整。基于供应链安全、国家竞争的原因，供应链区域化、利益集团化趋势将更加明显，供应链竞争将更加激烈，全球供应链体系与格局会发生重大变化。这些变化会影响跨国公司在华的产业链、供应链的流向与流量，也将影响这些公司所在空港的航空物流的规模和结构。

国际航空货运是制约中国拓展全球产业链的一个短板。由于疫情，国际货运通道中断，各项推动货运发展的政策频出，这对中国国际航空货运业是重大利好，也将助力全球航空货运业复苏。纵观世界航空物流的发展历程，我国航空物流发展趋势正从第二阶段向第三阶段转变。

（1）产业结构升级带动中高端航空物流发展。产业结构升级如电子信息产业、生物医药制造产业和电子商务等的发展，有力推动航空物流的发展。国际民用航空组织（ICAO）预测，到2020年生物医药销售将增长4%至5%，相应的冷链物流支出将增长8%至9%。

（2）国际化业务将成为航空物流新的增长点。随着"一带一路"建设的持续推进，我国与相关国家和地区的贸易往来日益频繁，为航空物流业的国际化提供了新机遇。亚太地区特别是东南亚国家将成为世界航空物流增长最快的地区之一。

（3）综合一体化航空物流趋势更加明显。在国内航空物流产业有三类主体：一是以三大航混改后的东航物流、南航货运和国航货运为代表的航空公司；二是以顺丰、"三通一达"为代表的快递公司；三是以阿里巴巴、京东为代表的电商平台。它们都在自己主业的基础上，通过资本运作，整合产业的上下游资源，迅速形成航空物流全产业一体化综合服务链。

四 大循环、双循环变革，影响航空物流流向、布局和组织

加快形成以国内大循环为主体、国内国际双循环相互促进的新发展格局，是根据我国发展阶段、环境、条件变化做出的战略决策，是事关全局的系统性深层次变革。新发展格局战略部署，既符合航空物流国内基础条件，也适应新冠肺炎疫情发生后国际环境的变化，具体内容如下。

一是从战略地位的变化出发，航空货运在关系国家经济安全和国防安

全的领域实现国内循环上的社会核心支撑价值正在增强。

二是从需求结构的变化出发，把碎片化的需求进行集中整合，形成新的组织方式和服务方式，产生组织方式和服务方式的变革。

三是改革开放以来形成的向沿海的货运物流主导辐射方向，将逐步向辐射内陆腹地、沿海与内陆间长距离双向运输与物流转变，极大影响运输物流通道和运输物流枢纽的布局和组织，更会影响传统运输枢纽功能与服务的变革。

四是内外循环的货运物流网络将发生根本性变化。若要实现与全球物流要素的有效连接，就必须科学研究机场物流体系和运营机制，不断优化航线资源配置。第一，以机场为核心，致力于构建聚集能力强、辐射范围广、通达至全球主要地区的枢纽干线网络。充分发挥网络效应，在全球关键通道、重要节点加强布局规划，提升机场航空运输通道功能、扩大物流辐射范围；加强枢纽航点建设，将短程航线和洲际航线有效结合，使国内市场、地区市场和国际市场连为一体，开发灵活、优质的航线服务产品，不断提高客户忠诚度。第二，以海外货站据点为核心，形成区域辐射网络。强化海外货站等合作项目，充分利用货站所在地的区位优势和网络辐射优势，扩大市场需求，提供多样性航空物流服务并保持业务稳定，增强货物运输的可达性与时效性，提高运输服务的衔接性和整体性，形成干线与支线衔接互转、相互支撑的航空网络格局。

五 跨境电商快速发展，航空物流市场空间巨大

得益于中国制造的规模优势和比较优势、国内消费升级的需求驱动、电子商务基础设施完备、海外零售市场较低的电商渗透率与国家层面政策推动等因素，当前我国跨境电商市场处于高速增长期。受产业集群、经济活力、口岸布局等因素影响，我国跨境电商产业布局以华东和华南两大市场为主，产业带围绕上海、香港两大国际航空枢纽分布。跨境电商在干线运输、目的港地面服务、口岸清关、监管运输等方面对航空物流和机场地面服务有高度需求，属于航空物流高相关市场。我国跨境电商交易规模已由2018年的9.1万亿元增长至2020年的12.7万亿元。

在完整的跨境电商交易中，跨境物流发挥着重要的作用，是跨境电商

发展的核心环节之一。由于电商平台在集货、仓储、运输、通关、配送等方面与物流企业有合作，因此物流企业的运行情况在很大程度上影响跨境电商的运作效率。航空物流具有时效性强、安全性高等特点，可更好地满足消费者的要求。航空物流"垂直化整合"的趋势也符合跨境电商"全球买、全球卖"的消费趋势，将大大促进跨境电商的蓬勃发展。跨境电商对跨境物流的覆盖能力和时效保障能力提出了更高要求，带动了跨境物流相关基础配套设施的发展和完善，有望催生潜力巨大的跨境电商物流市场。

同城即时供应链融合航空物流成为新增长点。消费升级与互联网革命这两个因素推动了新零售业态的进一步发展，新零售的发展又推动了航空物流业的急剧变革，航空物流业开始由标准化的大宗航空物流转向个性化、快速响应市场的碎片化航空物流。

六　大力推进临空经济区建设

货源问题一直是困扰各地方，尤其是内陆地区航空物流枢纽建设的突出问题。没有产业支撑的航空物流枢纽，如同无本之木，不具备可持续发展能力。因此，航空物流枢纽建设与临空经济区发展必然互为倚仗、相互支撑，通过前者实现"引流"，加快金融、科技、智力等高端生产要素的流动、集聚，促进区域产业发展和城市建设，通过后者实现"反哺"，形成源源不断的航空物流需求，促进航空物流服务能力的提升。

从2013年开始，国务院、国家发改委和民航局先后批复建设国家级临空经济示范区。目前，全国已经有13个城市的17个国家级临空经济区，已经明确规划和开始建设的临空经济区有59个。临空经济区不仅是空港保税物流中心、电商快递物流园区、指定商品进境口岸、跨境电商贸易基地的重要载体，也是生物医药、航空制造、智能装备、新一代信息技术等高精尖产业的集聚区，可以为航空物流提供大量货源，同时还是自贸区政策、跨境电商综试区政策等一系列制度创新的重要试验田。建设航空物流枢纽要与推进临空经济区建设协同决策、共同发展，才能真正将航空物流枢纽建设成国际物流网络的重要节点，使其成为融入新发展格局的重要节点。

第三节　推进航空物流枢纽发展的政策取向

航空物流枢纽的发展离不开政策的支持，2020年国家发改委、交通运输部、民航局、国家邮政局等部门主要从机场建设、物流枢纽、航空货运、快递等方面出台政策，具体如表1-4所示。

表1-4　2020年的相关文件/会议精神

发布时间	文件/会议	内容	主体
2020年1月3日	《中国民航四型机场建设行动纲要（2020-2035年）》	明确了四型机场建设的内涵、目标和重点任务，全面谋划未来机场布局	民航局
2020年3月12日	《关于做好2020年国家物流枢纽建设工作的通知》	2019~2020年是国家物流枢纽的起步建设阶段，重点依托已投入运营、发展潜力较大、区域带动作用较强、在行业内具有一定影响力的物流设施，推动构建国家物流枢纽网络基本框架和重要支撑	国家发改委、交通运输部
2020年3月24日	国务院常务会议：部署进一步提升我国国际航空货运能力，努力稳定供应链	采取有效措施提高我国国际航空货运能力，既着力保通保运保供、支撑国内经济，又推动增强我国物流行业国际竞争力	国务院
2020年3月25日	《关于开展快递包装绿色产品认证工作的实施意见》	按照"统一管理、共同规范、政府引导、市场运作"的原则，根据部门职责加强协调和管理，共同组织推动快递包装绿色产品认证工作	国家市场监督管理总局、国家邮政局
2020年3月27日	《邮政强国建设行动纲要》	在2020年建成与小康社会相适应的现代邮政业的基础上，分两个阶段建设邮政强国。第一阶段到2035年，基本建成邮政强国，实现"四化""两跃升"，即网络通达全球化、设施设备智能化、发展方式集约化、服务供给多元化，邮政业规模体量和发展质量大幅跃升。同时，邮政业收入占国内生产总值的比重与发达国家相当，部分地区和重点领域发展水平达到世界前列。第二阶段到21世纪中叶，全面建成邮政强国，实现"双全"和"三个前列"，即我国邮政业具备全球化网络、提供全产业服务，普惠水平、规模质量、综合贡献位居世界前列	国家邮政局

续表

发布时间	文件/会议	内容	主体
2020年5月25日	《关于对民航运输企业在疫情防控期间稳定和提升国际货运能力实施资金支持政策的通知》	对按照经中国民航适航审定部门批准的设计方案实施的航空器客舱内装货改装项目，以及对中外航空公司从2020年4月1日起使用客运航权执飞往返国内航点（不含港澳台地区）与国外航点间的不载客国际货运航班给予资金支持	财政部、民航局
2020年6月8日	《交通运输部关于修改〈大型飞机公共航空运输承运人运行合格审定规则〉的决定》	为更好地适应行业发展需要，进一步提高飞行安全水平，对副驾驶进入条件、疲劳管理、延程运行持续适航性维修方案、通信和导航设施等内容进行了修改	民航局
2020年6月16日	国家发改委6月例行新闻发布会：研究制定2021~2025年国家物流枢纽建设实施方案	做好2020年国家物流枢纽建设工作，加快构建国家物流枢纽网络的基本框架，研究制定2021~2025年国家物流枢纽建设的实施方案	国家发改委
2020年4月17日	《关于进一步优化货运航线航班管理政策的通知》	主要针对货运航空在日常运行中存在的难点、痛点和堵点，提出了放宽北京"一市两场"货运航线运营安排，简化国内、国际货运航线经营许可的颁发程序，简化航班计划审核程序，对货邮航班时刻与客运航班时刻实施差异化管理，提升航线航班监管信息化水平等六方面内容	民航局
2020年8月12日	《货邮飞行航班时刻配置政策》	根据机场的不同功能定位和航班时刻供需矛盾程度，实施分类量化和差异化的货邮飞行航班时刻配置政策，进一步提高货邮飞机日利用率和机场货邮服务设施设备利用率，提升我国国际航空货邮运输能力，增强我国航空物流行业整体国际竞争力	民航局
2020年9月4日	《关于促进航空货运设施发展的意见》	促进航空货运设施发展，优化航空要素资源配置，提升航空货运企业国际竞争力，促进民航业和物流业持续健康发展，深化航空业供给侧结构性改革	国家发改委、民航局
2020年10月14日	《人文机场建设指南》	明确人文机场建设要紧扣"人文关怀"和"文化彰显"两条主线，围绕"功能规划、空间环境、服务行为、服务设施、服务产品、主题理念、文化表达"七个建设要点开展工作	民航局

续表

发布时间	文件/会议	内容	主体
2020年10月9日	《国际航空运输价格管理规定》	从完善国际航空运价管理政策的实际需要出发，在借鉴国际航空运价管理经验的基础上，明确了管理方式、管理流程和监管要求	交通运输部
2020年12月18日	将"增强产业链供应链自主可控能力"作为重点任务进行部署，明确要求"建设现代物流体系"	一是强化国家战略科技力量；二是增强产业链供应链自主可控能力；三是坚持扩大内需这个战略基点；四是全面推进改革开放；五是解决好种子和耕地问题；六是强化反垄断和防止资本无序扩张；七是解决好大城市住房突出问题；八是做好碳达峰、碳中和工作	中央经济工作会议
2020年12月29日	《关于印发首批海外仓实践案例好经验好做法的函》	遴选了7家优秀海外仓实践案例，并专门发函向全国推广它们的经验和做法	商务部办公厅

一 国务院常务会议：部署进一步提升我国国际航空货运能力，努力稳定供应链

航空运输业是受疫情冲击较大的行业，国务院常务会议部署一揽子纾困政策，为微观经营主体降成本、减负担，营造良好制度性环境的同时，通过完善航空货运枢纽网络、健全航空货运标准体系、优化通关物流和加强机场设施改造，进一步为航空物流产业发展提供便利。为补齐我国国际航空货运能力短板，稳定我国产业国际供应链，国务院常务会议提出一系列针对性举措。

第一，加强国际协作，畅通国际快件等航空货运，对疫情期间国际货运航线给予政策支持。鼓励采取租赁、购买等方式增加货机，支持货运航空公司壮大机队规模，发展全货机运输。发挥市场机制作用，一视同仁支持各种所有制航空货运市场主体发展，鼓励航空货运企业与物流企业联合重组，支持快递企业发展空中、海外网络。

第二，完善航空货运枢纽网络。对货运功能较强的机场，放开高峰时段对货运航班的时刻限制。在京津冀、长三角、粤港澳和成渝等地区具备条件的国际枢纽机场实行24小时通关，提高安检和通关效率。

第三，健全航空货运标准体系，推动货运单证简化和无纸化，建立航空公司、邮政快递、货站等互通共享的物流信息平台。提高清关、货代、仓储等物流服务水平。加强现有机场设施升级改造，完善冷链、快件分拣等设施，有序推进以货运功能为主的机场建设。

二 《货邮飞行航班时刻配置政策》

为改变重客轻货的传统发展模式，《民航局关于促进航空物流业发展的指导意见》于2018年5月11日正式出台，明确提出坚持客货并举，实施放开机场高峰时段对货运航班的时刻限制、优化航空资源配置、优化货运基础设施建设等一系列支持航空货运枢纽建设的利好政策。

为贯彻党中央、国务院关于促进现代物流业发展的决策部署，落实民航局党组关于促进物流业的工作部署，民航局印发《货邮飞行航班时刻配置政策》（以下简称《配置政策》），根据机场的不同功能定位和航班时刻供需矛盾程度，实施分类量化和差异化的货邮飞行航班时刻配置政策，进一步提高货邮飞机日利用率和机场货邮服务设施设备利用率，提升我国国际航空货邮运输能力，增强我国航空物流行业整体国际竞争力。该政策是民航局专门针对货邮飞行航班时刻配置出台的首份政策，于2020年10月25日起实施。

近年来，中国航空物流发展速度较快，保持向好的态势，但货邮航空发展仍落后于客运航空发展。2020年全国民航工作会议明确提出，要补齐航空物流短板。2020年3月召开的国务院常务会议明确提出，要采取有效措施提高我国国际航空货运能力，既着力保通保运保供、支撑国内经济，又推动增强我国物流行业国际竞争力。按照党中央、国务院的部署要求，民航局成立了促进航空物流业发展工作领导小组，专题研究《货运飞行航班时刻配置政策》，重点研究了坚持稳中求进工作总基调，统筹考虑国际国内飞行、客运货运飞行的问题。

《配置政策》在遵从货邮航空的市场规律和运行规律的基础上，统筹考虑了高密度机场与低密度机场、客运航班与货邮航班、定期航班与非定期航班、高峰时段与低峰时段、疫情防控期间与常态化管理之间的关系，进一步明确了货邮航班时刻分配的时间窗口、办理程序、配置规则、考核标准等。

在货邮航班时刻分配的时间窗口方面,《配置政策》对货邮飞行航班时刻安排窗口进行调整优化,大大增加货邮飞行航班时刻供给。其中,航班时刻主协调机场和航班时刻辅协调机场22点至次日8点,按照客货飞行同等对待的原则协调配置货邮飞行航班时刻,6点至8点可以安排货邮飞行进港航班时刻,22点至24点可以安排货邮飞行出港航班时刻;货运功能较强的枢纽机场(如北京大兴机场、深圳宝安机场、杭州萧山机场、天津滨海机场、南京禄口机场、郑州新郑机场等),可适当安排8点至22点高峰时段的航班时刻,用于国际地区货邮飞行;航班时刻非协调机场,全时段按照客货飞行同等对待的原则,协调配置货邮飞行航班时刻。

在配置规则方面,《配置政策》明确航班时刻主协调机场和航班时刻辅协调机场建立货邮飞行航班时刻池,运用量化规则公平高效配置航班时刻。货邮飞行航班时刻量化配置,以航空承运人上一同航季的航班时刻执行率记录、航班时刻使用价值、航班正点率记录、航空安全记录、滥用航班时刻记录的加权平均,确定航空承运人航班时刻优先配置次序。

针对货邮航班高时效性的特点,在办理程序方面,《配置政策》进一步缩短了审批时间,提高货邮飞行航班时刻协调配置效率:一方面对突发公共卫生事件、自然灾害等特殊情况下的货邮飞行航班时刻配置有了明确说明,另一方面对日常定期货邮飞行航班和不定期货邮飞行航班在申请受理时限上做出明确区分。

此外,《配置政策》还根据机场的不同,对货邮飞行航班时刻执行率实施差异化考核标准,并设立航班时刻申请资格受限名单,以进一步提高货邮飞行航班时刻的利用率,维护货邮飞行航班的市场秩序。

完善货物运行管理机制。以机场运行指挥体系为例,运行指挥中心下设客运指挥中心和货运指挥中心,加强货运指挥中心职能,完善组织架构设置,对机场运营的货站、货机坪、货物保障全流程进行指挥监管,在运行体系方面真正做到客货并举。建立健全货运航班运行效率考核机制,参考客机航班正常率考核模式,设置全货机航班正点率考核指标,提高货运航班保障时效,提升航司、货代的满意度。

三 《关于促进航空货运设施发展的意见》

货运基础设施和保障效率是机场货运发展的基础,目前国内机场普遍存在因基础设施建设规划缺乏前瞻性而影响货运保障效率的问题：（1）货站建设在快邮件、冷链、特货等货物保障方面未进行长远规划，无法满足新业务保障需求；（2）存在多个货站协作运营的情况，各货站之间布局分散、货站与机坪之间距离较远，增加了货物转运成本和保障时效，降低了货站的运营和管理效率；（3）普遍缺乏货机专属停机坪，货运停机位分配不足，货机保障受影响；（4）4E级以下跑道在满足全货机起降时易出现减载等问题，缺乏可满足B747全货机满载起降的独立长跑道，同时，即使具备高等级跑道依然是客机优先使用，全货机航班保障效率低。

新冠肺炎疫情暴露了我国航空货运对客运腹舱的依赖度较高，国际航空货运外航占比过高，专业性货运枢纽缺乏，航空货运企业综合物流集聚能力偏弱、专业性不强，航空货运信息不通畅，航空货运与高端制造业等产业协同性不高等问题，行业面临加快提升国际航空货运自主可控能力、提高航空物流体系效率、加强产业支撑等急切现实需求。

对此，为加快补齐航空货运短板，促进我国航空货运设施发展，2020年9月4日，国家发展改革委、民航局发布《关于促进航空货运设施发展的意见》（以下简称《意见》）。《意见》结合新冠肺炎疫情防控中我国航空货运体系暴露出的问题，重点就完善提升综合性机场货运设施能力和服务品质、稳妥有序推进专业性货运枢纽机场建设、全面提升航空货运设施使用效能等方面提出多项举措。

《意见》指出，当前我国经济已由高速增长阶段转向高质量发展阶段，航空货运的专业化、物流化发展趋势，对航空货运设施布局、运行环境和使用效率提出了更高要求。促进航空货运设施发展，对集聚和优化航空要素资源配置、提升航空货运企业国际竞争力、促进民航业和物流业持续健康发展具有重要意义。

《意见》明确，以"市场主导、政府引导；融合发展、积极创新；客货并举、协同发展；盘活存量、优化增量"为基本原则，坚持统筹兼顾、多措并举，优化资源配置，强化要素保障。充分利用既有机场的货运设施能力，提高综合性机场现有货运设施能力和利用率，优化机场货物运输组织，提升机场货运服务品质，强化机场内外设施的协同联动。科学有序推进专业性货运枢纽机场布局建设，新建专业性货运枢纽机场应符合《全国民用运输机场布局规划》。引入专业化航空运输企业，并提供良好的发展条件。全面提升航空货运设施使用效能，要研究完善货运飞机引进政策，持续改善空域条件，培育航空货运企业，加快提升机场管理水平。逐步构建功能完善、布局合理、衔接顺畅的航空货运设施布局和通达全球的航空货运网络体系，让航空货运成为服务国家重大战略、促进经济结构转型升级、深度参与国际合作、推动我国经济高质量发展的有力支撑。

《意见》从设施发展角度提出了畅通供应链、稳定产业链的目标，民航局将从以下方面推进航空物流工作。一是统筹推进航空物流业发展。自3月24日国务院常务会议提出"提升航空货运能力、稳定供应链"以来，民航局成立了促进航空物流发展领导小组，制定了促进航空物流发展工作方案，提出了一揽子促进航空物流发展的工作任务；二是协同国家发改委，统筹推进综合性和专业性航空物流枢纽布局和建设，提升我国航空物流集散效率；三是配合国家相关部门培育具有竞争力的航空物流公司，简化全货机引进流程，支持开辟全货运航线，建设高效率的航空货运网络，提升供应链的市场主体竞争力；四是加快航空物流应急运输保障能力建设，优化航空物流应急通道布局，强化与综合交通衔接，提升货运枢纽对应急物资的保障能力，提升航空物流应急能力；五是支持物流公司在海外布局货站、转运中心和海外仓等，完善仓储、地面运输、上门配送等服务，提升货运网络的延伸性，提高国际航空物流一体化解决能力，满足生产消费国际化发展需求；六是引导支持航空物流网络与制造业产业链协同，推进海外货运枢纽中转与联运协作，打造航空物流业与制造业出海联动的网络格局；七是加快推动航空物流智慧化发展，采用5G、大数据、物联网、人工智能等科技赋能航空物流业，提高航空物流效率。

四 《关于进一步优化货运航线航班管理政策的通知》

为进一步落实"放管服"要求，支持航空货运以及航空物流业的发展，民航局印发了《关于进一步优化货运航线航班管理政策的通知》（以下简称《通知》）。为便于民航各单位更好地了解通知精神、做好贯彻落实，现将《通知》出台背景、起草过程及主要内容进行如下解读。

第一，出台背景。航空货运作为物流业的重要组成部分，近年来取得了长足发展，但发展不平衡不充分的问题仍很突出。与客运航空公司相比，我国货运航空运输企业数量少、规模小、整体竞争力弱，不能满足经济社会发展和人民消费需求。同时，受中美贸易摩擦影响，货运市场呈下行趋势。此外，我国航空运输发展前期存在"重客轻货"的情况，在已出台的航线航班管理相关政策中，往往未对客、货运航班进行区分，部分措施针对性较差，需要通过提升政策的针对性、适用性，放松对货运企业的管制，提高其市场灵活性。此外，简化货运航线经营许可程序、手续，可为客运航线经营许可的简化积累经验，符合航线经营许可"放开"的大趋势。

第二，起草过程。近年来，民航局通过调研、会议、培训等方式广泛听取货运航空运输企业关于航线航班管理的意见和建议，深入了解企业经营过程中的难点和问题。2018年上半年，民航局先后出台了《民航航班时刻管理办法》和《关于促进航空物流业发展的指导意见》，明确以货邮功能为主的机场以及航空货邮集散的机场，遵照客货并举政策同等对待；提出着力优化航空资源配置，加大政策支持力度。2019年下半年，民航局就简化国内货运航线经营许可面向各地区管理局、全货运航空公司和各司局征求意见和建议。在认真研究和吸收意见的基础上，形成《通知》送审稿。2020年4月，《通知》经民航局航空运输（通用航空）委员会审议通过。

第三，主要内容。《通知》坚持问题导向、目标导向，针对货运航空在日常运行中存在的不便利问题，通过简化程序、明确相关要求的方式予以解决，主要内容如下。

（1）关于北京"一市两场"货运航班安排。航空公司货运航班安排不再限定于北京某一机场，可申请在北京首都机场或北京大兴机场任一机场运营货运航线，也可申请在上述两场同时运营货运航线。

（2）关于国内货运航线经营许可的颁发。合并国内货运航线经营许可证，不再单独颁发具体的国内货运航线经营许可。航空公司仅须办理一次许可，即可自主备案安排国内航班计划。

（3）关于国际货运航线经营许可的颁发。在符合双边协定的基础上，涉及不限货运指定承运人数量和运力额度的国家、地区和境外航点的国际货运航线，民航局实行清单制管理，制定并及时更新相关航线目录。航空公司仅须办理一份国际货运航线经营许可，即可执飞目录内所有国际货运航线航班。

（4）关于航班计划备案。货运航空公司在国内航班执行 3 日前、国际航班执行 1 日前将航班计划通过中国民航航线航班管理系统在线提交，并通过系统互联，将数据自动共享至运行监控中心预先飞行计划系统。

（5）关于货运航线航班限制清单。民航局建立并及时更新货运航线航班限制清单，清单内容包括限制范围、限制原因和期限等。涉及货运航线航班限制清单的航班计划，中国民航航线航班管理系统不予接收。

（6）对货邮航班时刻与客运航班时刻实施差异化管理。严格落实《民航航班时刻管理办法》关于货邮飞行时刻的协调配置规则：全国机场零时至六时之间新增的货邮飞行时刻，增量另计，不计入控总量范围；航班时刻主协调辅协调机场，晚 22 时至次日 8 时，遵照客货同等对待的原则协调配置货邮飞行航班时刻；非时刻协调机场以及航空货邮枢纽集散的时刻协调机场，全天 24 小时遵照客货同等对待的原则协调配置时刻。

（7）关于各地区管理局、监管局对货运航班的日常监管。明确对货运航班信息的获取途径，在简化货运航线审批手续的同时，确保各地区管理局、监管局对货运航班开展相关监管工作。

五　各地出台的航空物流枢纽发展政策

在地方层面，成都、长沙、海南等地纷纷出台政策，在提升运力、提升货量两方面进行补贴或奖励，同时部分城市也对关系航空货运发展的基础设施进行完善，并提高空港口岸作业效率，具体内容如下。

一是提升运力方面。成都对新开国际航线视情况给予三年的财政奖励，开航第一年，对洲际航线给予 30 万~50 万元/班奖励，对亚洲航线给予 5 万~20 万元/班奖励；对新开国内航线给予两年的财政奖励，标准为 2 万~5 万元/班；对于新设基地货运航司，根据运力投放情况给予 1000 万~2000 万元的奖励。长沙对新开定期货运航班根据航班飞行的执行率给予为期三年的奖励，金额每年递减，奖励额度根据机型，第一年从 2 万元到 6 万元不等。海南对开通全货机航线航班根据境内外、航班飞行时间进行补贴，每班补贴 1.6 万元到 4 万元不等。

二是提升货量方面。成都对航空公司经成都机场进出港的国内货物增量根据增长幅度分别给予0.5~1.0元/公斤奖励,对实现中转的国际货物给予2.0元/公斤奖励;对货代企业在成都机场的全货机进港国际货物货量视航线距离给予1.0~2.0元/公斤奖励,出港奖励为0.5元/公斤。海南对开通全货机航线航班的企业货运量按照往返航程时间分别给予400~1000元/吨的补贴。

三是其他鼓励措施。成都鼓励建立国际航空货运转运(分拨)中心,提升航空货运枢纽集疏运能力,分别给予落户奖励、供地保障、运行奖励。同时,对口岸及货站操作处置费用进行减免,提升空港口岸作业效率。

第二章

中国航空物流枢纽发展指数的构建与分析

第一节　中国航空物流枢纽发展指数指标体系的构建背景

2016年，交通运输部和国家发改委发布《推进物流大通道建设行动计划（2016—2020年）》，力争尽快形成物畅其流、经济便捷的物流大通道，为国民经济发展提供有力支撑。物流大通道建设的核心之一就是通过改善物流节点服务功能，推动建设一批影响力大、辐射带动力强的物流园区，并配套完善城市对外运输通道、强化城市内重点港站枢纽集疏运体系。2018年，国家发改委和交通运输部发布《国家物流枢纽布局和建设规划》，提出建设陆港型、港口型、空港型、生产服务型、商贸服务型、陆上边境口岸型6种类型的国家物流枢纽，并且进一步明确物流枢纽的地位和作用。

相比其他类型的国家物流枢纽，我国的航空货运发展较为迟缓，长期存在"重客轻货"的现象，航空物流发展不充分、不平衡的问题十分突出，服务能力不强、运行效率不高、信息化和标准化建设相对滞后，与经济社会发展和人民消费需求仍有较大差距。对此，民航局专门出台《关于促进航空物流业发展的指导意见》，以促进航空物流业的发展。因此，各地区推进航空物流发展的态度都十分积极，航空物流枢纽建设也得到了更多的关注。顺丰、京东、圆通等物流企业纷纷涉足机场业务，在湖北鄂州、江苏南通、浙江嘉兴等地新建机场或布局航空物流园区。

虽然航空物流枢纽建设与发展得到了更多的关注，但是如何对其发展态势进行综合判断，以便更好地推动航空物流枢纽的高质量发展，无疑需要科学的评价指标和评价方法。建立中国航空物流枢纽发展指数，无疑是认识该问题的一种必要手段。通过指数研究，一是有利于进一步加强与全球发达国家物流业的交流；二是有利于在各个航空物流枢纽之间展开横向对比，找出差距，为各地区航空物流枢纽建设提供科学指导；三是有利于帮助当地物流业主管部门、临空经济区管委会制定宏观政策，指导机场集团、物流企业等做好微观经营。

考虑到物流枢纽的建设与依托城市的密切关系，以及港、产、城融合发展必然趋势，中国航空物流枢纽发展指数的构建不仅考虑航空物流枢纽自身的发展现状、基础设施、交通区位等条件，同时也将航空物流枢纽所依托的腹地城市及其辐射城市的经济发展状况作为评价指标，建立由34个评价指标构成的评价体系，对《国家物流枢纽布局和建设规划》确定的23个航空物流枢纽进行评价。

第二节　中国航空物流枢纽发展指数指标体系

一　指标选取基本原则

（一）代表性原则

中国航空物流枢纽发展涉及多个维度的测度，现实中有较多指标可以采纳，但是选取指标时要确保每个指标均是该领域或测量维度上最能反映中国航空物流枢纽发展特征的代表性指标。

（二）客观性原则

中国航空物流枢纽发展指数应该客观地反映中国主要航空物流枢纽的发展阶段和发展特征，所选取的指标要具有科学性和公正性，因此在指标体系构建中主要采用政府统计指标。

（三）全面性原则

中国航空物流枢纽发展指数要涵盖航空物流枢纽发展的多个方面，指标体系要在代表性原则的基础上充分反映各个维度的测度内容，并且做到指标间信息重叠的最小化，以保证指标体系的全面性和精简性。

（四）可操作性原则

中国航空物流枢纽发展指数要对中国航空物流枢纽的发展动态进行监

测，并为制定宏观政策提供依据，因此构建指标体系时要考虑到指标的可操作性、可获得性，以及不同测度时期指标的口径变化和对接问题。因此，宜选取官方统计指标中测度时期较长、较为稳定的指标。

二　指标体系的构建

（一）指标体系构建

由航空物流领域的相关研究可知，航空物流的发展不仅受自身建设规模、经营状况等因素的影响，同时也与政府的宏观经济政策、市场的发展环境及竞争对手的策略等因素相关。

因此，经过对航空物流枢纽发展现状的充分了解及对综合评价指标体系构建和测度理论与方法的深入学习，在综合了多位专家和学者的意见和建议后，最终确定包含1个一级指标、5个二级指标和34个三级指标的中国航空物流枢纽发展指数指标体系，如表2-1所示。

表2-1　中国航空物流枢纽发展指数指标体系

一级指标	二级指标	三级指标	测度范围
中国航空物流枢纽发展指数	机场发展	货邮吞吐量	机场
		起降架次	机场
		航空货站面积	机场
		服务的国内航空公司数量	机场
		服务的国际航空公司数量	机场
		国内通航机场或航线数量	机场
		国际通航机场或航线数量	机场
		与全球前十大机场通航数量	机场
		第五航权	机场
		航班平均延误时间	机场
		航班正常率	机场
		机场面积	机场
	综合交通	连接国道数量	临空经济区
		连接高速公路数量	临空经济区
		连接高铁线路数量	临空经济区

续表

一级指标	二级指标	三级指标	测度范围
中国航空物流枢纽发展指数	产业支撑	快递快件数量	机场所在城市
		交通运输、仓储及邮政业增加值	机场所在城市
		临空经济区面积	临空经济区
		腹地城市GDP	机场所在城市
		腹地城市社会消费品零售总额	机场所在城市
		腹地海关进出口总额	机场所在城市
		腹地城市4A级及以上物流企业数量	机场所在城市
		辐射城市GDP	机场辐射城市
		辐射城市海关进出口总额	机场辐射城市
		辐射城市社会消费品零售总额	机场辐射城市
	功能保障/开放平台	是否划入自贸区	临空经济区
		临空经济区内海关特殊监管区面积	临空经济区
		临空经济区内海关特殊监管区进出口总额	临空经济区
		指定商品进境口岸数量	临空经济区
		是否跨境电商试点城市	机场所在城市
		是否供应链创新试点示范城市	机场所在城市
	环境约束	空气优良达标天数	机场所在城市
		空气质量综合指数	机场所在城市
		PM2.5浓度年均值	机场所在城市

（二）指标体系解析

1. 机场发展

机场基础设施建设和辐射范围是推动航空物流发展的基础。机场发展分指数反映在空港型物流枢纽形态下现代航空物流中心的发展水平，是衡量空港型物流枢纽经济目标实现的重要抓手。其中，航空货站面积、服务的国内国际航空公司数量、国内国际通航机场或航线数量反映机场的基础设施建设水平，起降架次、货邮吞吐量、航班平均延误时间、航班正常率等指标反映机场的运营能力和服务质量。货邮吞吐量指一年内进出机场的货物、邮件总吨位，通常作为机场航空物流运输能力的直接反映。航空货站面积是指货运处理区、仓储区的总面积，是机场航空物流运输能力的间接反映。航线数量指飞机从本机场飞往另一个机场的通航路线的总数量。

第五航权，即第三国运输权，是机场参与客源与货源分流与竞争能力的体现。

2. 综合交通

综合交通分指数反映由公路、铁路、机场构成的现代综合交通体系的建设和发展情况。其中，连接国道数量、连接高速公路数量反映机场与公路交通的衔接强度，连接高铁线路数量反映机场与高速铁路交通之间的衔接强度。现代综合交通网络需要构建包括公路、铁路、机场在内的目标统一、功能独立的生态系统，只有各部分之间实现有效、紧密的连接和信息的快速流通，才能达到综合协调发展的目的。

3. 产业支撑

航空物流枢纽的发展是以所在区域以及机场辐射产业和宏观经济社会的发展水平为依托的。产业支撑分指数反映空港型物流枢纽依托各类基础条件，实现物流业及城市产业发展的规模效应、辐射效应。其中，快递快件数量，交通运输、仓储及邮政业增加值、腹地城市GDP、腹地城市社会消费品零售总额、腹地海关进出口总额，以及腹地城市4A级及以上物流企业数量是对机场所在城市物流产业、宏观经济和社会发展的测度。辐射城市GDP、辐射城市社会消费品零售总额和辐射城市海关进出口总额是对机场辐射城市经济社会发展水平的衡量，反映了机场的辐射效应。临空经济区面积测度更广泛意义上的机场发展基础，临空经济区包含中心机场环、商业服务环、制造配送环和外围环，是航空物流枢纽得以快速发展的生态系统和重要保障。

4. 功能保障/开放平台

功能保障/开放平台分指数反映空港型物流枢纽带动城市对外开放水平提升的力度。是否划入自贸区、是否跨境电商试点城市、是否供应链创新试点示范城市指标紧随中国物流业发展的新业态和新趋势，反映机场的新业态和新模式的开放水平。临空经济区内海关特殊监管区面积及进出口总额，以及指定商品进境口岸数量指标反映了机场的功能保障强度。

5. 环境约束

天气因素是制约机场正常运转的关键指标，也是空港型物流枢纽发展形态下绿色目标实现的主要依托。根据已有文献关于空气状态的常用测度指标，最终选取空气优良达标天数、空气质量综合指数、PM2.5浓度年均值这三个变量。

（三）研究对象

在充分吸收借鉴其他研究成果的基础上，结合本研究的目的和特点，选择《国家物流枢纽布局和建设规划》确定的23个航空物流枢纽承载城市及其所属机场作为评价对象。由于上海拥有浦东和虹桥两座机场，因此在对上海航空物流枢纽的评价中，对涉及两个机场的数据进行合并处理。北京也拥有首都和大兴两座机场，因此在对北京航空物流枢纽的评价中，也对涉及两个机场的数据进行合并处理。据此确定的23个航空物流枢纽分别是北京、天津、哈尔滨、上海、南京、杭州、宁波、厦门、青岛、郑州、长沙、武汉、广州、深圳、三亚、重庆、成都、贵阳、昆明、拉萨、西安、银川、乌鲁木齐。从枢纽的地域分布来看，京津冀地区有北京、天津共2地入选，长三角地区有上海、南京、杭州、宁波共4地入选，珠三角地区有广州、深圳共2地入选，中部地区有郑州、长沙、武汉共3地入选，西部地区有重庆、成都、贵阳、昆明、拉萨、西安、银川、乌鲁木齐共8地入选。

（四）数据来源

中国航空物流枢纽发展指数的所有指标数据均来自历年中国统计年鉴、各省区市统计年鉴、地方政府统计公报、民航机场生产统计公报、飞常准航班信息查询平台等。

根据指标的统计范畴和测度规则，指标共有四种测度范围，分别是机场、机场所在城市、临空经济区和机场辐射城市。

其中，临空经济区以发展临空产业为核心，以机场为地理中心，沿交通线向外扩散式扩张。目前，国内的临空经济区有北京大兴国际机场临空经济区、上海虹桥临空经济示范区、郑州航空港经济综合实验区、西安临空经济示范区、天津空港经济区、成都临空经济示范区、杭州临空经济示范区、武汉临空经济区、广州临空经济示范区、长沙临空经济示范区等。

机场辐射城市是机场辐射到的城市和区域。机场在不同的发展阶段，所辐射的城市和区域会有所变化，因此本研究根据各个机场的实际发展情况，采用综合评价分析和空间统计模型分析方法，确定各个机场的辐射城市和区域。

三 机场航空物流辐射范围的确定

在机场航空物流辐射体系中,机场是辐射源,是物流、资金、信息等资源的聚集地,并通过周边机场的航空网络、地面机场货物的陆地运输网络、航空物流信息网络和航空物流产业联盟等进行辐射,机场周边的区域及所在城市则成为辐射的接纳主体,并与辐射源形成共生系统。

(一)机场航空物流规模测度指标体系

依据代表性、客观性、全面性和可操作性的指标体系构建原则,结合航空物流的行业特点及以往的相关研究,制定包含4个二级指标、10个三级指标的机场航空物流规模测度指标体系,并以该指标体系为基础,计算23个机场的航空物流规模,指标体系如表2-2所示。

表2-2 机场航空物流规模测度指标体系

一级指标	二级指标	三级指标
机场航空物流规模	机场货运规模	货邮吞吐量
		起降架次
		航空货站面积
	机场基础设施	机场面积
		跑道数
	机场航班航线	服务的国内航空公司数量
		服务的国际航空公司数量
		国内通航机场或航线数量
		国际通航机场或航线数量
	机场等级	机场等级

机场航空物流规模测度指标体系从机场货运规模、机场基础设施、机场航班航线和机场等级四个维度进行测度。指标体系中大部分指标与中国航空物流枢纽发展指数指标体系一致。

其中,机场等级指机场枢纽规划的等级,反映国家政策对机场的重要程度,也是机场未来货运发展的基础。按照机场的规划定位,可将机场分为四个级别,从高到低依次为门户复合枢纽机场、区域性枢纽机场、干线机场和其他机场。

(二) 机场航空物流规模测度方法

机场航空物流规模测度指标体系共包含 10 个三级指标，为了充分利用数据信息，采用基于主成分分析的因子分析方法得到机场航空物流规模数值。

因子分析由 Charles Spearman 在 1904 年首次提出，因子分析是主成分分析的推广和扩展，它将错综复杂的变量综合为数量较少的几个因子，以再现原始变量与因子之间的相互关系，探讨多个能够直接测量并且具有一定相关性的实测指标如何受少数几个内在的独立因子支配。同时因子分析还可计算每个因子在各个因子上的得分，是综合评价领域常用的指数分值计算方法。

1. 因子分析数学模型

因子分析是通过研究多个变量间相关系数矩阵的内部依赖关系，找出能综合所有变量的少数几个随机变量，这几个随机变量是不可测量的，称为因子。

设有 N 个样本，P 个指标，$X = (X_1, X_2, \cdots, X_p)^T$ 为随机变量，则因子分析的数学模型为：

$$\begin{aligned} X_1 &= a_{11}F_1 + a_{12}F_2 + \cdots + a_{1m}F_m + \varepsilon_1 \\ X_2 &= a_{21}F_1 + a_{22}F_2 + \cdots + a_{2m}F_m + \varepsilon_2 \\ &\vdots \\ X_p &= a_{p1}F_1 + a_{p2}F_2 + \cdots + a_{pm}F_m + \varepsilon_p \\ i &= 1,2,\cdots,p; j = 1,2,\cdots,m \end{aligned} \quad (1)$$

矩阵 $\mathbf{A} = (a_{ij})$ 为因子载荷矩阵，a_{ij} 为因子载荷，其实质就是公共因子 F_j 和变量 X_i 的相关系数。ε_i 为特殊因子，代表除公共因子以外的影响因素。公共因子的构造方法有很多，其中最为常用的是主成分分析方法。本研究也采用主成分分析方法确定公共因子，并计算相关的因子载荷矩阵。

2. 主成分分析模型

主成分分析的概念由 Karl Pearson 在 1901 年提出，是研究如何通过少数几个主成分来解释多个变量间内部结构的方法，其原理是从原始变量中导出几个主成分，使它们尽可能多地保留原始变量的信息，同时彼此相关。

假设有 n 个样本，p 个指标（$p<n$），$x=(x_1,x_2,\cdots,x_n)^\mathrm{T}$ 为随机变量，Σ 为协方差阵，$\lambda_1 \geqslant \lambda_2 \geqslant \cdots \geqslant \lambda_p$ 为协方差阵的特征值，所以 $\mathrm{Var}(F_1) > \mathrm{Var}(F_2) > \cdots > \mathrm{Var}(F_p)$，$F_i$ 表示第 i 个主成分，向量 l_1，l_2，$\cdots$，l_p 为对应的单位特征向量，则 X 的第 i 个主成分为：

$$F_i = l_i^\mathrm{T} X (i=1,2,\cdots,p) \tag{2}$$

原则上如果有 n 个变量，则最多可以提取 n 个主成分。F_1 是第一主成分，是反映信息量最大的主成分，也是第一个线性组合，其次是 F_2、F_3 等。但是一般按照累积贡献率的大小提取前 m 个，这样就形成了因子分析中的公共因子。

3. 因子得分的计算

通过主成分分析，提取能够代表原始信息 85% 以上的主成分作为公共因子纳入因子模型中，便可以用回归估计的方法求得各样本单元的因子得分。因子得分的数学模型可将各公共因子表示成变量的线性形式，从而用回归估计的方法得到因子得分，线性回归模型如下：

$$F_i = b_{i1} x_1 + b_{i2} x_2 + \cdots + b_{ip} x_p (i=1,2,\cdots,m) \tag{3}$$

（三）机场航空物流辐射范围测算模型构建

机场航空物流辐射范围采用空间统计模型进行测算。常用的空间统计分析工具有自然断点法、引力模型法、Wilson 模型法等，这些方法均无法完全地解决广区域多发生点的范围测算问题。基于扩展断裂点模型的加权 Voronoi 模型针对不连续性空间划分问题，能够较好地处理广区域多发生点的范围测算。基于此，本研究采用基于扩展断裂点模型的加权 Voronoi 模型作为测算 23 个机场航空物流辐射范围的主要方法。

基于扩展断裂点模型的加权 Voronoi 模型的计算步骤如下。

1. 断裂点模型

断裂点模型是在"零售引力规律"基础上进行优化而得，主要用于研究城市和区域间的相互作用关系。断裂点模型是基于距离进行辐射范围的划定。其中：

$$D_i = \frac{d_{ij}}{1+\sqrt{Q_j/Q_i}} \text{ 或 } D_j = \frac{d_{ij}}{1+\sqrt{Q_i/Q_j}} \tag{4}$$

其中 D_i、D_j 为两个相邻机场 i、j 到断裂点的欧氏距离；d_{ij} 表示两个机场 i、j 之间的欧氏距离。Q_i、Q_j 分别为两个机场的规模，具体数值为利用机场航空物流规模测度指标体系计算得到的 23 个机场的综合规模数值。

设 a_i、a_j 为机场 i、j 的航空物流辐射范围拓展速度，则可得到：

$$\frac{D_i}{D_j} = \frac{a_i}{a_j} = \sqrt{\frac{Q_i}{Q_j}} \tag{5}$$

由式（5）可知：相邻两机场到断裂点的距离与机场航空物流规模得分的平方根成正比，相邻两机场航空物流辐射范围拓展速度与机场航空物流规模得分的平方根也成正比。因此，可将相邻两机场的航空物流辐射范围看作以自身航空物流规模得分的平方根为权重的不断向外拓展的轨迹。

2. 加权 Voronoi 模型

Voronoi 模型是一种用于平面空间剖分的重要的空间分析工具，现在已经被广泛地应用于天气、测绘、地质等领域。Voronoi 模型是指在一个由点集 $S = \{p_1, p_2, p_3, \cdots, p_n\}, n \in [3, +\infty)$ 构成的平面上，任意两点不共位、四点不共圆，设 d 为两点间欧氏距离，x 为平面内的任意一个点，则有：

$$T_i = \{x : d(x, p_i) < d(x, p_j) \mid i \neq j\} \tag{6}$$

该式表明在一个凸多边形 T_i 中，任意一个内点 x 到凸多边形的发生点 p_i 的距离都小于该点到凸多边形的发生点 p_j 的距离。

该模型将各发生点的权重设为统一数值，其后研究人员在 Voronoi 模型的基础上，将不同发生点的权重引入模型，形成了加权 Voronoi 模型，该模型设定空间中任一点到其所属区域发生点的距离与该点到其他发生点的距离之比小于两个发生点的权重之比，加权 Voronoi 模型为：

$$V_n(p_i, \lambda_i) = \cap_{i \neq j} \left\{ p \mid \frac{d(x, p_i)}{\lambda_i} \leq \frac{d(x, p_j)}{\lambda_j} \right\} \tag{7}$$

式（7）中，$V_n(p_i, \lambda_i)$ 表示空间目标 P_i 所在的 Voronoi 图的空间区域，λ_i、λ_j 为点 p_i、p_j 对应的权重系数值。

3. 基于断裂点模型的加权 Voronoi 模型

将断裂点模型与加权 Voronoi 模型结合，是空间辐射研究中常用的方法，该方法不仅充分考虑整个区域内各点之间的相互作用，而且能够通过

第二章 中国航空物流枢纽发展指数的构建与分析

区域划分精确地得出某空间点与周边空间点的竞争关系。因此,研究采用基于断裂点模型的加权 Voronoi 模型,以之前计算的各机场规模的平方根为权重系数,形成机场航空物流辐射范围测算模型:

$$V_n(p_i, Q_i) = \cap_{i \neq j} \left\{ p \mid \frac{d(x, p_i)}{Q_i} \leq \frac{d(x, p_j)}{Q_j} \right\} \tag{8}$$

其中,$V_n(p_i, Q_i)$ 为机场的航空物流辐射范围。

(四) 机场航空物流辐射范围的计算结果①

1. 机场航空物流规模测算

根据因子分析方法的步骤,首先对 23 个样本机场的指标数据进行因子分析的适用性检验。采用 Bartlett 球形检验,经过计算得到 2019 年、2020 年数据的 Bartlett 球形检验的伴随概率均为 0.000,小于显著性水平 0.05,因此拒绝原假设,认为变量之间具有显著的相关性,意味着可以使用因子分析的方法测算 2019 年和 2020 年机场的航空物流规模。

根据主成分分析方法,按照特征值大于 1 的公共因子的提取规则,2019 年共提取出两个公共因子,其累积方差贡献率达到 77.34%,即原始变量总信息量中有 77.34% 的信息被提取的两个公共因子反映出来。2020 年共提取两个公共因子,累积方差贡献率基本达到信息使用的需求。

在进行总指数的计算时,采用加权的方式进行,权重设置为公共因子对应的方差贡献率。因此,2019 年第一、第二公共因子得分的权重分别为 0.67 和 0.11,2020 年第一、第二公共因子得分的权重分别为 0.69 和 0.10。

经过因子分析步骤中的数据标准化、公共因子提取、公共因子得分计算三个步骤,最终得到 23 个机场的公共因子得分,如表 2-3 所示。

表 2-3 机场航空物流规模指标体系的公共因子得分

城市/机场	2019 年		2020 年	
	第一公共因子得分	第二公共因子得分	第一公共因子得分	第二公共因子得分
上海/浦东+虹桥	4.0999	0.14767	0.14256	4.11937

---

① 本研究在进行 2019 年及 2020 年机场航空物流辐射范围的计算时,因模型的参数与辐射地区界定标准发生变化,本研究中 2019 年机场航空物流辐射范围的过程及最终结果数据与《中国航空物流枢纽发展指数报告 (2020~2021)》中 2019 年机场航空物流辐射范围的过程及最终结果数据不一致。

续表

城市/机场	2019 年		2020 年	
	第一公共因子得分	第二公共因子得分	第一公共因子得分	第二公共因子得分
深圳/宝安	1.20079	-0.68869	-0.47948	1.204
哈尔滨/太平	-0.02268	-0.62652	-0.80294	-0.19603
西安/咸阳	-0.51267	0.93454	1.13376	-0.81941
乌鲁木齐/地窝堡	-0.38324	-0.70079	-1.05517	0.00594
拉萨/贡嘎	-0.51766	-1.51648	-1.77598	-0.00241
银川/河东	-0.12928	-1.34746	-1.21167	-0.11475
南京/禄口	-0.0224	-0.05217	0.26767	-0.47069
厦门/高崎	-0.19176	-0.762	-0.65146	-0.12646
青岛/流亭	-0.24074	-0.67883	-0.71414	-0.19119
三亚/凤凰	-0.17903	-0.96133	-0.86093	0.10131
北京/首都+大兴	0.86641	1.79172	2.69955	0.63157
杭州/萧山	-0.25159	0.26434	0.39331	-0.33616
郑州/新郑	0.01779	-0.42794	0.14308	-0.35288
长沙/黄花	-0.3766	-0.08372	0.21123	-0.70012
广州/白云	-0.44146	2.53468	1.12454	0.20792
武汉/天河	-0.57066	0.54229	0.11958	-0.59654
天津/滨海	-0.9534	1.26057	0.27072	-0.57745
宁波/栎社	-0.5605	-0.41481	-1.10147	-0.16147
成都/双流	-0.32276	0.80852	1.10683	-0.54656
昆明/长水	-0.20613	0.51669	0.74415	-0.34661
重庆/江北	-0.01962	0.29841	0.61788	-0.3319
贵阳/龙洞堡	-0.28271	-0.83869	-0.32161	-0.39948

经过这样处理的 23 个机场的航空物流规模分数较为分散，并存在负分的情况，因此，采用线性变换的方式，将分值转变为取值在 [0, 10] 范围内的数值，转换公式如下：

$$Z_i^{'} = \frac{Z_i - Z_{min}}{Z_{max} - Z_{min}} \times 9 + 1 \qquad (9)$$

最终，23 个机场 2019 年、2020 年航空物流规模的得分如表 2-4 所示。

表 2-4　机场航空物流规模最终得分

城市/机场	2019 年		2020 年	
	原始得分	优化得分	原始得分	优化得分
上海/浦东+虹桥	2.7631	10.0000	0.5313	6.0031
深圳/宝安	0.7260	4.4125	-0.2067	3.9114
哈尔滨/太平	-0.0839	2.1801	-0.5784	2.8581
西安/咸阳	-0.2396	1.7510	0.7016	6.4857
乌鲁木齐/地窝堡	-0.3328	1.4942	-0.7324	2.4216
拉萨/贡嘎	-0.5121	1.0000	-1.2340	1.0000
银川/河东	-0.2343	1.7658	-0.8538	2.0776
南京/禄口	-0.0207	2.3544	0.1366	4.8843
厦门/高崎	-0.2117	1.8280	-0.4658	3.1771
青岛/流亭	-0.2352	1.7630	-0.5162	3.0344
三亚/凤凰	-0.2251	1.7911	-0.5874	2.8324
北京/首都+大兴	0.7751	4.5479	1.9416	10.0000
杭州/萧山	-0.1389	2.0285	0.2379	5.1716
郑州/新郑	-0.0351	2.3147	0.0624	4.6740
长沙/黄花	-0.2606	1.6932	0.0733	4.7049
广州/白云	-0.0164	2.3663	0.8030	6.7731
武汉/天河	-0.3214	1.5256	0.0205	4.5553
天津/滨海	-0.4980	1.0387	0.1275	4.8585
宁波/栎社	-0.4197	1.2546	-0.7821	2.2807
成都/双流	-0.1267	2.0623	0.7115	6.5139
昆明/长水	-0.0809	2.1885	0.4806	5.8593
重庆/江北	0.0197	2.4657	0.3944	5.6150
贵阳/龙洞堡	-0.2808	1.6374	-0.2653	3.7453

该机场航空物流规模测算结果用于机场辐射范围中权重的设定。从发展规模的测算结果来看，北京、上海、广州的机场航空物流发展规模普遍大于其他机场，特别是上海地区，其 2019 年的发展规模测算数值遥遥领先，除了上海航空业的快速发展和逐步完善之外，上海地区是融合了浦东和虹桥两个机场的综合结果。故本研究认为对机场数据进行汇总才能真实地体现上海地区航空物流的发展规模。

2. 机场航空物流辐射范围测算

经过上述计算，最终测度2019年和2020年23个机场的辐射范围，详见表2-5。需要特别说明的是，本研究在确定机场辐射城市时，因机场航空物流辐射城市纳入标准发生变更，本研究中的2019年机场航空物流辐射城市与《中国航空物流枢纽发展指数报告（2020~2021）》中2019年机场航空物流辐射城市不一致。

表2-5 机场航空物流辐射城市

城市/机场	2019年辐射城市	2020年辐射城市
上海/浦东+虹桥	上海市、南通市	上海市、南通市
深圳/宝安	珠海市、中山市、深圳市、东莞市、惠州市、汕尾市	珠海市、中山市、深圳市、东莞市、汕尾市
哈尔滨/太平	呼伦贝尔市、大兴安岭地区、黑河市、齐齐哈尔市、兴安盟（呼兰浩特）、白城市、大庆市、绥化市、伊春市、鹤岗市、哈尔滨市、佳木斯市、双鸭山市、七台河市、松原市、长春市、牡丹江市、鸡西市、四平市、吉林市、延边朝鲜族自治州（延吉市）、沈阳市、铁岭市、辽源市、辽阳市、抚顺市、本溪市、通化市、白山市	大兴安岭地区、黑河市、齐齐哈尔市、白城市、大庆市、绥化市、伊春市、鹤岗市、哈尔滨市、佳木斯市、双鸭山市、七台河市、松原市、长春市、牡丹江市、鸡西市、四平市、吉林市、延边朝鲜族自治州（延吉市）、铁岭市、辽源市、通化市、白山市
西安/咸阳	天水市、汉中市、安康市、十堰市、神农架林区、商洛市、西安市、宝鸡市、渭南市、平凉市、咸阳市、铜川市、延安市	天水市、汉中市、安康市、十堰市、神农架林区、商洛市、西安市、宝鸡市、渭南市、平凉市、咸阳市、铜川市、延安市、兰州市、定西市、固原市、庆阳市、延安市、榆林市、吕梁市、三门峡市
乌鲁木齐/地窝堡	阿勒泰地区、塔城地区、克拉玛依市、博尔塔拉蒙古自治州（博乐）、石河子市、昌吉回族自治州、乌鲁木齐市、伊犁哈萨克自治州、吐鲁番市、哈密市、阿克苏地区、克孜勒柯尔克孜自治州（阿图什）、喀什地区、和田地区、巴音郭楞蒙古自治州	阿勒泰地区、塔城地区、克拉玛依市、博尔塔拉蒙古自治州（博乐）、石河子市、昌吉回族自治州、乌鲁木齐市、伊犁哈萨克自治州、吐鲁番市、哈密市、阿克苏地区、克孜勒柯尔克孜自治州（阿图什）、喀什地区、和田地区、巴音郭楞蒙古自治州、阿里地区
拉萨/贡嘎	阿里地区、那曲市、日喀则市、玉树藏族自治州、拉萨市、山南市、林芝市	那曲市、日喀则市、拉萨市、山南市

续表

城市/机场	2019 年辐射城市	2020 年辐射城市
银川/河东	嘉峪关市、张掖市、海北藏族自治州、西宁市、海东市、金昌市、武威市、兰州市、临夏回族自治州、白银市、中卫市、固原市、石嘴山市、银川市、吴忠市、固原市、榆林市、包头市、巴彦淖尔市、鄂尔多斯市、乌海市、阿拉善盟	金昌市、武威市、兰州市、中卫市、石嘴山市、银川市、吴忠市、巴彦淖尔市、乌海市、阿拉善盟
南京/禄口	景德镇市、黄山市、池州市、铜陵市、芜湖市、宣城市、巢湖市、合肥市、马鞍山市、南京市、常州市、淮南市、滁州市、镇江市、泰州市、扬州市、淮安市、宿迁市	景德镇市、黄山市、池州市、铜陵市、芜湖市、宣城市、巢湖市、合肥市、马鞍山市、南京市、常州市、淮南市、滁州市、镇江市、泰州市、扬州市、淮安市、宿迁市
厦门/高崎	梅州市、汕头市、潮州市、漳州市、龙岩市、厦门市、泉州市、三明市、莆田市、福州市、宁德市、南平市	梅州市、潮州市、漳州市、龙岩市、厦门市、泉州市、三明市、莆田市、福州市
青岛/流亭	连云港市、临沂市、日照市、潍坊市、青岛市、烟台市、威海市、大连市、营口市、鞍山市	临沂市、日照市、潍坊市、青岛市、烟台市、威海市、大连市
三亚/凤凰	防城港市、钦州市、北海市、湛江市、海口市、三亚市、儋州市、三沙市	海口市、三亚市、儋州市、三沙市
北京/首都+大兴	北京市、保定市、朔州市、大同市、张家口市、承德市、乌兰察布市、赤峰市、锡林郭勒盟	北京市、保定市、朔州市、大同市、张家口市、承德市、乌兰察布市、赤峰市、衡水市、邢台市、阳泉市、太原市、忻州市、呼和浩特市、包头市、秦皇岛市、朝阳市、葫芦岛市、通辽市、沈阳市、盘锦市、锦州市、阜新市、鞍山市、丹东市、辽阳市、营口市
杭州/萧山	衢州市、丽水市、金华市、杭州市、湖州市、嘉兴市	衢州市、丽水市、金华市、杭州市、湖州市、嘉兴市、温州市、绍兴市
郑州/新郑	太原市、晋中市、长治市、邯郸市、晋城市、鹤壁市、安阳市、濮阳市、新乡市、济源市、焦作市、菏泽市、郑州市、开封市、商丘市、平顶山市、许昌市、周口市、漯河市、济宁市	长治市、邯郸市、晋城市、鹤壁市、安阳市、濮阳市、新乡市、济源市、焦作市、菏泽市、郑州市、开封市、商丘市、平顶山市、许昌市、周口市、漯河市
长沙/黄花	张家界市、常德市、邵阳市、益阳市、娄底市、衡阳市、湘潭市、岳阳市、长沙市、株洲市、萍乡市、吉安市、新余市、宜春市	张家界市、常德市、邵阳市、益阳市、娄底市、衡阳市、湘潭市、岳阳市、长沙市、株洲市、萍乡市、吉安市、新余市、宜春市、抚顺市

续表

城市/机场	2019年辐射城市	2020年辐射城市
广州/白云	贵港市、玉林市、茂名市、梧州市、阳江市、云浮市、贺州市、清远市、肇庆市、韶关市、广州市、佛山市	贵港市、玉林市、茂名市、梧州市、阳江市、云浮市、贺州市、清远市、肇庆市、韶关市、广州市、佛山市、防城港市、钦州市、来宾市、桂林市、河源市、北海市
武汉/天河	潜江市、仙桃市、咸宁市、黄石市、黄冈市、鄂州市、信阳市、武汉市、随州市、孝感市、荆门市、天门市、襄阳市	潜江市、仙桃市、咸宁市、黄石市、黄冈市、鄂州市、信阳市、武汉市、随州市、孝感市、荆门市、天门市、襄阳市
天津/滨海	天津、唐山市、沧州市、衡水市、德州市、济南市、滨州、秦皇岛市、葫芦岛市、朝阳市、锦州市	天津、济南市、滨州
宁波/栎社	温州市、台州市、宁波市、舟山市	宁波市、舟山市
成都/双流	果洛藏族自治州、甘南藏族自治州、甘孜藏族自治州、黄南藏族自治州、阿坝藏族羌族自治州、雅安市、成都市、德阳市、绵阳市、乐山市、眉山市、内江市	果洛藏族自治州、甘南藏族自治州、甘孜藏族自治州、黄南藏族自治州、阿坝藏族羌族自治州、雅安市、成都市、德阳市、绵阳市、乐山市、眉山市、内江市、玉树藏族自治州、昌都市、海西蒙古族藏族自治州、酒泉市、嘉峪关市、张掖市、海北藏族自治州、西宁市、海东市、临夏回族自治州、海南藏族自治州
昆明/长水	迪庆藏族自治州、怒江傈僳族自治州、丽江市、攀枝花市、大理白族自治州、楚雄彝族自治州、昆明市、曲靖市、保山市、德宏傣族景颇族自治州、临沧市、普洱市、玉溪市、红河哈尼族彝族自治州、文山壮族苗族自治州、西双版纳自治州	迪庆藏族自治州、怒江傈僳族自治州、丽江市、攀枝花市、大理白族自治州、楚雄彝族自治州、昆明市、曲靖市、保山市、德宏傣族景颇族自治州、临沧市、普洱市、玉溪市、红河哈尼族彝族自治州、文山壮族苗族自治州、西双版纳自治州
重庆/江北	重庆、广安市、南充市、巴中市、达州市、恩施土家苗族自治州	重庆、广安市、南充市、巴中市、达州市、恩施土家苗族自治州、湘西土家苗族自治州
贵阳/龙洞堡	安顺市、贵阳市、黔西南布依族苗族自治州、铜仁市、黔南布依族苗族自治州、黔东南苗族侗族自治州、百色市、河池市、柳州市、崇左市、南宁市	安顺市、贵阳市、黔南布依族苗族自治州、黔东南苗族侗族自治州、河池市、崇左市、南宁市

从整体上看，机场的航空物流辐射范围较为平稳，与 2019 年相比，辐射范围扩大的机场有 8 个，辐射范围无变化的有 4 个机场，辐射范围缩小的有 11 个。

其中，辐射范围扩大的机场有西安咸阳机场（增加了兰州市、定西市、固原市、庆阳市、延安市、榆林市、吕梁市、三门峡市）、乌鲁木齐地窝堡机场（增加了阿里地区）、北京首都机场（增加了衡水市、邢台市、阳泉市、太原市、忻州市、呼和浩特市、包头市、秦皇岛市、朝阳市、葫芦岛市、通辽市、沈阳市、盘锦市、锦州市、阜新市、鞍山市、丹东市、辽阳市、营口市，减少了锡林郭勒盟）、杭州萧山机场（增加了温州市和绍兴市）、长沙黄花机场（增加了抚顺市）、广州白云机场（增加了防城港市、钦州市、来宾市、桂林市、河源市、北海市）、成都双流机场（增加了玉树藏族自治州、昌都市、海西蒙古族藏族自治州、酒泉市、嘉峪关市、张掖市、海北藏族自治州、西宁市、海东市、临夏回族自治州、海南藏族自治州）、重庆江北机场（增加了湘西土家苗族自治州）。

深圳、哈尔滨、拉萨、银川、厦门、青岛、三亚、郑州、天津、宁波、贵阳这 11 个城市的机场的辐射范围缩小。其中，郑州新郑机场受周边机场竞争压力不断增大的影响，2020 年辐射城市减少了太原、晋中和济宁三座城市。

2019 年和 2020 年 23 个机场航空物流辐射城市确定后，可分别计算中国航空物流枢纽发展指数指标体系中相关指标，完成数据的搜集和清理。

四 指数计算和测度方法[①]

（一）三级指标权重确定方法

在中国航空物流枢纽发展指数指标体系构建的基础上，采用改进的熵权法计算三级指标的权重值。传统熵权法会出现零值、负值等问题，不利于后续总指数的测算，本研究采用改进的熵权法，步骤如下。

---

① 本研究在计算 2019 年及 2020 年中国航空物流枢纽发展指数指标体系的权重时，因考虑年度指标权重的稳定性及不同年度计算结果的可对比性，更改了指标体系权重的计算方法，导致本研究中 2019 年中国航空物流枢纽发展指数指标体系的权重与《中国航空物流枢纽发展指数报告（2020~2021）》中 2019 年中国航空物流枢纽发展指数指标体系的权重不一致。

1. 数据标准化

原始指标单位不同，需对数据进行标准化处理。常用的标准化处理方法包括 Z 标准化和极差标准化方法，Z 标准化方法虽能充分利用序列信息，但是标准化后数据的取值范围不定，对于后续的归一化和耦合度计算不利。因此，采用极差标准化方法处理数据，并借鉴其他学者的方法对数据进行调整，使得标准化处理后数据取值范围为 [0.1, 1]。数据标准化方法见式（10）。

$$x_{ij}^* = \frac{x_{ij} - \min(x_{1j}, x_{2j}, \cdots, x_{mj})}{\text{range}(x_{1j}, x_{2j}, \cdots, x_{mj})} \times 0.9 + 0.1 \tag{10}$$

式（10）中，x_{ij} 表示第 i 个评价主体在第 j 个指标上的取值，其中 $i = 1, 2, \cdots, m$；$j = 1, 2, \cdots, n$，评价系统中共有 m 个评价主体和 n 个指标。x_{ij}^* 表示经过标准化处理过的样本取值。

2. 计算权重 p_{ij}

以标准化数据矩阵 $[x_{ij}^*]_{m \times n}$ 为基础，首先计算 i 评价主体的 j 指标在该指标序列中的权重 p_{ij}，见公式（11）。

$$p_{ij} = \frac{x_{ij}^*}{\sum_{i=1}^{m} x_{ij}^*}, i = 1, 2, \cdots, m; j = 1, 2, \cdots, n \tag{11}$$

3. 计算第 j 个指标的信息熵 e_j

$$e_j = \frac{1}{\ln m} \times \sum_{i=1}^{m} p_{ij} \times \ln(p_{ij}) \tag{12}$$

4. 计算第 j 个指标的权重 w_j

$$w_j = \frac{1 - e_j}{n - \sum_{i=1}^{n} e_j} \tag{13}$$

按照改进的熵权法，最终测算得到 2019 年和 2020 年各指标的权重值，如表 2-6 所示。

表 2-6 中国航空物流枢纽发展指数指标体系的权重

三级指标	权重	
	2019 年	2020 年
货邮吞吐量	0.0833	0.0836

第二章 中国航空物流枢纽发展指数的构建与分析

续表

三级指标	权重	
	2019 年	2020 年
起降架次	0.0839	0.0837
航空货站面积	0.0831	0.0832
服务的国内航空公司数量	0.0855	0.0854
服务的国际航空公司数量	0.0837	0.0832
国内通航机场或航线数量	0.0841	0.0848
国际通航机场或航线数量	0.0835	0.0830
与全球前十大机场通航数量	0.0845	0.0846
第五航权	0.0765	0.0766
航班平均延误时间	0.0846	0.0846
航班正常率	0.0836	0.0843
机场面积	0.0837	0.0830
连接国道数量	0.3314	0.3311
连接高速公路数量	0.3397	0.3395
连接高铁线路数量	0.3289	0.3294
快递快件数量	0.0993	0.0996
交通运输、仓储及邮政业增加值	0.0993	0.0999
临空经济区面积	0.1000	0.1004
腹地城市 GDP	0.1005	0.0996
腹地城市社会消费品零售总额	0.0996	0.1001
腹地海关进出口总额	0.0990	0.0992
腹地城市 4A 级及以上物流企业数量	0.1004	0.1003
辐射城市 GDP	0.1011	0.1008
辐射城市海关进出口总额	0.0999	0.0997
辐射城市社会消费品零售总额	0.1008	0.1004
是否划入自贸区	0.1577	0.1623
临空经济区内海关特殊监管区面积	0.1697	0.1680
临空经济区内海关特殊监管区进出口总额	0.1671	0.1656
指定商品进境口岸数量	0.1713	0.1693
是否跨境电商试点城市	0.1719	0.1742
是否供应链创新试点示范城市	0.1623	0.1606
空气优良达标天数	0.3340	0.3344

续表

三级指标	权重	
	2019 年	2020 年
空气质量综合指数	0.3348	0.3341
PM2.5 浓度年均值	0.3312	0.3315

（二）分指数计算方法

以改进的熵权法确定的指标权重为基础，采用加权的方法计算机场发展、综合交通、产业支撑、功能保障/开放平台和环境约束五个分指数的数值，计算方法如式（14）。

$$G_i = \sum_{j=1}^{n} x_{ij} \omega_{ij} \quad (14)$$

（三）总指数计算方法

航空物流枢纽发展总指数是以五个分指数的指数值为基础，利用三级指标权重的加总值作为分指数权重，进行加权汇总计算所得。计算公式见式（15）。

$$G = \sum_{i=1}^{5} x_i \omega_i \quad (15)$$

其中 2019 年和 2020 年五个分指数的权重值见表 2-7。

表 2-7 航空物流枢纽发展分指数权重

年份	机场发展	综合交通	产业支撑	功能保障/开放平台	环境约束
2019	0.35	0.2	0.2	0.2	0.05
2020	0.35	0.2	0.2	0.2	0.05

经过上述方式计算得到的分指数和总指数的数值取值范围在 0 到 1 之间，为了更加直观地判断不同机场的综合发展水平，将总指数进行标准化和取值范围扩展的处理，处理方法如下：

$$\hat{G} = \frac{G_k - \min(G_k)}{\max(G_k) - \min(G_k)} \times 100 \quad (16)$$

k 为评价对象。

第三节 中国航空物流枢纽发展总指数

选取国内23座机场作为航空物流枢纽发展指数的评价对象，根据上述总指数计算方法，经过数据搜集和清理，最终测算得到2019年和2020年23座机场的航空物流枢纽发展总指数，并根据指数值对评价对象进行了排名，详见表2-8。

表2-8 航空物流枢纽发展总指数及排名（2019年和2020年）

城市/机场	2019年总指数	2019年排名	2020年总指数	2020年排名
上海/浦东+虹桥	87.18	1	85.68	1
深圳/宝安	65.23	11	67.16	9
哈尔滨/太平	61.77	15	60.12	17
西安/咸阳	65.65	10	65.12	11
乌鲁木齐/地窝堡	54.06	21	52.26	22
拉萨/贡嘎	50.37	23	49.60	23
银川/河东	58.94	18	56.35	21
南京/禄口	62.56	14	63.36	12
厦门/高崎	58.02	19	59.44	18
青岛/流亭	67.05	9	66.92	10
三亚/凤凰	53.27	22	56.54	20
北京/首都+大兴	69.32	4	77.26	2
杭州/萧山	59.00	17	61.46	15
郑州/新郑	68.05	5	67.78	5
长沙/黄花	56.61	20	57.68	19
广州/白云	77.60	2	75.86	3
武汉/天河	67.92	6	67.52	7
天津/滨海	62.63	13	61.59	14
宁波/栎社	59.57	16	60.92	16
成都/双流	71.74	3	71.16	4
昆明/长水	67.06	8	67.22	8
重庆/江北	67.57	7	67.76	6
贵阳/龙洞堡	62.80	12	62.95	13
平均值	64.09		64.42	

从总指数的数值变化看，2019~2020年上海浦东和虹桥机场、哈尔滨太平机场、西安咸阳机场等12个机场总指数有小幅度下降，而深圳宝安机场、南京禄口机场、厦门高崎机场等11个机场总指数有小幅度上升。总体看来，2020年中国航空物流枢纽发展指数平均值为64.42，略高于2019年64.09的平均水平。

从总指数的结构变化看，航空物流枢纽发展指数的前十名变化很小，除上海浦东和虹桥机场、郑州新郑机场及昆明长水机场的排名没有变化，其余七个机场的排名均有一至二名的浮动。2020年，上海、北京、广州位列前三，上海凭借双机场运行以及腹地经济的强支撑，航空物流枢纽发展大幅领先于其他地区。北京受益于大兴机场的通航，航线网络、航班时刻等资源明显增加。排名第四至第六的城市依次为成都、郑州、重庆，其中成都有一定的领先优势。中西部地区依然有五座城市入围前10，反映了内陆地区对航空物流枢纽建设的高度重视。航空物流枢纽发展总指数排名较低的机场变化也不明显，其中长沙黄花机场航空物流枢纽发展指数偏低，但在2020年有所上升，如图2-1所示。

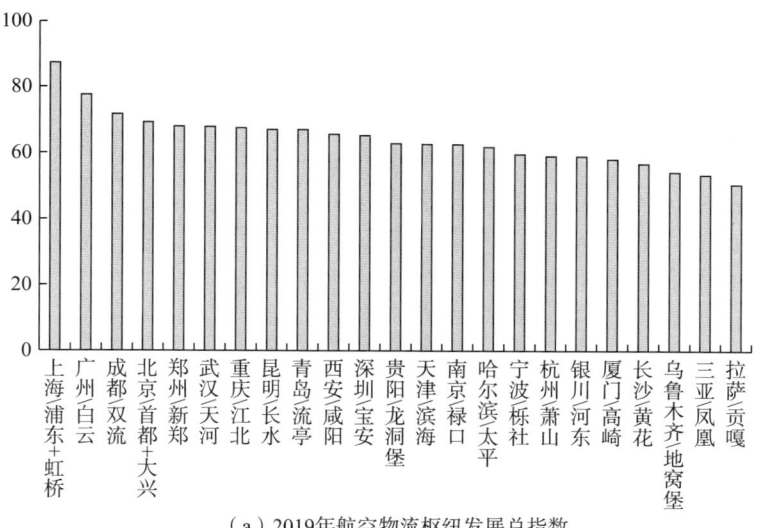

(a) 2019年航空物流枢纽发展总指数

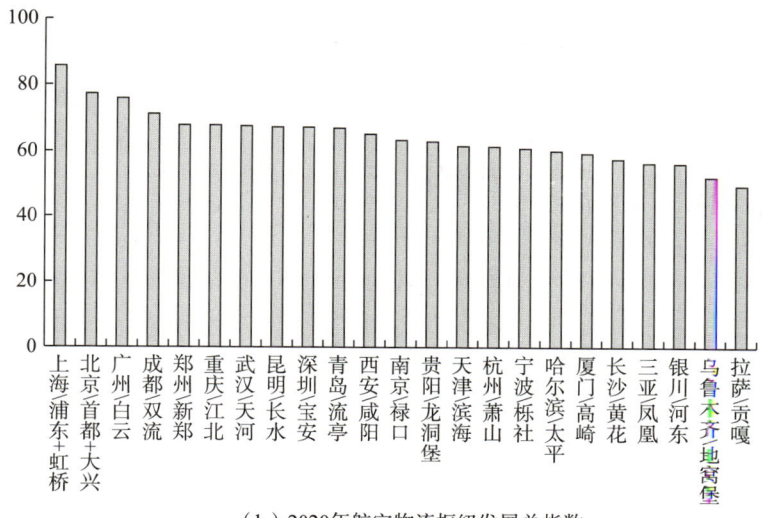

（b）2020年航空物流枢纽发展总指数

图 2-1　2019 年和 2020 年航空物流枢纽发展总指数

第四节　中国航空物流枢纽发展分指数

2019 年和 2020 年航空物流枢纽发展的五个分指数计算结果见表 2-9。分指数取值范围为 0~100，通过熵权法进行加权计算所得，指数值越高，说明机场在对应分指数上的表现越佳。

表 2-9　2019 年和 2020 年航空物流枢纽发展分指数

城市/机场	机场发展		综合交通		产业支撑		功能保障/开放平台		环境约束	
	2019 年	2020 年	2019 年	2020 年	2019 年	2020 年	2019 年	2020 年	2019 年	2020 年
上海/浦东+虹桥	87.18	85.68	32.79	31.24	15.97	15.98	16.88	17.24	17.74	17.68
深圳/宝安	65.23	67.16	21.47	21.78	12.08	12.07	14.16	15.39	13.18	13.47
哈尔滨/太平	61.77	60.12	22.20	21.64	11.01	11.01	10.52	10.06	14.49	14.54
西安/咸阳	65.65	65.12	23.97	22.69	13.34	13.34	10.53	11.08	15.37	15.86
乌鲁木齐/地窝堡	54.06	52.26	19.13	17.93	11.06	11.06	9.90	9.71	10.94	10.96
拉萨/贡嘎	50.37	49.36	17.54	14.69	12.03	12.02	8.08	8.00	8.00	10.09
银川/河东	58.94	56.35	20.48	19.09	12.32	12.32	9.02	8.59	13.29	13.24
南京/禄口	62.56	63.36	19.67	19.85	12.03	12.02	12.15	12.57	15.48	15.52
厦门/高崎	58.02	59.44	19.30	20.67	8.00	8.00	10.83	10.76	15.37	15.42

续表

城市/机场	机场发展		综合交通		产业支撑		功能保障/开放平台		环境约束	
	2019年	2020年	2019年	2020年	2019年	2020年	2019年	2020年	2019年	2020年
青岛/流亭	67.05	66.92	19.42	20.62	15.33	15.33	13.41	12.04	15.37	15.42
三亚/凤凰	53.27	56.54	18.69	20.05	11.01	11.01	8.38	8.16	10.19	12.33
北京/首都+大兴	69.32	77.26	25.65	28.82	12.08	13.39	13.58	15.30	14.88	16.75
杭州/萧山	59.00	61.46	19.48	19.01	11.06	11.06	11.45	12.29	13.50	15.43
郑州/新郑	68.05	67.78	21.50	22.00	16.99	16.99	13.22	12.73	14.17	14.05
长沙/黄花	56.61	57.68	19.74	19.65	10.04	10.04	11.99	11.21	11.59	13.56
广州/白云	77.60	75.86	27.51	25.06	15.38	15.38	14.52	15.05	16.41	16.44
武汉/天河	67.92	67.52	23.01	22.36	14.36	14.36	12.12	11.53	15.76	16.09
天津/滨海	62.63	61.59	21.83	22.06	12.03	12.02	11.72	10.94	14.39	14.32
宁波/栎社	59.57	60.92	18.09	17.73	13.05	13.04	11.08	10.83	13.32	15.26
成都/双流	71.74	71.16	22.11	21.77	16.35	16.35	11.51	11.84	18.38	18.35
昆明/长水	67.06	67.22	21.94	21.96	15.38	15.38	10.74	10.91	14.62	14.67
重庆/江北	67.57	67.76	22.15	21.87	15.03	15.03	11.64	12.24	15.04	15.07
贵阳/龙洞堡	62.80	62.95	19.00	18.86	17.37	17.36	9.55	9.47	12.89	12.89

一 机场发展分指数

机场发展分指数是机场航空物流发展水平的直接体现。从分指数结构看，如图2-2所示，2020年，上海浦东和虹桥机场、北京首都和大兴机

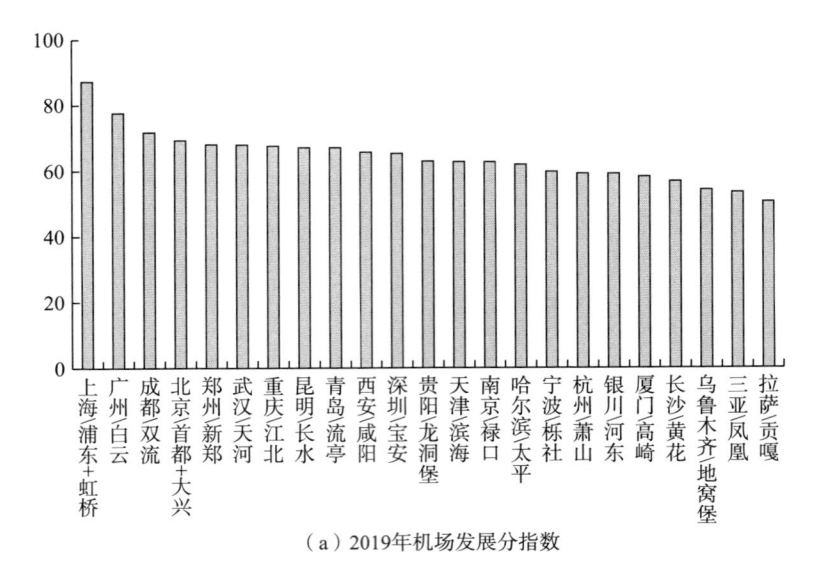

(a) 2019年机场发展分指数

（b）2020年机场发展分指数

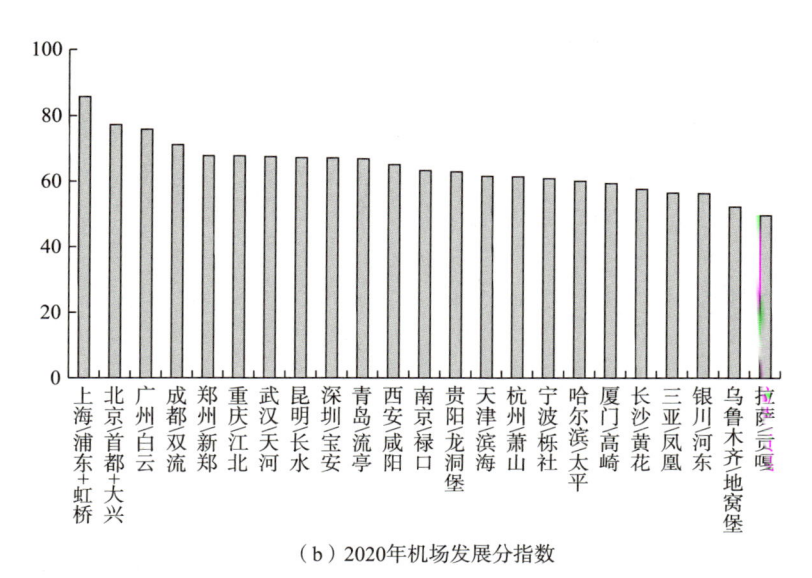

图 2-2　2019 年和 2020 年机场发展分指数

场、广州白云机场表现最好。中部地区郑州新郑机场、武汉天河机场、西安咸阳机场的航空物流枢纽发展水平相对较高，同时这三个省会城市也是中部的强省会代表。机场发展水平较差的是乌鲁木齐地窝堡机场和拉萨贡嘎机场。

从变动趋势看，深圳宝安机场、南京禄口机场、厦门高崎机场等 11 个机场的机场发展分指数有小幅度上升，这也是机场设施不断完善、机场航空物流服务不断升级的有效体现。但受疫情影响，上海浦东和虹桥机场、哈尔滨太平机场、西安咸阳机场等 12 个机场的机场发展分指数有小幅度下降。

二　综合交通分指数

综合交通分指数反映由公路、铁路、机场构成的现代综合交通体系的建设和发展情况。2020 年，综合交通状况最佳的是上海浦东和虹桥机场，其次为北京首都和大兴机场以及广州白云机场，其中郑州新郑机场、武汉天河机场具有较为均衡的综合交通网络，同时与多条国道、高速公路和高铁线路对接。航空物流枢纽需要完善的综合交通体系作为支撑，才能实现航空货物集输的便利性。

由图 2-3 可知，上海浦东和虹桥机场 2020 年综合交通分指数虽然出现小幅度下降，但依旧位于第一名，这主要得益于机场连接高铁线路数量的大幅度增加。国道、高速公路、高铁综合交通体系的完善，使得上海航空物流枢纽的综合水平一直保持在全国领先的地位。

(a) 2019年综合交通分指数

(b) 2020年综合交通分指数

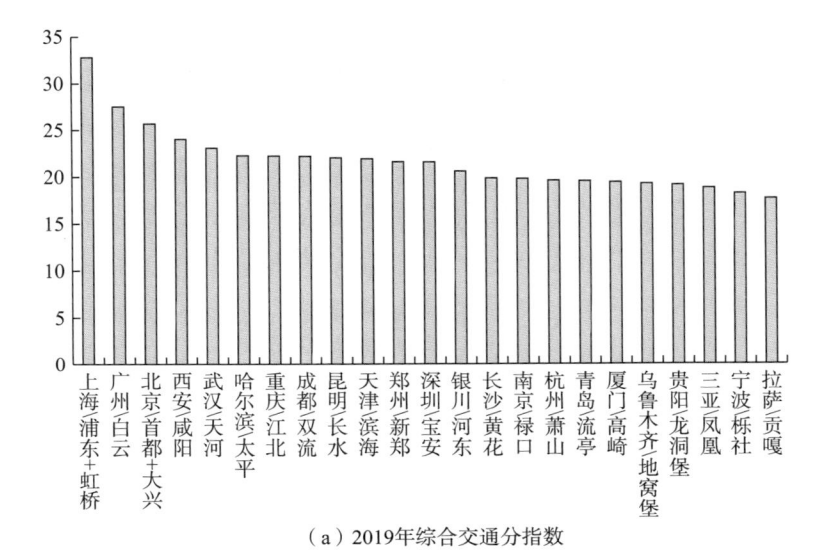

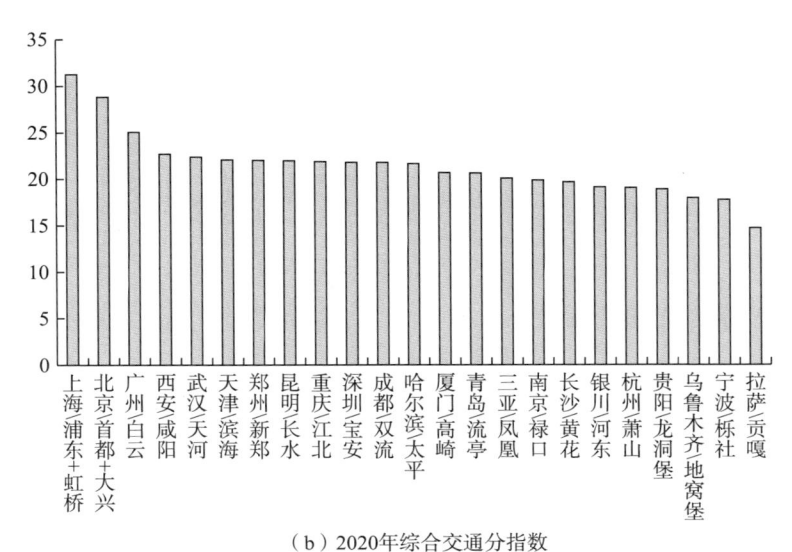

图 2-3 2019 年和 2020 年综合交通分指数

第二章 中国航空物流枢纽发展指数的构建与分析

总体上看，2020年除上海浦东和虹桥机场以绝对的优势领先外，其他22个机场在综合交通分指数上的差异进一步缩小，这也是各机场不断完善综合交通体系的必然结果。

三 产业支撑分指数

产业支撑分指数是对空港型物流枢纽所依托的各类基础条件的反映。2020年产业支撑分指数较高的仍然是贵阳龙洞堡机场、郑州新郑机场、成都双流机场、上海浦东和虹桥机场以及广州白云机场。上述地区经济的快速发展、产业结构的不断优化升级，为航空物流提供了坚实的发展基础，使得机场的对外辐射强度不断增加，而机场辐射强度的增加又反过来进一步促进航空物流枢纽的深层次发展。由此可知，航空物流枢纽与宏观经济产业发展的协同关系极其重要。

从图2-4可知，2020年，机场航空物流枢纽产业支撑分指数的变化方向不定，均未有较大幅度的上升或下降，整体上处于微调的状态。

四 功能保障/开放平台分指数

功能保障/开放平台分指数反映在航空物流枢纽的带动作用下，城市对外开放的程度。2020年排名最高的是上海浦东和虹桥机场，其次为深圳宝

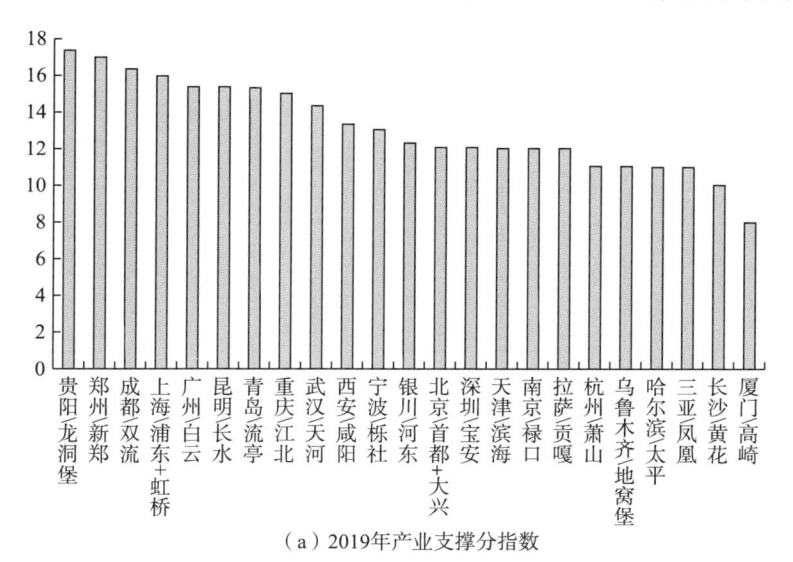

（a）2019年产业支撑分指数

(b) 2020年产业支撑分指数

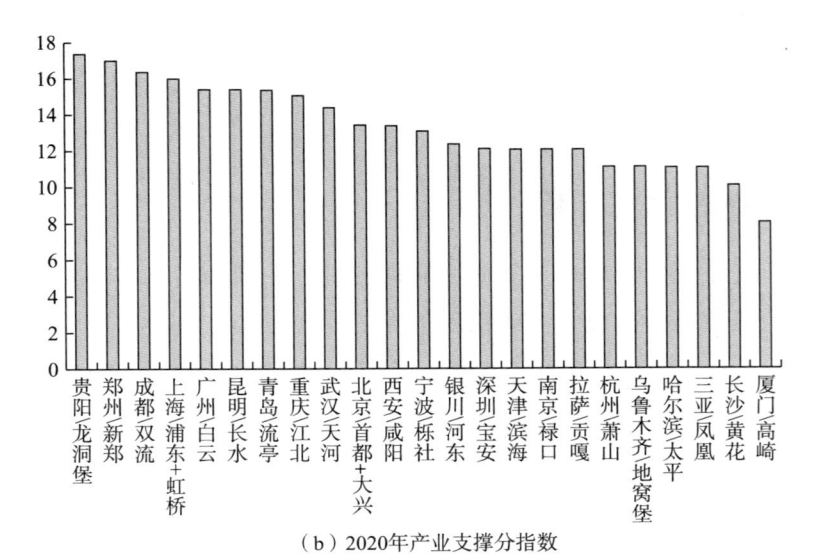

图 2-4 2019 年和 2020 年产业支撑分指数

安机场、北京首都和大兴机场、广州白云机场和郑州新郑机场，可以看出位居前五的机场分别处于国家的东部、南部和中部，不难得出机场所在城市的开放程度与国家的区域发展政策密切相关。

从图 2-5 可知，2020 年，有超过半数的机场的功能保障/开放平台指数有较小幅度的下降。从分指数排名看，也有一定程度的变化，上海浦东

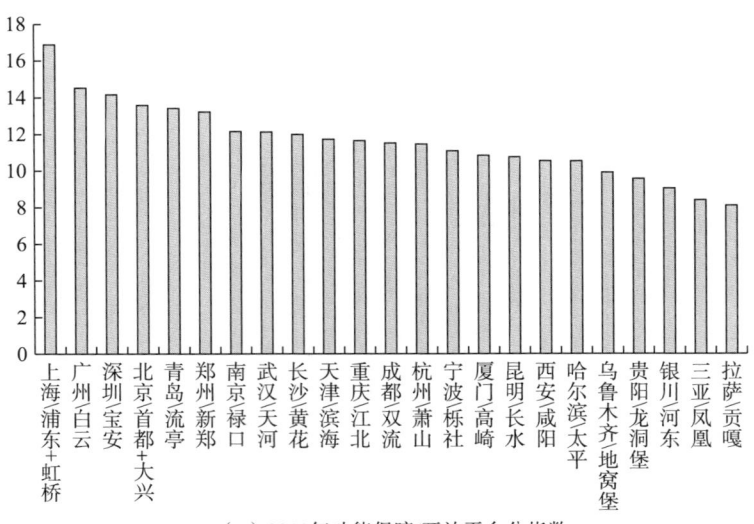

(a) 2019年功能保障/开放平台分指数

(b) 2020年功能保障/开放平台分指数

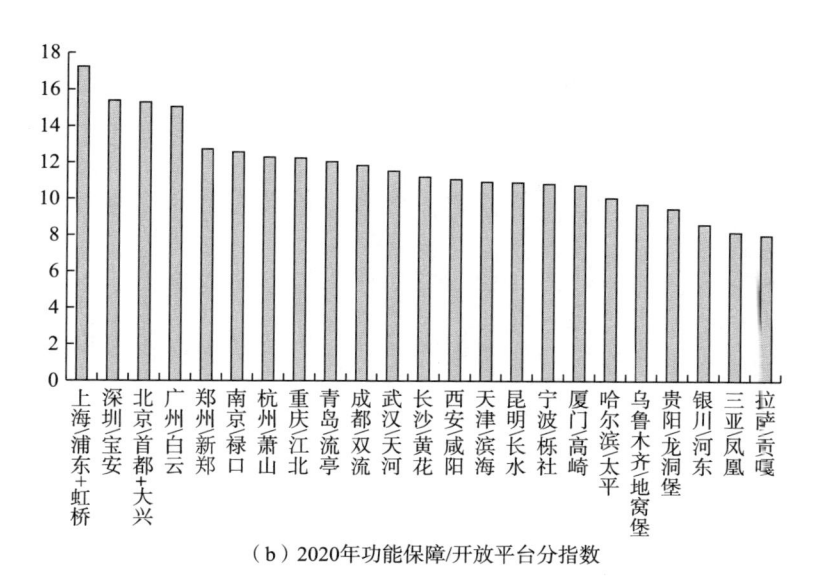

图 2-5　2019 年和 2020 年功能保障/开放平台分指数

和虹桥机场依旧处于领先地位，深圳宝安机场、北京首都和大兴机场超过广州白云机场位列第二和第三，广州白云机场降至第四名，郑州新郑机场超越青岛流亭机场跻身前五名。

五　环境约束分指数

环境约束分指数反映了环境保护政策对机场航空物流枢纽发展的制约，是航空物流绿色发展的关键。环境约束分指数通过机场所在地区的天气因素进行测度。由图 2-6 可知，各个机场的分指数差异较小，2019 年分指数最高的是成都双流机场，其次是上海浦东和虹桥机场，除长沙黄花机场、乌鲁木齐地窝堡机场、三亚凤凰机场、拉萨贡嘎机场分指数较低外，其余机场的环境约束分指数基本相差不大。

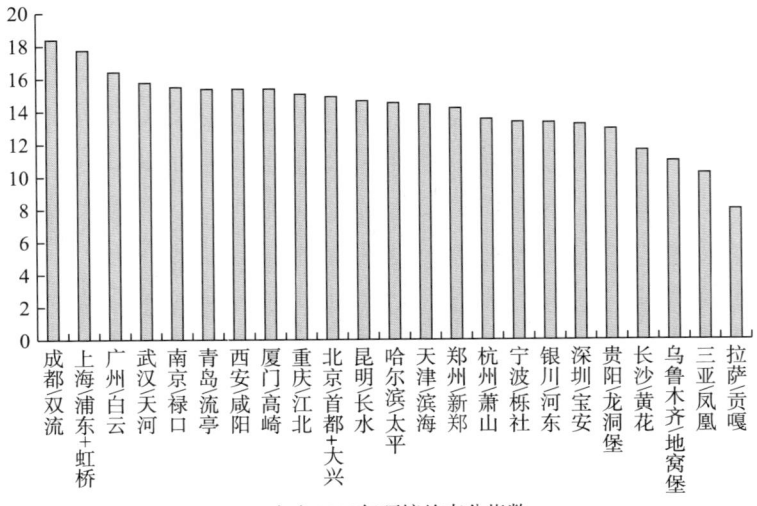

(a) 2019年环境约束分指数

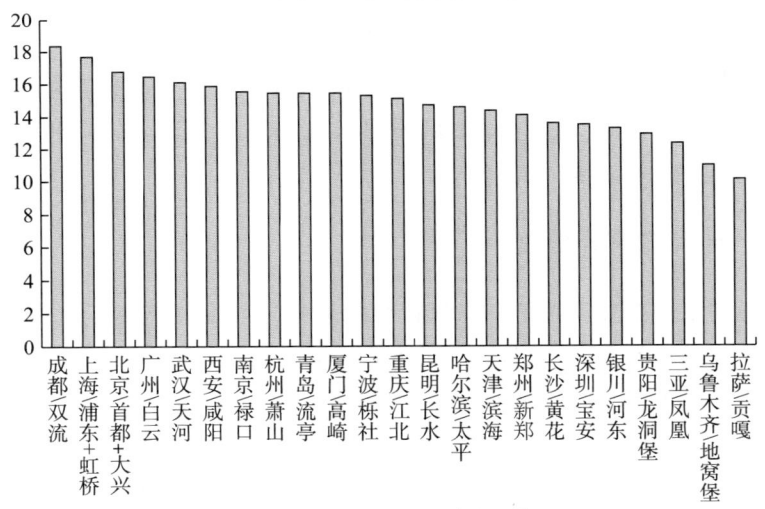

(b) 2020年环境约束分指数

图 2-6　2019 年和 2020 年环境约束分指数

第二篇 区域篇

2016年5月25日,民航局正式印发《关于进一步深化民航改革工作的意见》,该文件提出,以北京、上海、广州等大型国际枢纽为核心整合区域机场资源,实现区域机场群一体化发展,服务国家打造京津冀、长三角和珠三角等世界级城市群,建设三大世界级机场群。

第三章
京津冀地区航空物流枢纽发展分析*

第一节 发展概述

京津冀地区入选国家航空物流枢纽承载城市的有北京、天津。其中，北京首都国际机场（以下简称北京首都机场）和北京大兴国际机场（以下简称北京大兴机场）位于北京，天津滨海国际机场（以下简称天津滨海机场）位于天津。北京大兴机场于2019年9月通航，在本报告研究期间，仅有一年零三个月的生产数据，因此相较于2019年，2020年北京大兴机场主要生产指标增长迅速。上述机场在2011~2020年主要生产指标保持平稳较快增长，2020年受疫情影响，北京首都机场和天津滨海机场的主要生产指标都有不同程度的下降，但是，北京首都机场的各项生产指标远高于其他机场。10年间，北京首都机场旅客吞吐量超过8亿人次，占京津冀地区入选城市三座机场旅客吞吐量的83.28%；货邮吞吐量达到1823.3943万吨，占比达到88.79%；起降架次达到553.3422万架次，占比达到79.35%，见表3-1和图3-1。

表3-1 2011~2020年京津冀地区入选机场主要生产指标

生产指标	北京首都机场	北京大兴机场	天津滨海机场	总计
旅客吞吐量（万人次）	84607.4091	1922.6523	15068.4454	101598.5068

* 各机场主要生产指标数据来自民航资源网、地方政府统计公报、中国新闻网、中国民用航空局等。各机场简介、重点事件、发展规划等信息来自新华网、地方新闻报、地方政府公示文件、人民网、交通运输局等。

续表

生产指标	北京首都机场	北京大兴机场	天津滨海机场	总计
货邮吞吐量（万吨）	1823.3943	8.4615	221.7402	2053.5960
起降架次（万架次）	553.3422	15.4162	128.597	697.3554

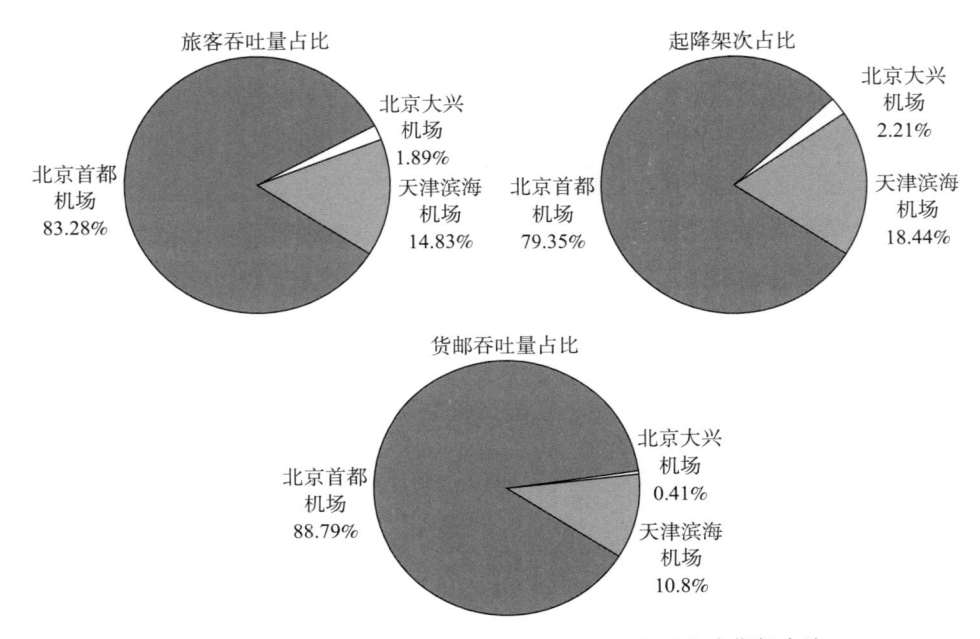

旅客吞吐量占比
- 北京首都机场 83.28%
- 北京大兴机场 1.89%
- 天津滨海机场 14.83%

起降架次占比
- 北京首都机场 79.35%
- 北京大兴机场 2.21%
- 天津滨海机场 18.44%

货邮吞吐量占比
- 北京首都机场 88.79%
- 北京大兴机场 0.41%
- 天津滨海机场 10.8%

图 3-1 2011~2020 年京津冀地区入选机场主要生产指标占比

第二节 京津冀地区重点机场分析

一 北京首都国际机场

（一）机场简介

北京首都机场位于北京的东北方向，是我国地理位置最重要、规模最大、设备最齐全、运输生产最繁忙的大型国际航空港之一，素有"中国第一国门"之称，是中国三大门户复合枢纽之一。北京首都机场不但是中国首都北京的空中门户和对外交往的窗口，而且是中国航空物流网络的核心节点。

北京首都机场拥有得天独厚的地理位置、方便快捷的中转流程，与其他部门紧密高效的协同合作，使其成为连接亚、欧、美三大航空市场最为便捷的航空枢纽。国航、东航、南航、海航等中国国内主要航空公司均已在北京首都机场设立运营基地。随着日益完善的国际航线网络的形成，北京首都机场成为世界最繁忙的机场之一，每天有近百家航空公司的将近1700个航班将北京与世界243个机场紧密连接。

（二）主要指标分析

如图 3-2 所示，2011~2019 年北京首都机场旅客吞吐量呈现稳定增长态势。2012 年旅客吞吐量突破 8000 万人次，2018 年突破 1 亿人次。从 2011 年起，北京首都机场旅客吞吐量的增长率总体呈现下降趋势，2019 年，北京首都机场旅客吞吐量在 10 年间首次出现负增长。而 2020 年，受新冠肺炎疫情的冲击，旅客吞吐量大幅下降，降幅超 65%。从旅客吞吐量排名来看，北京首都机场在 2011~2019 年稳居全国第一位，2020 年居全国第五位。

图 3-2 2011~2020 年北京首都机场旅客吞吐量及增速

2011~2018 年北京首都机场货邮吞吐量同样呈现缓慢增长态势（见图 3-3）。2011 年货邮吞吐量突破 160 万吨，2017 年突破 200 万吨。从增长率来看，北京首都机场货邮吞吐量的增长率波动较大，既有增长 9.7% 的高光时刻（2012 年），也有出现负增长 38.1% 的情况（2020 年）。北京首都机场货邮吞吐量自 2019 年开始负增长，2020 年降幅超 38%。从货邮吞吐量排名来看，北京首都机场在 2011~2019 年稳居全国第二位，2020 年居全国第四位。

2011~2019 年北京首都机场的起降架次整体呈现缓慢增长态势，2020 年北京首都机场的起降架次大幅减少，降幅达 51%（见图 3-4）。2011 年起降架次突破 50 万架次，2016 年突破 60 万架次，2017 年虽有所减少，但是在

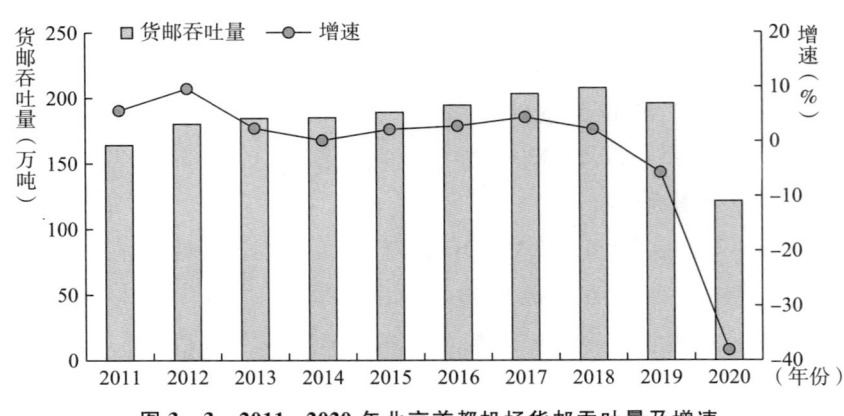

图 3 – 3　2011~2020 年北京首都机场货邮吞吐量及增速

2017~2019 年一直保持在 60 万架次左右。从增长率来看，北京首都机场起降架次的增长率总体呈现波动下降的趋势，在 2017 年、2019 年和 2020 年出现负增长。从起降架次来看，北京首都机场在 2011~2019 年稳居全国第一位，2020 年居全国第五位。

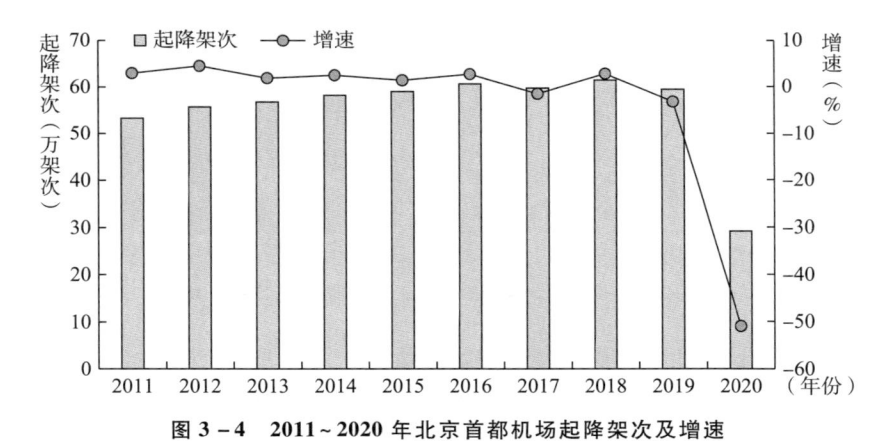

图 3 – 4　2011~2020 年北京首都机场起降架次及增速

（三）2020 年重点事件分析

2020 年 1 月 15 日，首都机场集团总经理刘雪松表示，北京首都机场大规模改造工程现处于规划的审批阶段，目前尚没有具体的时间表。此次北京首都机场计划投入近 400 亿元，新建第四跑道、改造三大航站楼，并将轨道交通路线延伸至位于顺义区的中国国际展览中心新馆。

2020 年 1 月 26 日起，受新冠肺炎疫情影响，北京首都机场八条省际巴士线路暂停运营。

2020年3月15日起，北京首都机场全部国际及港澳台地区进港航班，均停靠首都机场处置专区。海关对旅客进行测温等检疫排查，边检办理入境手续，非中转旅客在专属休息区等候摆渡车前往北京新国展旅客接驳区，中转旅客在办理完中转手续后，再前往专属休息区候机。

2020年8月25日，北京首都机场西跑道大修系列工程开工。10月19日上午完成了工程竣工验收，下午进行了行业验收并形成了行业验收意见，10月19日晚间，北京首都机场方面发布公告称，西跑道大修系列工程圆满完成，于24:00开放运行。

2020年，是打赢蓝天保卫战的决胜之年，为推进绿色机场建设，北京首都机场正式上线西湖水面光伏+储能+应用一体化示范项目，成为水面光伏技术在机场应用的一次成功实践。2020年9月，西湖水面光储用一体化项目成功并网发电，开始为西湖周边的西湖园及道路照明、景观照明和防汛设备供电。

2020年10月29日，以"聚力四型机场，助力民航强国"为主题的2020年中国民航四型机场建设发展大会暨成果展在厦门举行。大会发布了《2020年度中国民航四型机场示范项目》名单，首都机场股份公司"三基"建设实践、绿色装配式建筑示范应用、人文机场"一藤七花"建设模型三个项目入选示范项目，这是对北京首都机场四型机场建设成果的肯定。

2020年11月18日，中国移动北京公司宣布，继北京大兴机场后，公司已经全面完成北京首都机场的5G网络建设。2020年北京首都机场大事记见图3-5。

1月15日	启动400亿元改造计划
1月26日	八条省际巴士线路暂停运营
3月15日	对旅客进行全面检疫排查
8月25日	西跑道大修系列工程开工
10月29日	全面推进四型机场建设
11月18日	全面完成5G网络建设

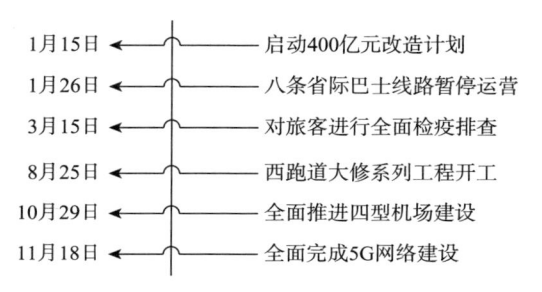

图3-5　2020年北京首都机场大事记

(四) 发展规划

"十四五"期间，北京将推动构建世界级机场群。北京还将发挥北京首都机场和北京大兴机场双枢纽机场聚集辐射效应，打造以航空物流、科技创新、服务保障三大功能为主的国际化、高端化、服务化临空经济示范引领区，并加强与天津滨海机场、河北石家庄正定机场的分工协作。北京市正在有序推进首都机场临空经济示范区建设，首都机场临空经济示范区功能定位为国家临空经济转型升级示范区、国家对外开放重要门户区、国际交往中心功能核心区和首都生态宜居国际化先导区。根据区域功能、资源禀赋、产业基础等因素，示范区空间布局为"一港四区"，即首都空港、航空物流与口岸贸易区、临空产业与城市综合服务区、临空商务与新兴产业区、生态功能区，2035年基本建成港城融合的国际航空中心。示范区下一步的发展目标为，到2022年，示范区航空枢纽功能得到进一步强化，港城一体化取得新突破，产业结构调整基本完成；到2035年，港城融合的国际航空中心核心区基本建成，在打造世界级机场群与城市群核心机场、支撑首都"四个中心"建设中发挥不可替代的重要作用。

二 北京大兴国际机场

(一) 机场简介

北京大兴机场定位为"大型国际枢纽机场"，是建设在北京市大兴区与河北省廊坊市广阳区之间的超大型国际航空综合交通枢纽，于2019年9月25日正式投入运营。北京大兴机场在机场内部实现了公路、轨道交通、高速铁路、城际铁路等不同运输方式的立体换乘、无缝衔接，在外部配套建设了"五纵两横"的交通网络，是服务京津冀协同发展的全世界规模最大的一体化综合交通枢纽。北京大兴机场一期按照2025年旅客吞吐量7200万人次、货邮吞吐量200万吨、飞机起降62万架次的目标设计，目前拥有"三纵一横"4条跑道、143万平方米航站楼综合体，以及相应的配套设施。远期规划年旅客吞吐量1亿人次以上、货邮吞吐量400万吨、飞机起降88万架次。

(二) 主要指标分析

北京大兴机场从2019年9月底投入运营到2020年底，仅用一年零三个月时间旅客吞吐量就累计达到1922.6523万人次，货邮吞吐量达到8.4615万吨，起降架次达到15.4162万架次，如表3-2所示。

表3-2　北京大兴机场2019年和2020年主要生产指标

生产指标	2019年	2020年
旅客吞吐量（万人次）	313.5074	1609.1449
货邮吞吐量（万吨）	0.7362	7.7253
起降架次（万架次）	2.1048	13.3114

（三）2020年重点事件分析

2020年1月1日起，所有往返吉隆坡与北京之间的直飞航班从北京首都机场全部转至北京大兴机场并新增航班频次。

2020年1月13日，澳门航空NX020航班平稳落地大兴机场，标志着澳门航空正式开通北京大兴—澳门航线，澳门航空成为首家入驻北京大兴机场的港澳台地区航空公司。

2020年1月15日，第一家星空联盟欧洲航空公司入驻北京大兴机场，开通波兰华沙直飞北京大兴的航班，自此将实现全年都有往返北京至波兰的直飞航线。

2020年1月17日，摩洛哥皇家航空开通北京大兴机场至卡萨布兰卡穆罕默德五世机场的直飞航班。

2020年4月8日，2020年度全国绿色建筑创新奖获奖名单公布，北京大兴机场旅客航站楼及停车楼工程等16个项目获得一等奖。

2020年4月12日，南航CZ8847大兴至成都的航班顺利起飞，标志着北京大兴机场2020年第二批转场工作正式启动，也拉开了南航此次航班转场的序幕。

2020年5月20日，北京大兴机场成功执行北京大兴—无锡"客改货"往返包机航班。该航班由河北航空执飞，是北京大兴机场首个"客改货"航班。

2020年5月21日，北京大兴机场西一（35R）跑道使用HUD实施RVR 75米（跑道视程不小于75米）起飞飞行程序设计项目获得民航局的正式批复，并于该日正式生效，标志着北京大兴机场已拥有两条具备HUD 75米起飞能力的跑道。

2020年8月5日上午，厦航的"大兴号"涂装飞机平稳降落在大兴机场，这也是"大兴号"飞机首次亮相北京大兴机场。

2020年8月30日，国务院批准设立北京自贸试验区，北京大兴国际机场临空经济区（大兴片区）约10平方公里是高端产业功能区的重要组成部分之一。

2020年9月20日，历时两年建设，华北流量管理系统正式上线试运行。2020年是北京大兴机场投入运行的第一个完整年，在全新的空域环境下，华北空管局统筹协调，在做好疫情防控工作的同时，保障北京"一市两场"安全高效运行。未来，华北空管局将着眼京津冀，根据实际运行需求，不断优化华北地区航路航线走向以及运行程序，完善华北流量系统功能，不断提高空中交通管理水平，保障北京"比翼齐飞"。

2020年9月22日上午，准备乘坐南航CZ8887航班前往上海的聂先生幸运地成为北京大兴机场第1000万名旅客，标志着北京大兴机场自投运以来旅客吞吐量首次突破千万人次大关。

2020年9月25日，在北京大兴机场投运一周年之际，华北空管局大兴空管中心东塔台正式运行，北京大兴机场迈入双塔时代。

2020年10月15日，北京大兴机场顺利通过国际机场协会（ACI）健康认证评估，成为内地首批荣获ACI健康认证的机场。2020年北京大兴机场大事记见图3-6。

1月13日	正式开通北京大兴—澳门航线
1月15日	波兰华沙直飞北京大兴机场航班开通
1月17日	北京大兴机场至卡萨布兰卡穆罕默德五世机场直飞航班开通
4月8日	16个项目获得2020年度全国绿色建筑创新奖
4月12日	北京大兴机场2020年第二批转场工作正式启动
5月20日	成功执行大兴—无锡"客改货"往返包机航班
5月21日	西一跑道使用HUD起飞飞行程序设计项目获批
8月5日	"大兴号"飞机首次亮相北京大兴机场
9月20日	华北流量管理系统正式上线试运行
9月22日	旅客吞吐量首次突破千人次大关
9月25日	华北空管局大兴空管中心东塔台正式运行
10月15日	顺利通过国际机场协会（ACI）健康认证评估

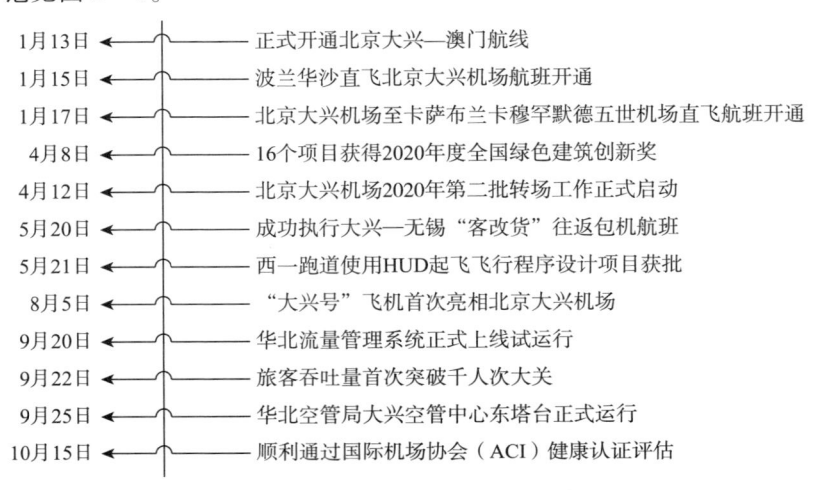

图3-6 2020年北京大兴机场大事记

（四）发展规划

北京市政府日前正式批复《北京大兴国际机场临空经济区（北京部分）控制性详细规划（街区层面）》，标志着北京大兴国际机场临空经济区建设进入新阶段。北京大兴机场将按照一个规划、一套标准、一体建设的原则，把临空经济区建设成为京津冀协同发展新高地。根据规划，北京大兴国际机场临空经济区将以生态为核心、以交通为脉络，在满足噪声区环保要求的前提下，尽可能提高居住用地占比，合理布局搬迁安置及临空产业员工的居住空间。到2035年，在总体管控区内满足职住用地1∶2的比例要求。未来3~5年，北京大兴国际机场临空经济区将充分利用自贸区、服务业扩大开放等政策，围绕起步区的土地一级开发、基础设施、重点项目等建设，计划实施投资约1000亿元。北京大兴国际机场临空经济区赋权工作同时得到北京市批复，确定在北京大兴国际机场临空经济区（北京部分）规划面积约50平方公里区域内，由北京大兴国际机场临空经济区（大兴）管理委员会行使80项行政权力，办理2项公共服务事项。

落实新机场战略，把北京大兴机场建设成为精品工程、样板工程、平安工程、廉洁工程，并持续做好北京大兴机场管理运营筹备工作。北京大兴机场将努力实现三大发展目标，即大型国际航空枢纽、国家发展新动力源、综合交通枢纽。在运输规模、安全服务、枢纽建设上实现大型国际航空枢纽发展目标；通过服务雄安新区、京津冀协同发展，实现国家发展一个新的动力源目标；通过推动构建"五纵两横"主干网，实现京津冀区域综合交通枢纽发展目标。2020年至2023年为大规模转场阶段，这一阶段的重点是配合基地航空公司完成转场任务，持续提升运营品质和国际枢纽竞争力，同时积极与雄安新区发展对接，完善综合交通配套，提升国家发展新动力源作用。2024年至2030年为成长阶段。随着各项运营进入正轨，新机场将进一步提升枢纽竞争力、强化综合交通体系建设、提升管理水平、提升运营协同水平、挖掘资源价值，到2030年北京大兴机场旅客吞吐量、国际旅客吞吐量进入全球排名前50位，建成国际领先的航空枢纽。

三 天津滨海国际机场

（一）机场简介

天津滨海机场位于中国天津市东丽区，距离市中心13公里，距天津港

30公里，距北京134公里。机场地理位置优越，具有较强的铁路、高速公路、轨道等综合交通优势，定位为中国国际航空物流中心、区域枢纽机场。机场拥有航站楼两座，总建筑面积36.4万平方米、货库面积7.4万平方米，拥有跑道两条，第一跑道长3600米，第二跑道长3200米，飞行区等级为4E级，可满足各类大型飞机全载起降。

（二）主要指标分析

2011~2019年天津滨海机场的旅客吞吐量快速增长，从2011年的755万人次，到2019年的2381万人次，9年间旅客吞吐量增长2倍，其中2013年突破1000万人次，2017年突破2000万人次，其中2017年的旅客吞吐量同比增长最快，达到24.5%，2013~2017年旅客吞吐量同比增速都在15%以上（见图3-7）。受疫情的影响，2020年天津滨海机场旅客吞吐量下降至1328万人次。天津滨海机场的旅客吞吐量排名从2011年的第24位提升到2019年的第19位，但2020年排名又下滑至第21位。

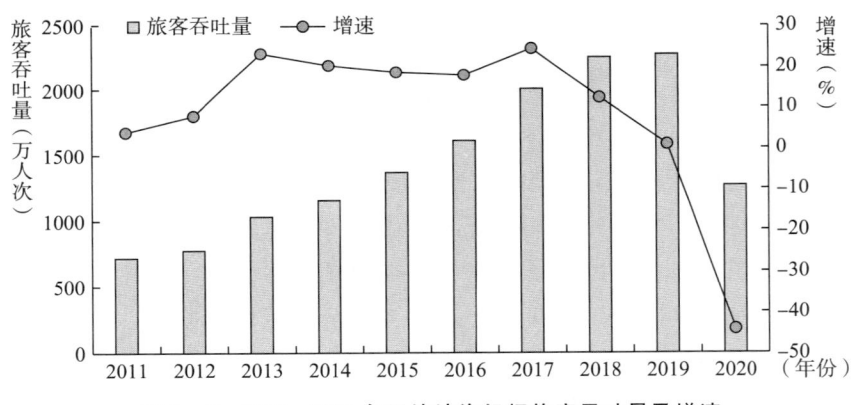

图3-7 2011~2020年天津滨海机场旅客吞吐量及增速

相比旅客吞吐量，2011~2020年天津滨海机场货邮吞吐量的增长很不稳定，波动较大（见图3-8）。货邮吞吐量最少的2011年仅有18万吨，货邮吞吐量最多的2017年达到26.8万吨。其中2013年、2017年同比增速都在10%以上，但是2011年、2015年、2018年、2019年、2020年五个年份出现负增长。天津滨海机场的货邮吞吐量排名从2011年的第12位跌落至2020年的第17位。

从起降架次来看，天津滨海机场的起降架次在2011~2018年呈明显增

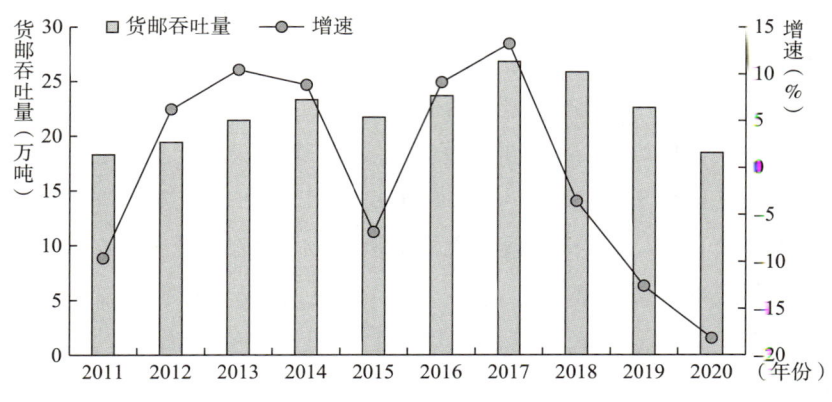

图 3-8 2011~2020 年天津滨海机场货邮吞吐量及增速

长态势。2011~2020 年，除 2011 年、2012 年和 2019 年出现小幅的负增长，2020 年受疫情影响出现明显负增长外，其他年份均正增长，特别是在 2013~2017 年，同比增速接近或者超过 10%，2013 年更是达到 20.3%，显示了这期间良好的发展势头（见图 3-9）。天津滨海机场 10 年间起降架次的全国排名基本稳定在第 20 位，2017 年和 2018 年排名最高，居全国第 18 位，2012 年排名最低，居全国第 23 位。

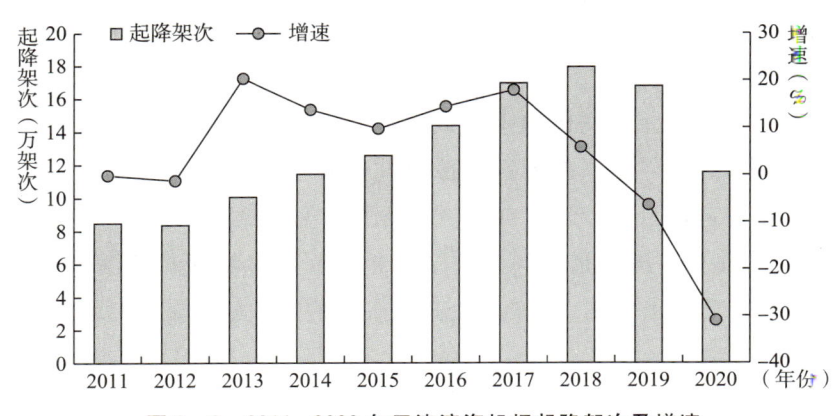

图 3-9 2011~2020 年天津滨海机场起降架次及增速

（三）2020 年重点事件分析

2020 年 1 月 26 日下午 5 时 11 分，载满 138 名医疗队员的航班呼啸起飞，天津首批支援湖北医疗队从天津滨海机场出发踏上征程。天津滨海机场建立起了一套"战时"保障机制，开启绿色通道，为医疗队安排就近机位以及专用医用物资运输通道。2020年1月23日至3月5日，天津滨海机场保障了由天津转运发往国内各地的医用酒精消毒棉片、医用外科口罩、防护服、防护手套、消毒液、药品等防疫物资共计211.7吨，共保障应急物资包机和航班240架次。机场共运送8批共1137名天津支援湖北医疗队员，保障医疗队员行李3572件，共计52360多公斤。

2020年2月29日，天津滨海机场圆满完成韩亚航空公司OZ327首尔—天津的国际进港航班保障任务。

2020年3月1日，天津滨海机场顺利完成了CA172、CA802两班韩国首尔仁川—天津进港航班保障任务，持续做好后续日韩国际航班进港保障工作。

2020年3月9日，1号航站楼改造项目获得批复。

2020年3月21日，天津滨海机场顺利开展针对莫斯科起飞的北京首都机场分流航班CA910的现场保障工作。

2020年4月1日，1号航站楼改造工程廊桥大修工程实施，2号航站楼大空间照明、东区制冷站管道连接、公务机楼高压电缆改造、灯光维护工程正在实施。为进一步提升整体保障效率，改善国际旅客的乘机环境，1号航站楼增设旅客休息区，同时对旅客服务保障流程进行调整。

2020年4月13日，天津滨海机场三期项目立项获民航局和天津市政府联合批复。天津滨海机场已和市发改委成立三期改扩建项目专班，全力推进工程进度。机场三期工程按照满足2030年旅客吞吐量5500万人次、货邮吞吐量100万吨的目标，新建40万平方米的3号航站楼，新建一座停车楼，延长东跑道及平行滑行道。届时，京滨铁路、京津城际机场线及地铁Z2线、M2东延线、Z1支线5条轨道交通在天津滨海机场汇集，机场和轨道交通可实现无缝接驳。

2020年上半年，天津滨海机场争取到267班定期货运航线加班和临时货运包机在津运营，执飞机型包括全球最大货运飞机AN225和最大螺旋桨飞机AN22。推动航空公司使用客机载货在津运营94个航班，执飞机型包括世界上最大客改货飞机A380。

2020年9月8日，经国家卫健委批准，中国（天津）援加蓬第22批医疗队由天津滨海机场飞往上海，转乘次日包机赴加蓬执行援外任务。

2020年10月23日，天津滨海机场被评为全国交通运输系统抗击新冠肺炎疫情先进集体。2020年天津滨海机场大事记见图3-10。

1月26日	天津首批支援湖北医疗队从天津滨海机场出发
2月29日	圆满完成首尔—天津的国际进港航班保障任务
3月1日	顺利完成两班首尔仁川—天津进港航班保障任务
3月9日	1号航站楼改造项目获得批复
3月21日	顺利开展针对莫斯科起飞的首都机场分流航班的现场保障工作
4月1日	1号航站楼改造工程廊桥大修工程实施
4月13日	三期项目立项获民航局和天津市政府联合批复
9月8日	中国（天津）援加蓬第22批医疗队由天津滨海机场飞往上海
10月23日	被评为全国交通运输系统抗击新冠肺炎疫情先进集体

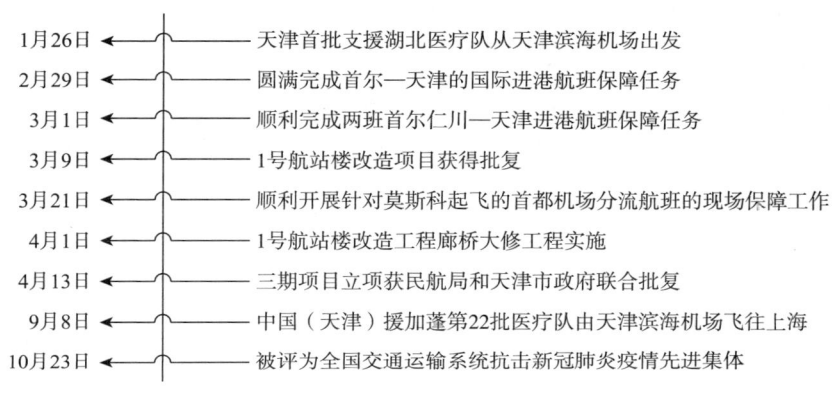

图3-10　2020年天津滨海机场大事记

（四）发展规划

天津滨海机场规划建设T3航站楼，京津城际铁路联络线、京滨城际铁路等将引入T3航站楼。此次按照满足近期2030年旅客吞吐量5500万人次、货邮吞吐量100万吨、飞机起降40万架次，中期2035年旅客吞吐量7000万人次、货邮吞吐量150万吨、飞机起降50万架次，远期2050年货邮吞吐量300万吨、飞机起降52万架次的需求进行规划。按照航站区规划，在东一、西跑道之间的区域建设航站区。近期在T2航站楼东侧规划T3航站楼，其中主楼、指廊分别满足年旅客吞吐量3500万人次、2000万人次的需求，同时在T3航站楼前设置停车楼；扩建T1航站楼指廊，满足年旅客吞吐量1100万人次的需求；改造T2航站楼，满足年旅客吞吐量2400万人次的需求。2035年在航站区南面规划卫星厅，满足年旅客吞吐量1500万人次的使用需求。在综合交通规划方面，近期将京津城际铁路联络线、京滨城际铁路引入T3航站楼。将M2线东延至T3航站楼，引入城市轨道Z2线至机场交通中心。拓宽机场进场道路，完善机场周边客货运道路系统。

到2025年，全面落实国家关于国际航空货运枢纽发展定位，各项制度逐渐完善，建成"空陆""空铁""空海"等多式联运服务通道，打造空空中转服务品牌，进出港服务水平居国内领先地位。国际快件、跨境电商、冷链物流等产业快速发展，航空物流产业竞争力显著提升，航空货邮吞吐量达到 40 万吨，全货机货邮吞吐量占比达到 60%，国际及地区货邮吞吐量占比达到 50%，中国国际航空物流中心地位基本确立。集中力量建设中国国际航空物流中心。紧紧围绕"一基地三区"功能定位，强化天津滨海机场区域枢纽机场地位，加快载体建设，拓展航空物流货源及市场，优化航空物流生态系统，打造中国国际航空物流中心，推动天津全面建成安全、便捷、高效、绿色、经济的现代化综合交通体系，为经济社会高质量发展提供坚强支撑。

第四章
长三角地区航空物流枢纽发展分析*

第一节 发展概述

长三角地区入选国家航空物流枢纽承载城市的有上海、南京、杭州、宁波，对应的机场分别是上海浦东国际机场（以下简称上海浦东机场）、上海虹桥国际机场（以下简称上海虹桥机场）、南京禄口国际机场（以下简称南京禄口机场）、杭州萧山国际机场（以下简称杭州萧山机场）、宁波栎社国际机场（以下简称宁波栎社机场）。

长三角地区是我国经济最具活力、开放程度最高、创新能力最强的区域。它以占中国16%的人口和不到4%的土地面积，贡献了全国近1/4的经济总量。长三角地区包括一个中心城市（上海）和南京、杭州、合肥、苏锡常、宁波五大都市圈。

从长三角地区的发展来看，这一地区以外向型产业为发展动力，上海通过发挥对外合作、对内辐射的单核枢纽作用，成为带动长三角发展的引擎。整个长三角地区已经形成对航空运输有明显依赖的高新技术产业。例如，苏锡常都市圈重点发展的生物医药、人工智能等高附加值先进制造业，杭州都市圈重点发展的互联网产业，南京都市圈重点发展的绿色智能汽车、

---

* 各机场主要生产指标数据来自华经情报网、民航资源网、地方政府统计公报、中国新闻网、中国民用航空网等。各机场简介、重点事件、发展规划等信息来自新华网、地方新闻网、地方政府公示文件、人民网、交通运输局等。

电子信息等产业。已经印发的《长江三角洲区域一体化发展规划纲要》提出,长三角地区将编制实施长三角民航协同发展战略规划,要合力打造世界级机场群。2019年在39个千万级机场中,长三角地区有7座机场进入千万级行列。这7个千万级机场为打造长三角世界级机场群奠定了基础。

2011~2019年,各机场主要生产指标总体保持平稳增长,2020年各机场受到疫情冲击,指标都有所下降。10年间旅客吞吐量超过15亿人次,其中上海浦东机场完成量居首位。上海浦东机场、上海虹桥机场、南京禄口机场完成的货邮吞吐量在10年间出现下降的情况。长三角地区入选机场共完成飞机起降1140.02万架次,其中上海浦东机场起降架次居首位。相比全国,长三角地区入选机场在旅客吞吐量、货邮吞吐量和起降架次三个方面基本保持在全国平均水平之上,见表4-1和图4-1。

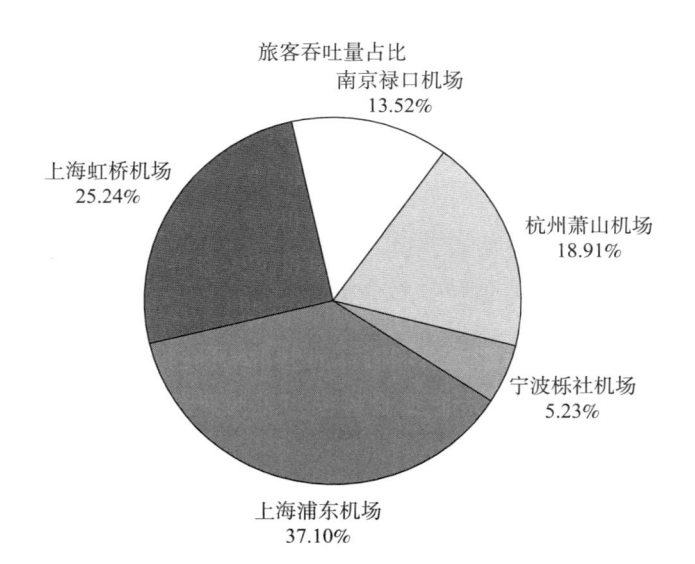

表4-1 2011~2020年长三角地区入选机场主要生产指标

生产指标	上海浦东机场	上海虹桥机场	南京禄口机场	杭州萧山机场	宁波栎社机场	总计
旅客吞吐量(万人次)	56194.3678	38237.8532	20478.569	28636.1691	7924.1121	151471.0712
货邮吞吐量(万吨)	3376.2827	419.0471	322.5311	504.6867	89.8167	4712.3643
起降架次(万架次)	424.7266	250.3321	172.9828	228.7094	63.2696	1140.0205

旅客吞吐量占比

南京禄口机场 13.52%
上海虹桥机场 25.24%
杭州萧山机场 18.91%
宁波栎社机场 5.23%
上海浦东机场 37.10%

第四章 长三角地区航空物流枢纽发展分析

货邮吞吐量占比
- 上海虹桥机场 8.89%
- 南京禄口机场 6.84%
- 杭州萧山机场 10.71%
- 宁波栎社机场 1.91%
- 上海浦东机场 71.65%

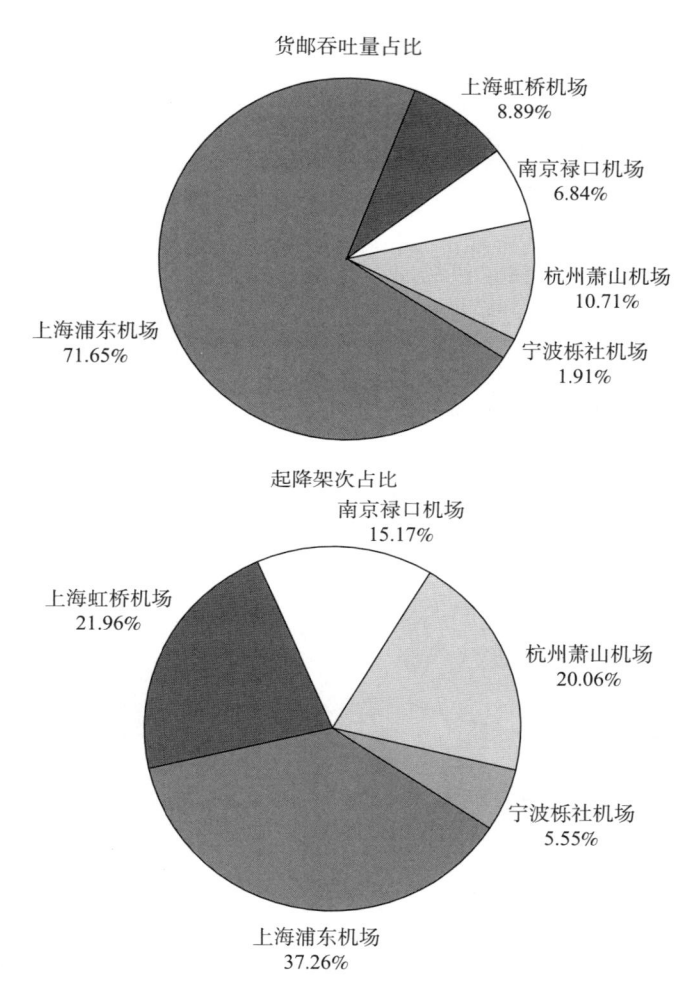

起降架次占比
- 南京禄口机场 15.17%
- 上海虹桥机场 21.96%
- 杭州萧山机场 20.06%
- 宁波栎社机场 5.55%
- 上海浦东机场 37.26%

图 4-1　2011~2020 年长三角地区入选机场主要生产指标占比

第二节　长三角地区重点机场分析

一　上海浦东国际机场

（一）机场简介

上海浦东机场位于中国上海市浦东新区，为 4F 级民用机场，是中国三大门户复合枢纽之一，长三角地区国际航空货运枢纽群成员，华东机场群成员，华东区域第一大枢纽机场、门户机场。上海浦东机场有两座航站楼和三个货运区，总面积82.4万平方米，有218个机位，其中客机位有135个。截至2019年底，上海浦东机场国内通航机场数量达到213个，国际通航机场数量达到124个。

(二) 主要指标分析

2011~2019年上海浦东机场旅客吞吐量保持了稳定增长态势，从2011年的4144万人次增长到2019年的7615万人次，其中2014年突破5000万人次，2015年进一步突破6000万人次，2017年突破7000万人次，稳固了上海浦东机场在世界大型机场中的地位。从增长率来看，上海浦东机场保持了9年的正增长，特别是2015年，同比增长了16.3%，但2020年上海浦东机场旅客吞吐量下降至3047万人次，降幅达60%（见图4-2）。2019年上海浦东机场旅客吞吐量居全国机场第二位，2020年下降至第九位，居长三角机场群第二位。

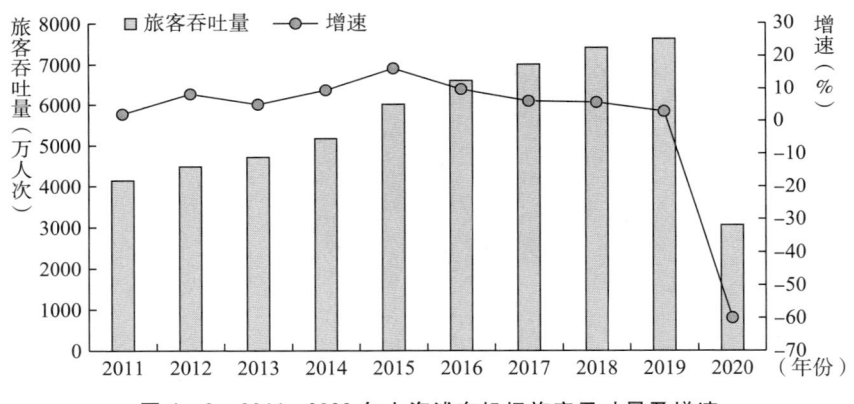

图4-2 2011~2020年上海浦东机场旅客吞吐量及增速

2011~2020年上海浦东机场完成货邮吞吐量共计3376.28万吨。10年间上海浦东机场货邮吞吐量总体呈现震荡上升态势，除2012年、2013年外，其余年份货邮吞吐量均超过300万吨。从2014年起，机场货邮吞吐量连续4年保持增长，增速最高的2017年达到11.2%。此后三年货邮吞吐量虽然略微有所下降，但是年货邮吞吐量仍超过360万吨（见图4-3）。2020年上海浦东机场货邮吞吐量居全国机场第一位。

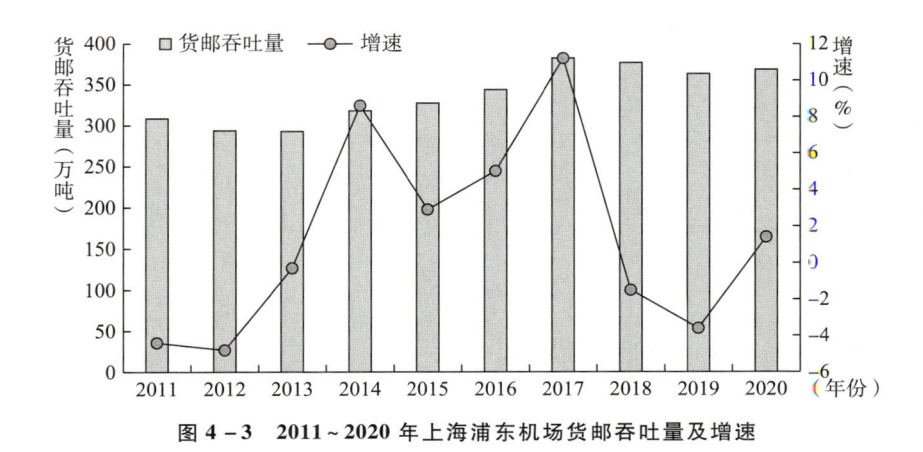

图 4-3　2011~2020 年上海浦东机场货邮吞吐量及增速

2011~2020 年，上海浦东机场完成起降架次共计 424.73 万架次。2011~2020 年起降架次整体呈增长态势，继 2014 年突破 40 万架次后，2018 年突破 50 万架次。从增长速度来看，除 2020 年外，其余年份上海浦东机场起降架次均保持正增长，其中 2015 年增速超过 10%，达到 11.7%（见图 4-4）。2020 年，上海浦东机场起降架次居全国机场第二位、长三角机场群第一位。

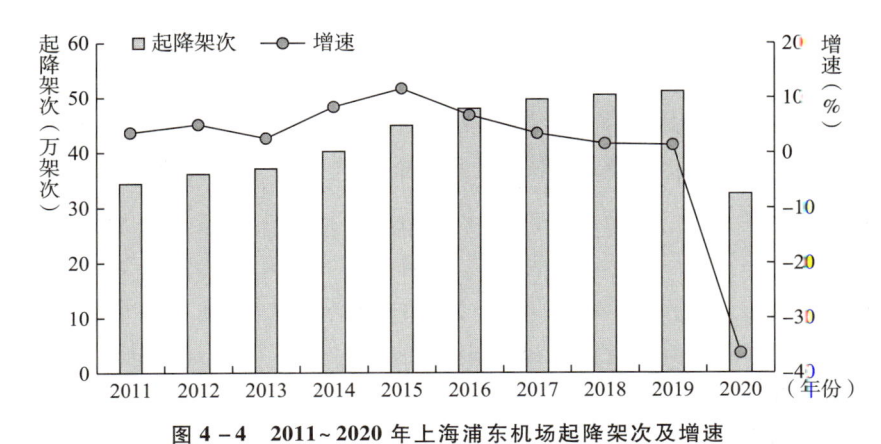

图 4-4　2011~2020 年上海浦东机场起降架次及增速

（三）2020 年重点事件分析

2020 年 1 月 24 日，农历除夕夜，东方航空接到民航局重大办指令，紧急执飞 MU5000 航班，运送上海市首支援鄂医疗队，该航班成为中国民用航空第一班驰援武汉的航班。

2020 年 1 月 28 日，首架载满防疫物资的全货运航班抵达上海浦东机场，机场连夜开通绿色通道提供最优先级保障，经上海浦东机场和上海虹桥机场入境的全球防疫物资达3500多吨，为上海和全国的防疫阻击战提供了有力的物资供应保障。

2020年3月12日，上海浦东机场启动"130"模式，承接对经海关甄别的"症状不明显但有旅居史，风险较大的旅客"的转运，累计转运364批次5068人次。

2020年3月中旬，上海浦东机场对货运区服务车道实施"四改三"改造，从原来的"两南两北"改为"一南一北+中间为潮汐式超车道"，车辆通行能力大幅提升，同时还新增了1.2万平方米地面保障设备容纳空间。

2020年4月16日，上海浦东机场日均货运航班突破300架次，达到306架次，又创历史新高，仅防疫物资一项，上海浦东机场已累计运输1万多吨。

2020年4月18日，上海浦东机场三跑道着手开展停航维修机场工程项目复工，机场集团抓紧推进上海浦东机场四期工程筹建，积极谋划企业未来五年的发展蓝图。

2020年5月14日，上海浦东机场保障全货机起降415架次，刷新了上海国际航空枢纽新纪录。

2020年9月8日上午，全国抗击新冠肺炎疫情表彰大会在北京人民大会堂隆重举行，上海机场集团被授予"全国抗击新冠肺炎疫情先进集体"荣誉称号。

2020年9月17日，上海机场与IATA联合主办的上海电子货运工作组第七次会议在上海浦东机场召开。上海浦东机场计划对标"四型机场"建设要求，持续推进航空货运枢纽建设，推进"一站式"货运信息服务。

2020年10月16日，上海浦东机场举行应急救援综合演练，演练共设置19个环节12个科目，是一次全要素实战演练，涉及14家参演单位共800余人，动用运输客机2架、直升机3架、救援车辆100余台。

2020年11月10日，第三届中国国际进口博览会顺利闭幕，上海浦东机场迎来进博会返程客流。第三届中国国际进口博览会召开期间，上海浦东机场保障进出港航班7278架次，保障进出港旅客74.5万人次。图4-5为2020年上海浦东机场大事记。

1月24日	紧急执飞MU5000航班，运送上海首支援鄂医疗队
1月28日	医用防疫物资抵达上海浦东机场
3月12日	上海浦东机场启动"130"模式
3月中旬	上海浦东机场对货运区服务车道实施"四改三"改造
4月16日	上海浦东机场日均货运航班突破300架次
4月18日	三跑道着手开展停航维修机场工程项目复工
5月14日	保障全货机起降415架次，刷新上海国际航空枢纽新纪录
9月8日	上海机场集团被授予"全国抗击新冠肺炎疫情先进集体"称号
9月17日	上海电子货运工作组第七次会议在上海浦东机场召开
10月16日	上海浦东机场举行应急救援综合演练
11月10日	迎来第三届中国国际进口博览会返程客流

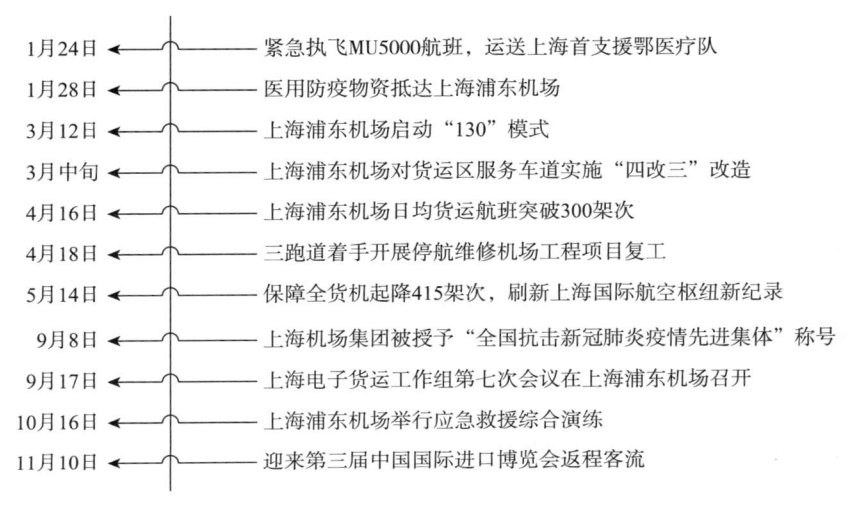

图 4-5　2020 年上海浦东机场大事记

（四）发展规划

打造世界一流的航空枢纽设施。推进上海浦东机场四期扩建，新建 T3 航站楼，完善飞行区滑行道、机务维修等综合配套工程。巩固国际一流的航空货运枢纽地位。加快推进建设浦东国际机场超级货站、国际快件中心和跨境电商中心。打造空运业务全流程智能化信息服务体系，发展全货机航线网络。建立高效的现代航空快递物流体系，加快构建国际航空寄递网络，培育现代航空物流产业集群。全面推进"平安、智慧、绿色、人文"四型机场建设。推进安全治理体系建设，建设业内领先的平安机场。加快数字化转型，打造数字孪生智慧机场。加强绿色节能改造，建设可持续发展的绿色机场。打响上海机场服务品牌，创造城市航空门户魅力文化空间，打造人文机场建设典范。

《浦东新区综合交通体系建设"十四五"规划》明确，到 2025 年，新区将基本建成与国际化大都市相适应的"立体互联、区域引领、多样融合、管理创新"的综合交通系统。着力建设联络全球、服务全国的空铁一体、高效衔接的大型国际综合交通枢纽；着力构建易达长三角、畅达全市的互联互通陆路交通体系；着力打造层次丰富、多网融合的客运交通系统；着力形成智能服务、分区施策、满足多元化需求的交通管理体系。到 2025 年，上海浦东机场旅客吞吐量达 8000 万人次，航空货邮吞吐量达 370 万吨；浦东港口集装箱吞吐量达4200万标箱；中心城区轨道交通站点600米人口和岗位覆盖率分别达49%和50%，轨道交通站点100米内有地面公交站点的比例达100%；跨黄浦江通道达21处，高快速路建成率达85%；新能源和清洁能源公交车比例达96%。形成"10、20、30"（10分钟内重点区域及街镇中心进入高快速路，20分钟内区行政中心、重点区域、城市副中心互达并可达越江通道，30分钟内各镇中心可达越江通道或主要交通枢纽）综合交通出行网络，自贸区临港新片区初步实现"15、30、60、90"（15分钟到达浦东枢纽，30分钟可达龙阳路枢纽，60分钟可达虹桥枢纽，90分钟可达长三角毗邻城市）出行服务目标。

二 上海虹桥国际机场

（一）机场简介

上海虹桥机场位于中国上海市长宁区，为4E级民用国际机场，是中国三大门户复合枢纽之一、对外开放的一类航空口岸和国际航班备降机场。上海虹桥机场始建于1921年，1950年重建，1971年由军民合用改为民航专用。上海虹桥机场于2010年启用2号航站楼及第二跑道，2014年底启动1号航站楼改造及东交通中心工程。截至2019年底，上海虹桥机场国内通航机场数量达到117个，国际通航机场数量为7个。

（二）主要指标分析

2011~2020年上海虹桥机场完成旅客吞吐量超过3.8亿人次。10年间，除2020年外，上海虹桥机场旅客吞吐量持续增长，2016年首次突破4000万人次，此后直至2019年，一直保持在年均4000万人次以上的水平（见图4-6）。从旅客吞吐量的增速来看，2011~2019年同比增速一直保持在5%上下。2020年上海虹桥机场的旅客吞吐量为3116.56万人次，比上年下降31.7%，机场旅客吞吐量居全国机场第七位、长三角机场群第一位。

2011~2020年上海虹桥机场完成货邮吞吐量共计419.05万吨。2011~2020年上海虹桥机场货邮吞吐量整体呈下降趋势，但2011~2019年的年均货邮吞吐量也超过40万吨，2020年受疫情影响，货邮吞吐量下降至33.85万吨。2019年全年货邮吞吐量42.36万吨，比上年增长4%，扭转了连续多年货邮吞吐量负增长的态势，但2020年下降速度加快，2020年上海虹桥机

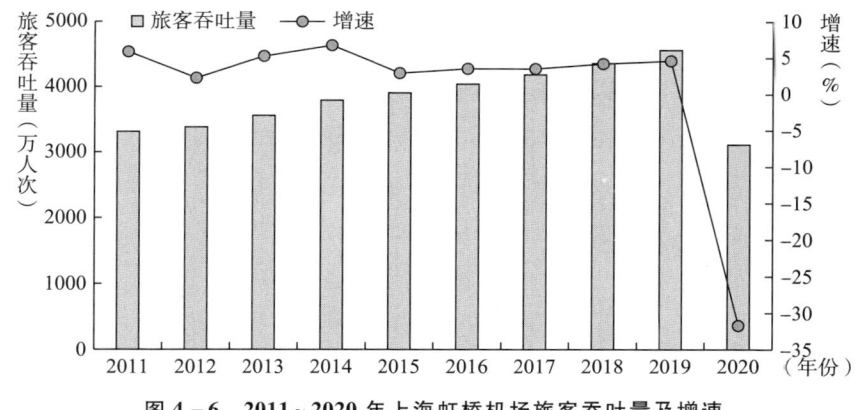

图 4-6　2011~2020 年上海虹桥机场旅客吞吐量及增速

场货邮吞吐量比上年增长 -20.1%（见图 4-7）。2020 年上海虹桥机场货邮吞吐量居全国机场第 11 位、长三角机场群第四位。

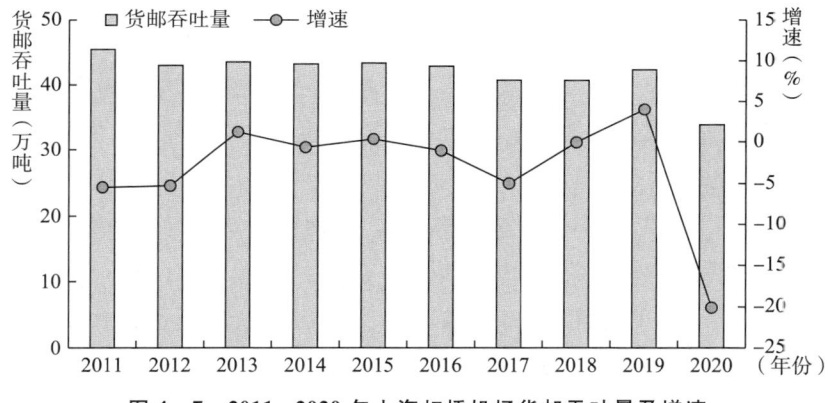

图 4-7　2011~2020 年上海虹桥机场货邮吞吐量及增速

2011~2020 年上海虹桥机场完成起降架次 250.33 万架次。如图 4-8 所示，2011~2019 年上海虹桥机场年起降架次保持稳中有进态势，从 2011 年的 22.98 万架次，增长到 2019 年的 27.29 万架次，但 2020 年上海虹桥机场起降架次有所下降，为 21.94 万架次。从增速来看，2011~2019 年上海虹桥机场起降架次增速保持在 2% 上下，2020 年机场起降架次同比下降 19.6%，位居全国机场第十位、长三角机场群第三位。

（三）2020 年重点事件分析

2020 年 1 月 24 日，上海虹桥机场运行指挥中心 AOC 接到运送医护人员及防疫物资奔赴武汉的任务，AOC 指挥员们迅速切换至"临战模式"，立即

图 4-8 2011~2020 年上海虹桥机场起降架次及增速

协调值机、安检、机位等事宜，力保包机顺利起飞。

2020 年 2 月 18 日晚，AOC 接电，次日上午东航将临时增加两班 MU9003、MU9005 医疗支援包机任务，以保障上海市第 8 批医疗队赴鄂。

2020 年 6 月 30 日，上海虹桥机场航班起降量达到日均 630 架次左右，恢复到 2019 年同期九成左右；日均进出港旅客 8.09 万人次，恢复到 2019 年同期七成左右。

2020 年 7 月 10 日，高考结束第一天，上海虹桥机场航班计划架次达到 714 架次，恢复至 2019 年同期九五成。

2020 年 8 月，T2 值机 C 岛完成改造，18 组全新的托运柜台集中亮相。新柜台全面支持 RFID 行李跟踪查询及关联支付宝和微信支付功能，新增行李自检整理台，可自动检测随身行李是否合规。

2020 年 9 月 16 日，上海虹桥机场东片区改造项目启动，N1 地块办公楼与 T1 航站楼业务配套用房作为首批项目同时开工。根据规划，上海虹桥机场东片区将改造成为集购物、餐饮、娱乐于一体的商贸集聚区，以高端航空金融为主导的国际商贸商务区，以航空服务业为核心的产业集聚区和航空总部经济办公区。

2020 年 11 月 10 日，第三届中国国际进口博览会顺利闭幕，上海虹桥机场迎来进博会返程客流。图 4-9 为 2020 年上海虹桥机场大事记。

（四）发展规划

在"十四五"期间，上海将推动优化虹桥枢纽服务功能，积极争取拓

```
1月24日  ←———  接到运送医护人员及防疫物资奔赴武汉的任务
2月19日  ←———  东航临时增加两班医疗支援包机任务
6月30日  ←———  起降架次、日均进出港旅客分别恢复至去年同期九成、七成
7月10日  ←———  上海虹桥机场航班计划架次恢复至去年同期九五成
9月16日  ←———  上海虹桥机场东片区改造项目启动
11月10日 ←———  上海虹桥机场迎来第三届进博会返程客流
```

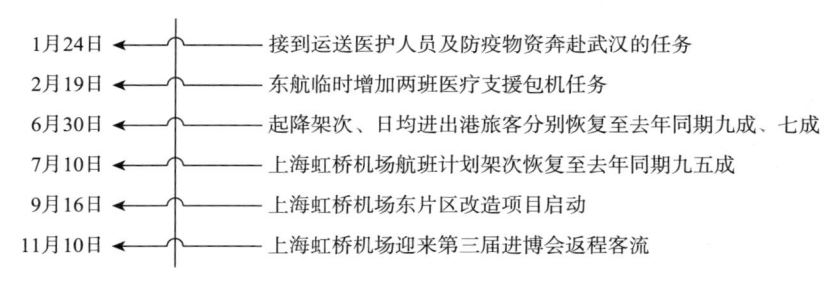

图 4-9 2020 年上海虹桥机场大事记

展上海虹桥机场国际航运服务功能试点，推进"智慧机场""精品机场"建设，打造机场的"5G+AI"智慧枢纽；支持探索值机模式创新，加强交通出港联通，推进上海虹桥机场与江苏苏州、浙江嘉兴等地的"一站式"协同，提升上海虹桥机场与虹桥国际开放枢纽中央商务区"北向拓展带"和"南向拓展带"交通联系的便利性。上海将加强该区域的对外交通枢纽功能，构建高效的物流服务体系，持续提高枢纽综合管理水平，加强枢纽运行保障和应急管理水平。与此同时，上海还将支持提升虹桥的空铁联运服务辐射能级，提升城际服务功能，并加快建设上海轨道交通机场联络线、嘉闵线、13 号线西延伸和 2 号线西延伸等既定规划线路，到"十四五"期末，虹桥枢纽将新增、延长 3 条轨道交通线路。届时，上海虹桥机场作为"轨道上的机场"将更加四通八达。

上海在"十四五"期间将全力推动机场东片区改造，加快建设全球航空企业总部基地和高端临空服务业集聚区，积极探索航空服务业重点企业监管创新试点，努力争取在飞机租赁等产业链重点环节取得突破。按照《虹桥国际开放枢纽中央商务区"十四五"规划》拟订的发展目标，到 2025 年，虹桥国际开放枢纽中央商务区将成为联通国际国内的交通新门户、"打造国际一流营商环境的践行者"，发挥大交通、大会展、大商务融合发展的优势，虹桥综合交通枢纽空地总客流量将达 4.5 亿至 5 亿人次，管理水平显著提升，服务长三角和联通国际的作用进一步发挥。

三 南京禄口国际机场

（一）机场简介

南京禄口机场位于南京市江宁区禄口街道，定位为"长三角世界级机

场群重要枢纽"。南京禄口机场是国家主要干线机场、一类航空口岸，华东地区的主要货运机场，与上海虹桥机场、上海浦东机场互为备降机场，是国家大型枢纽机场、中国航空货物中心和快件集散中心、国家区域交通枢纽。南京禄口机场于1995年2月开工建设，1997年7月1日正式通航。目前，禄口机场国内通航机场数量达到142个，国际通航机场数量达到31个，航线通达国内78个主要城市及国际和地区35个城市，基本形成覆盖国内、辐射亚洲、连接欧美、通达澳洲的航线网络。

（二）主要指标分析

2011～2020年南京禄口机场完成旅客吞吐量共计2.05亿人次。从2015年起，南京禄口机场旅客吞吐量连续4年保持年均10%以上的增长速度（见图4-10）。2016年旅客吞吐量突破2000万人次，2019年更是一举突破3000万人次，全年完成旅客吞吐量3058.17万人次，比上年增长7%，标志着南京禄口机场已跻身世界大型机场行列。2020年机场旅客吞吐量为1990.66万人次，同比下降34.9%，机场旅客吞吐量居全国机场第12位、长三角机场群第四位。

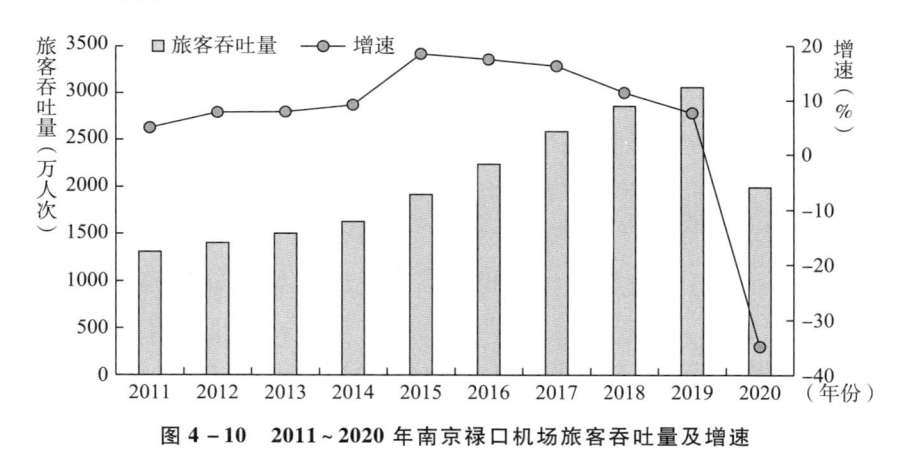

图4-10 2011～2020年南京禄口机场旅客吞吐量及增速

2011～2020年南京禄口机场完成货邮吞吐量共计322.53万吨。如图4-11所示，2011年南京禄口机场货邮吞吐量24.65万吨，2014年突破30万吨，2014年至2020年货邮吞吐量保持在30万吨以上。2020年全年货邮吞吐量38.94万吨，比上年增长3.9%，居全国机场第九位、长三角机场群第三位。

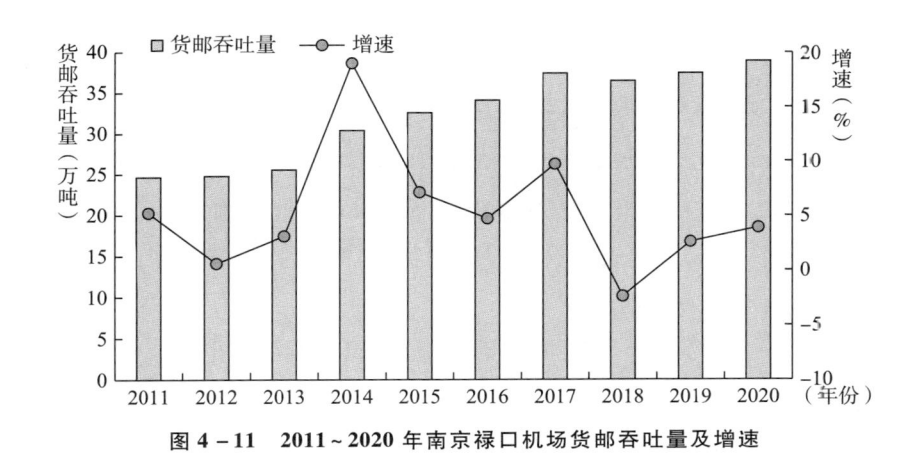

图 4-11 2011~2020 年南京禄口机场货邮吞吐量及增速

2011~2020 年南京禄口机场完成起降架次共计 172.98 万架次。如图 4-12 所示，从 2015 年起，南京禄口机场起降架次连续 3 年保持年均 10% 以上的增长速度，2017 年起降架次突破 20 万架次。2020 年起降架次 18.17 万架次，比上年下降 22.6%，居全国机场第 11 位、长三角机场群第四位。

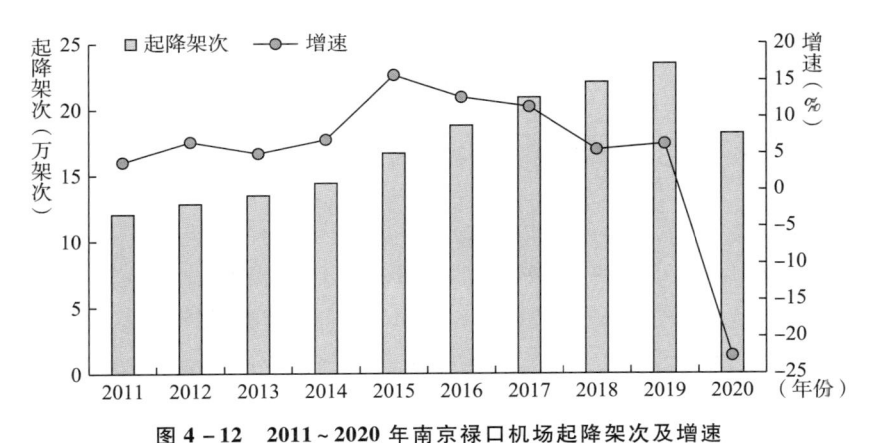

图 4-12 2011~2020 年南京禄口机场起降架次及增速

（三）2020 年重点事件分析

2020 年 3 月 17 日，南京禄口机场国际货机运力已全部恢复，国内运力正在逐步恢复。在国内航线运力方面，南京禄口机场提升全货机货源组织和地面保障效率，顺丰南京—深圳全货机装载率每班提高 10%，达到 90% 左右。

2020 年 4 月 14 日 23 时 13 分，俄罗斯艾菲航空公司客改货航班抵达南京禄口机场，满载货物于 4 月 15 日 03 时 22 分飞往莫斯科，标志着南京禄口机场实现了客改货洲际远程航班的零突破。

2020 年 7 月 29 日，南京禄口机场 T1 航站楼完成"强筋健骨""梳妆打扮"，正式投用，与 T2 "双楼合璧"开启新航程。全新的 T1 航站楼，有 4 组办票岛、80 个值机柜台、33 条安检通道、30 台自助值机设备、10 台自助行李托运设备、9 台安检自助验证智能设备、4 个支持人脸识别的自助登机闸机，旅客可全流程自助出行。

2020 年 9 月 27 日，民航局批复《南京禄口国际机场总体规划（2020版）》。该规划新增南二跑道、T3 航站楼、南货运区，建设 T3 航站楼前综合交通枢纽，引入宁宣城际铁路、扬镇宁马城际铁路和地铁 18 号线。

2020 年 10 月 14 日上午，顺丰航空一架波音 B757 – 200 全货机 O37065 从南京禄口机场起飞，载运 26 吨货物运往台北，标志着顺丰航空南京—台北定期货运航线顺利开通。

2020 年 10 月 20 日，东航开通南京—新加坡定期货运航班，采用客机拆座椅改装机型空客 A33G 执飞，南京—新加坡航线可以辐射东南亚大部分地区，加速"一带一路"沿线国家（地区）航线网络布局。

2020 年 12 月 19 日，长龙航空新开南京—温州空中快线，全程只需 1 个多小时。图 4 – 13 为 2020 年南京禄口机场大事记。

3月17日	南京禄口机场国际货机运力已全部恢复
4月14日	实现了客改货洲际远程航班的零突破
7月29日	T1航站楼正式投用，与T2"双楼合璧"开启新航程
9月27日	民航局批复《南京禄口国际机场总体规划（2020版）》
10月14日	顺丰航空南京—台北定期货运航线顺利开通
10月20日	东航开通南京—新加坡定期货运航班
12月19日	长龙航空新开南京—温州空中快线

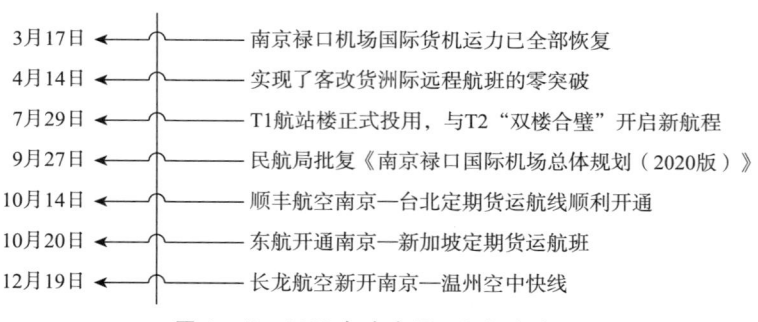

图 4 – 13　2020 年南京禄口机场大事记

（四）发展规划

根据《南京禄口国际机场总体规划（2020版）》，南京禄口机场按照近期 2030 年旅客吞吐量 7000 万人次、货邮吞吐量 105 万吨、飞机起降 55 万架次，远期 2050 年旅客吞吐量 1.2 亿人次、货邮吞吐量 230 万吨、飞机起降 87 万架次的需求进行规划。近期规划新增南二跑道、T3 航站楼、南货运区，建设 T3 航站楼前综合交通枢纽，引入宁宣城际铁路、扬镇宁马城际铁路和地铁 18 号线。远期规划增加北二跑道和南三跑道、南区卫星厅、T4 航站楼，建设 T1 航站楼东指廊。近、远期规划用地面积分别约 20.83 平方公里和 38.91 平方公里。

南京禄口机场三期将于 2024 年开工建设。推进航空货运发展，加大货运航线开辟力度，南京禄口机场打造国际货邮综合核心口岸，引进和培育航空货运市场主体，优化航空货运发展环境。从"十四五"时期主要发展目标来看，到 2025 年，南京禄口机场客货吞吐量分别达到 4000 万 ~ 4500 万人次、65 万 ~ 70 万吨，旅客吞吐量排名进入全球前 50 名。从全省来看，旅客吞吐量 500 万人次以上的机场超过 6 个；通航点总数达 195 个以上，全货运通航点 41 个；重要贸易国家和地区民航通达率达到 90%；航班正常率高于 80%；民航高质量发展能力显著增强，3 个以上项目纳入国家智慧民航和四型机场示范项目；基本建成安全、便捷、高效、绿色、经济的现代化民航体系，支撑江苏在全国率先建成"全国 123 出行交通圈"和"全球 123 快货物流圈"。

四 杭州萧山国际机场

（一）机场简介

杭州萧山机场位于浙江省杭州市东部，距市中心 27 公里，是中国重要的干线机场、国际定期航班机场、对外开放的一类航空口岸和国际航班备降机场，是浙江省第一空中门户。机场于 1997 年 7 月正式动工，2000 年 12 月 28 日建成通航。依托浙江省及周边地区充足的客货资源和旺盛的航空市场需求，杭州萧山机场建成通航以来，运输生产迅猛增长，航线网络日趋规模。2007 年机场旅客吞吐量首次突破千万人次大关，开始跻身世界繁忙机场行列。目前，杭州萧山机场国内通航机场数量达到 208 个，国际通航机场数量达到 45 个。

（二）主要指标分析

2011 ~ 2020 年杭州萧山机场完成旅客吞吐量共计 2.86 亿人次。2013 年，机场旅客吞吐量突破 2000 万人次，2016 年突破 3000 万人次，2019 年突破 4000 万人次，平均每三年就实现一次"千万级"的跨越，实现了旅客吞吐量"三级跳"（见图 4-14）。10 年间旅客吞吐量的增速有 5 年超过 10%。2020 年全年完成旅客吞吐量 2822.43 万人次，比上年下降 29.6%，机场旅客吞吐量居全国机场第十位、长三角机场群第三位。

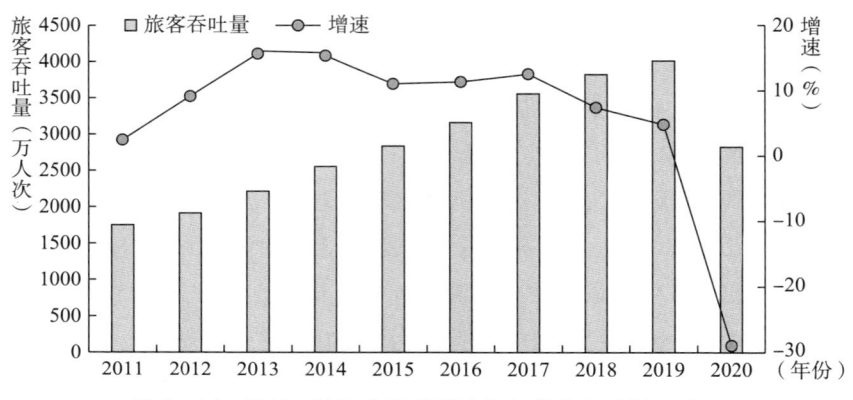

图 4-14　2011～2020 年杭州萧山机场旅客吞吐量及增速

2011～2020 年杭州萧山机场完成货邮吞吐量共计 504.69 万吨，10 年间货邮吞吐量实现大幅增长。2011 年机场货邮吞吐量突破 30 万吨，2015 年突破 40 万吨，2017 年突破 50 万吨，2018 年突破 60 万吨，2020 年突破 80 万吨。10 年间有 4 年的货邮吞吐量增速超过 10%，其中，2017 年增速达到 20.8%（见图 4-15）。2020 年货邮吞吐量 80.2 万吨，比上年增长 16.2%，居全国机场第五位、长三角机场群第二位。

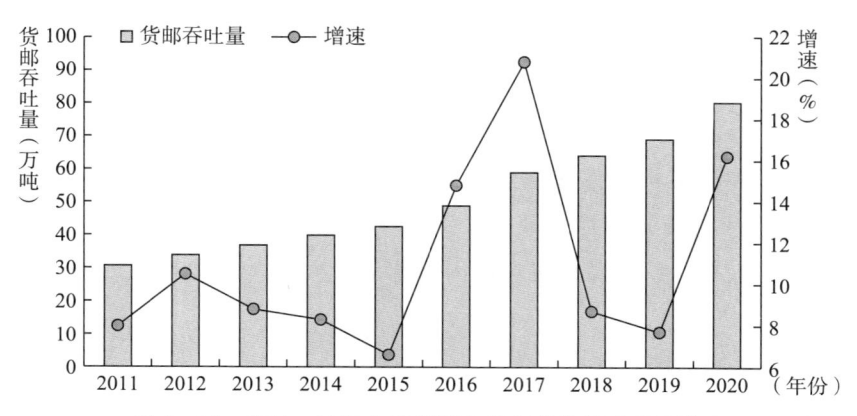

图 4-15　2011～2020 年杭州萧山机场货邮吞吐量及增速

2011~2020年杭州萧山机场完成起降架次共计228.71万架次。2012~2014年起降架次增速保持了10%以上的增长。2014年完成起降架次突破20万架次,此后一路增长,至2019年起降架次达29.09万架次(见图4-16)。2020年完成起降架次23.74万架次,比上年下降18.4%,居全国机场第九位、长三角机场群第二位。

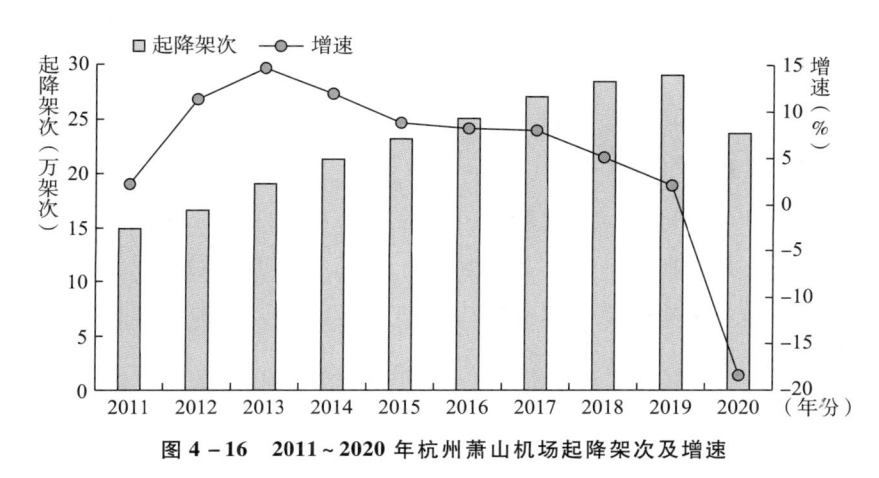

图4-16 2011~2020年杭州萧山机场起降架次及增速

(三) 2020年重点事件分析

2020年1月20日,杭州直飞柬埔寨金边的定期航线开通。

2020年2月10日,杭州萧山机场三期工程全面复工,2月29日新建航站楼和交通中心工程复工指数达到104.99%。

2020年5月3日起,长龙航空杭州出港新增9条航线,分别为杭州—邯郸—西宁、杭州—鄂尔多斯、杭州—临沂—银川、杭州—铜仁—丽江、杭州—延安—兰州、杭州—遵义—西双版纳、杭州—泉州—三亚、杭州—盐城—西宁、杭州—铜仁—昆明。

2020年6月,杭州萧山机场将新增一条直飞罗马的洲际航线,由中国国际航空公司执飞的杭州至罗马航线将于6月12日首航,该航线计划每周执行三班。

2020年6月18日,杭州地区空域结构调整方案和杭州萧山机场平行跑道独立运行飞行程序正式实施,早上7时许,GJ8817和GJ8757两个航班同时起飞,杭州萧山机场成为一个真正意义上的"双跑道"机场。

2020年7月21日7时42分,浙江长龙航空GJ8585航班满载124名旅客从杭州萧山机场起飞前往温州龙湾机场,这是杭州—温州航线停航10年后再次启航。

2020年8月27日,杭州—新加坡全货机航线正式开通运营,这是杭州萧山机场今年继开通至曼谷、克拉克、胡志明市、马德里后第五条国际全货机航线。

2020年12月16日,杭州萧山机场三期工程正式动工。第一阶段工程计划在2021年前完工,2022年上半年投入试运行。整个机场三期工程建成投运后,机场航站楼建筑面积、设计容量、机位数量都将扩大,将成为仅次于上海浦东机场的长三角第二大航空港。

2020年12月28日,杭州萧山机场改扩建(国际货站及机坪)工程项目开工奠基。作为国内首个"多层结构+智能化"的机场国际货站,杭州萧山国际机场改扩建项目将大量使用自动化和信息化的集装货物处理系统和散货处理系统。

2020年12月30日9时30分,随着乘坐长龙航空GJ8888航班到达杭州的连先生走出航班舱门,杭州萧山机场迎来本年度第4000万名旅客。杭州萧山机场是国内第十家年旅客吞吐量突破4000万人次的机场,根据民航业以机场年旅客吞吐量划分繁忙程度的标准,杭州萧山机场正式入列全球最繁忙机场。

2020年12月30日上午11时许,杭州地铁新开通运营三条地铁线。至此,杭州首次实现十城区地铁全覆盖,杭州萧山机场也首次接入轨道交通。图4-17为2020年杭州萧山机场大事记。

(四)发展规划

杭州萧山机场新一轮总体规划已获民航局批复,杭州萧山机场将引入3条轨道线,并将高铁引入航站楼地下,将于2022年亚运会举办前建成全国换乘最便捷(各种交通方式换乘时间可控制在5分钟内)的大型综合交通枢纽。杭州萧山机场客运量目标较2005年版总体规划提升73%,货运量目标提升260%,发展空间增加1倍。2030年的旅客吞吐量目标是9000万人次,未来通过智慧化水平和运行管理效率的提升,争取保障能力提升至1亿人次。货邮吞吐量目标为近期2030年180万吨,远期2050年360万吨。总体构型有4条跑道、1个航站区、4座航站楼。综合交通规划方面,航站区

第四章　长三角地区航空物流枢纽发展分析

1月20日	杭州直飞柬埔寨金边的定期航线开通
2月10日	杭州萧山机场三期工程全面复工
2月29日	新建航站楼和交通中心工程复工指数达到104.99%
5月3日起	长龙航空杭州出港新增9条航线
6月12日	杭州萧山机场直飞罗马的洲际航线首航
6月18日	平行跑道独立运行飞行程序正式实施
7月21日	杭州—温州航线停航10年后再次启航
8月27日	杭州—新加坡全货机航线正式开通运营
12月16日	杭州萧山机场三期工程正式动工
12月28日	杭州萧山机场改扩建工程项目开工奠基
12月30日	杭州萧山机场首次接入轨道交通

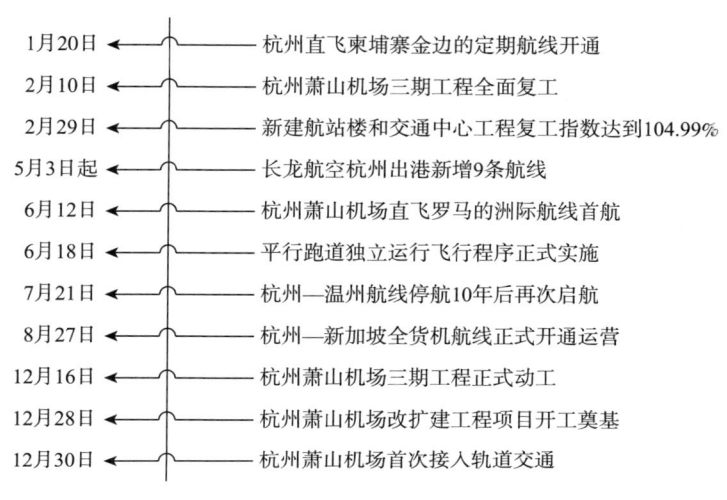

图 4-17　2020 年杭州萧山机场大事记

核心区布置交通中心，引入 2 条地铁、1 条轨道快线，构建机场至杭州主城区 45 分钟、至杭州都市圈 1 小时的轨道交通圈。航站楼地下新建 1 座高铁站，引入杭绍台、沪乍杭、火车南站联络线等铁路线，构建杭州萧山、上海虹桥、上海浦东三机场 1 小时高铁圈，省内 1 小时、长三角地区主要城市 2~3 小时高铁圈。

杭州萧山机场东区国际货站项目获批，有望于 2022 年底建成，2023 年投运。该项目是全国内地第一个"多层结构+智能化"的机场货站，大量使用先进的电子化集装货物处理系统和散货处理系统，将有效提升航空货物操作效率，增强机场航空物流服务能力。该项目是浙江省机场集团成立后第一个重要的航空货运项目，属于杭州萧山机场临空开发项目，投资主体系机场集团与萧山区政府共同组建的临空公司，是集团和萧山区政府推进杭州临空经济建设的示范项目，也是杭州萧山机场作为浙江省主要国际空运平台的重点项目。货站（一期）共占地 177 亩，总建筑面积约 15.67 万平方米，设计目标为 2035 年国际货站年吞吐量为 60 万吨，主要处理国际普货、快件、跨境电商件、邮件及冷冻、冷藏、保鲜、贵重物品、动物等特殊货品。

五 宁波栎社国际机场

（一）机场简介

宁波栎社机场位于浙东鄞西平原，距市区12公里，是国内重要的干线机场。宁波栎社机场于1984年建站，1990年6月30日迁至现址，定名为宁波栎社机场；2005年11月29日，经民航局批复，更名为宁波栎社国际机场。机场在用T2航站楼于2019年12月启用，候机楼面积11.24万平方米，机坪面积53.2万平方米，机位数量60个，现飞行区跑道长3200米，达到4E级标准，可满足波音747等大型飞机起降。2019年，宁波栎社机场共开通航线143条，其中国内航线123条，地区航线5条，国际航线15条；通航城市96个，其中国内航点76个，地区航点5个，国际航点15个；参与运营的航空公司达50家。

（二）主要指标分析

2011~2020年宁波栎社机场完成旅客吞吐量共计7924.11万人次。2011~2019年机场旅客吞吐量快速增长，其中2017年增速达20.5%，2018年增速达24.8%（见图4-18）。2018年，机场旅客吞吐量首次突破1000万人次，宁波栎社机场正式迈入全国大型繁忙机场行列。2020年全年完成旅客吞吐量897.16万人次，比上年下降27.7%，机场旅客吞吐量居全国机场第31位、长三角机场群第五位。

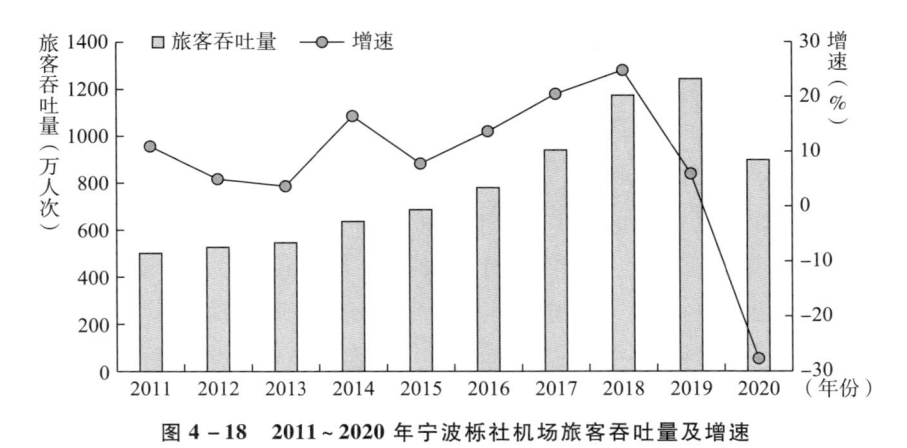

图4-18 2011~2020年宁波栎社机场旅客吞吐量及增速

2011~2020年宁波栎社机场完成货邮吞吐量共计89.82万吨。2016年货邮吞吐量增速达 38.9%，增速创 10 年内最高。2017 年货邮吞吐量达到 12.04 万吨，是十年来货邮吞吐量最高的一年（见图 4-19）。但是随后的 2018 年，机场货邮吞吐量出现负增长，并且增长率达到 -12.3%，降幅明显。2020 年货邮吞吐量 11.92 万吨，比上年增长 12.3%，居全国机场第 26 位、长三角机场群第五位。

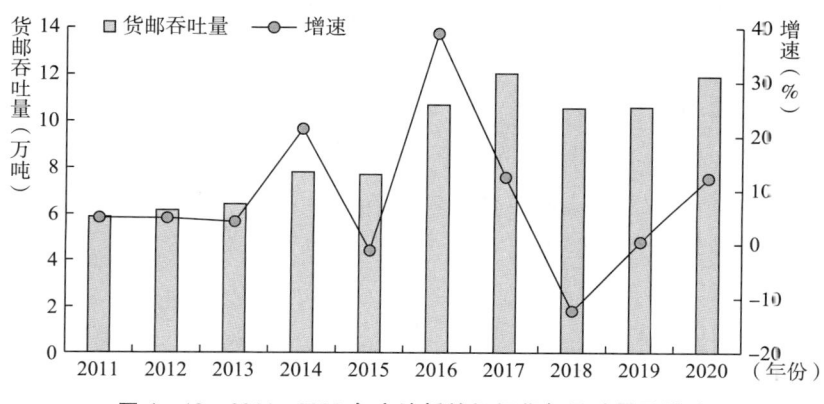

图 4-19　2011~2020 年宁波栎社机场货邮吞吐量及增速

2011~2020 年宁波栎社机场完成起降架次共计 63.27 万架次。从增速来看，10 年间，宁波栎社机场起降架次增速有 5 年超过 10%（见图 4-20）。2020 年起降架次 7.54 万架次，比上年下降 15.8%，居全国机场第 38 位、长三角机场群第五位。

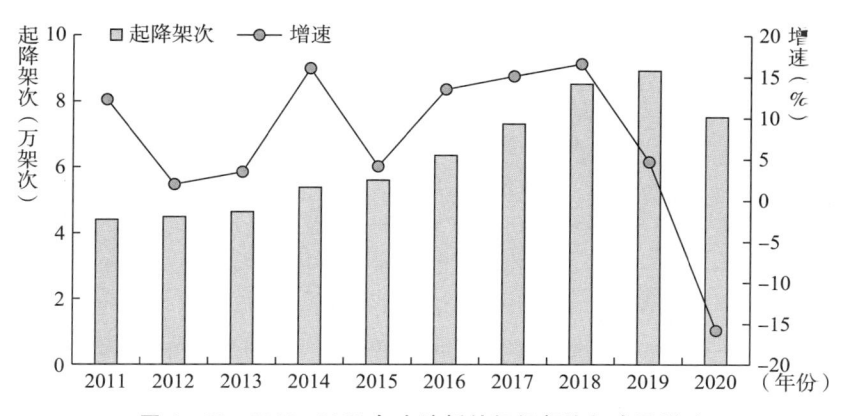

图 4-20　2011~2020 年宁波栎社机场起降架次及增速

（三）2020年重点事件分析

2020年4月8日7时35分，东航浙江分公司MU9657航班从浙江宁波栎社机场顺利起飞，这是武汉天河机场正式复航以后首架从宁波飞往武汉的复航航班，标志着中断了2个多月的宁波往返武汉的国内客运航班重新恢复。

2020年5月21日，乌鲁木齐航空开通乌鲁木齐—呼和浩特—宁波航线，这是乌鲁木齐航空继乌鲁木齐—南充—温州、乌鲁木齐—敦煌—杭州航线后，开通的第三条由新疆飞往浙江的航线。该条航线将为上述三地的经贸、文化、旅游等提供便捷舒心的空中通道。

2020年10月14日，杭州萧山机场与宁波栎社机场互为异地货站项目签约揭牌，这标志着今后杭州、宁波两地机场将为当地企业及货主提供异地（远程）货物交运和提取服务，实现"浙江货浙江走"。

2020年10月19日，民航局正式批复《宁波栎社国际机场总体规划（2020年版）》，将宁波栎社机场定位为区域枢纽机场。

2020年10月25日起，宁波栎社机场开始执行新的冬春季航班计划。届时，宁波栎社机场国内通航城市将达到69个，比去年同期新增常德、博鳌、西昌、宜宾、嘉峪关、库车6个国内通航城市，恢复北海、十堰等城市航线，给市民出行提供更加多样的选择。

2020年10月30日18时45分，济州至宁波的9C8626航班准时降落在了宁波栎社机场T2航站楼。这是宁波栎社机场自新冠肺炎疫情客机停航后，复飞的首条国际航线。图4-21为2020年宁波栎社机场大事记。

4月8日	中断了两个多月的宁波往返武汉的国内客运航班重新恢复
5月21日	乌鲁木齐航空开通乌鲁木齐—呼和浩特—宁波航线
10月14日	杭州萧山机场与宁波栎社机场互为异地货站项目签约揭牌
10月19日	民航局正式批复《宁波栎社国际机场总体规划（2020年版）》
10月25日	宁波栎社机场开始执行新的冬春季航班计划
10月30日	自新冠肺炎疫情客机停航后，复飞济州至宁波的航线

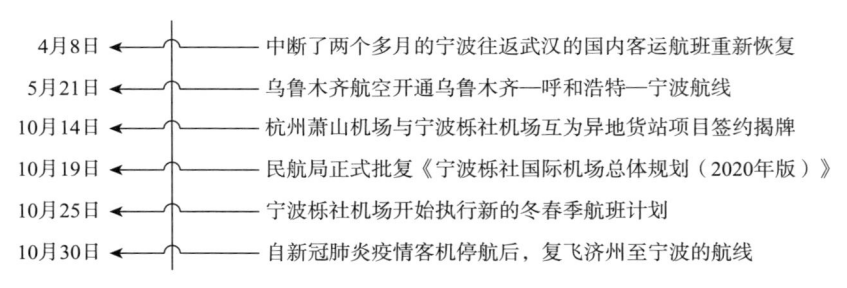

图4-21 2020年宁波栎社机场大事记

（四）发展规划

根据《宁波栎社国际机场总体规划（2020年版）》，宁波栎社机场航站楼地下预留城际铁路线位实现空铁无缝衔接，同时在机场西侧规划宁波高铁西站，可实现多方式的空铁联运。宁波栎社机场发展目标为，近期 2030 年旅客吞吐量 3000 万人次、货邮吞吐量 50 万吨，远期 2050 年旅客吞吐量 6000 万人次、货邮吞吐量 120 万吨。下一步宁波栎社机场将按照总体规划批复内容开展机场四期扩建，主要包括新建 T3 航站楼和第二跑道，并以机场为核心连接周边交通网络，综合提升宁波西交通运输层级。

根据《宁波市综合交通发展"十四五"规划》，"十四五"时期宁波栎社机场发展目标为，旅客吞吐量 2000 万人次，货邮吞吐量 30 万吨，国际/地区航点 30 个，国内航点 101 个。近期规划新增 1 条远距平行跑道，即在现有跑道南侧新建一条跑道，远期在南跑道外侧再新建一条近距跑道，形成 3 条平行跑道。规划在 T2 航站楼以南新建 T3 航站楼。同时，注重机场与其他交通方式的衔接，构建以机场为核心节点的综合交通枢纽，完善城市轨道交通网络。宁波栎社机场的建设，将进一步推动机场融入长三角世界机场群，综合提升宁波西交通运输层级，助力宁波经济转型升级和提升城市竞争力。

第五章

珠三角地区航空物流枢纽发展分析[*]

珠三角地区经济发达，珠三角机场群是我国规划的三大机场群之一。由于本地区还包含香港、澳门两个特别行政区，因此该地区航空物流枢纽发展所需考虑的问题也更多。本章研究对象为广州白云国际机场（以下简称广州白云机场）和深圳宝安国际机场（以下简称深圳宝安机场）。香港国际机场虽然客、货运规模都很大，但是它并未被列入《国家物流枢纽布局和建设规划》之中，因此不对其进行单独研究。

第一节 发展概述

珠三角地区入选国家航空物流枢纽承载城市的有广州、深圳。珠三角地区是我国航空客货运量最大的地区，也是目前我国最具发展活力的区域性航空运输市场。珠三角地区是全球重要的制造业基地，产业结构也正由劳动密集型转向资金和技术密集型，电子、医药、生化等高新技术产业快速发展，对航空运输业产生了巨大需求。

2011~2019年，广州白云机场、深圳宝安机场主要生产指标均保持平稳较快增长且大幅超出全国机场生产指标平均水平，但2020年除深圳宝安机场的货邮吞吐量较2019年有所上升外，其余各生产指标均有不同程度下

---

[*] 各机场主要生产指标数据来自国家统计局、民航资源网、地方政府统计公报、中国新闻网、中国民用航空局等。各机场简介、重点事件、发展规划数据来自新华网、地方新闻报、地方政府公示文件、人民网、交通运输局等。

降。从两大机场的对比来看，广州白云机场在旅客吞吐量、货邮吞吐量、起降架次三个指标上均领先于深圳宝安机场，见表5-1和图5-1。

表5-1　2011~2020年珠三角地区入选机场主要生产指标

生产指标	广州白云机场	深圳宝安机场	总计
旅客吞吐量（万人次）	56818.0702	39386.0915	96204.1617
货邮吞吐量（万吨）	1573.2686	1075.9984	2649.2670
起降架次（万架次）	418.1425	301.9039	720.0464

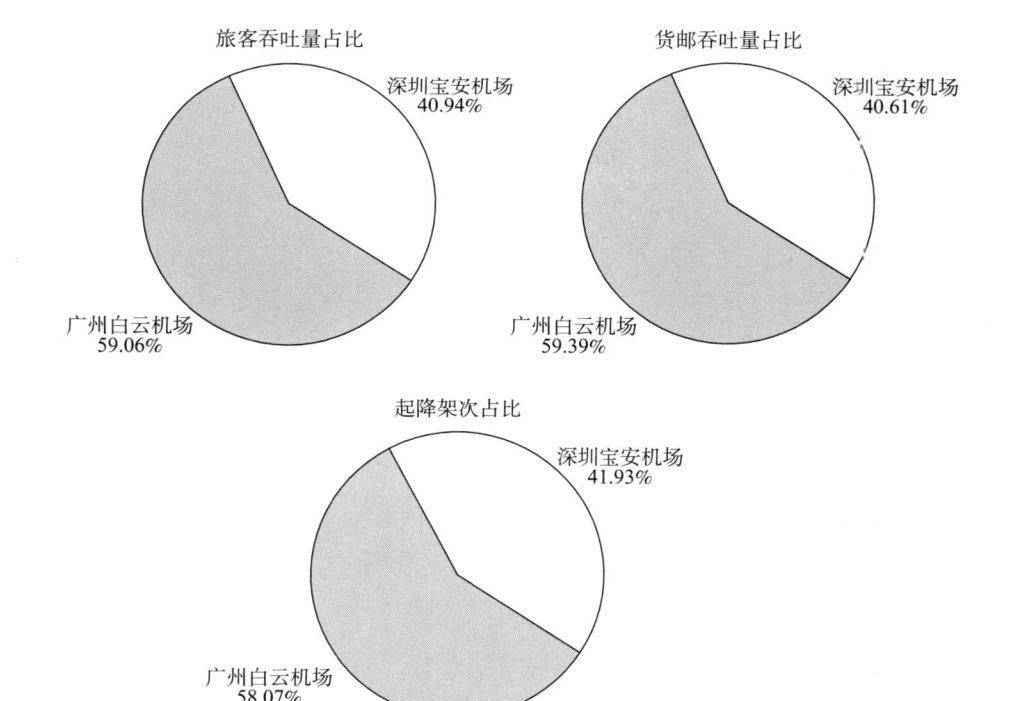

图5-1　2011~2020年珠三角地区入选机场主要生产指标占比

从全国排名来看，广州、深圳机场业务量多年稳居第三和第四位。但是由于地理位置与香港较近，而香港国际机场拥有覆盖全球主要城市的国际运输航线网络，与广州、深圳的机场形成明显的竞争关系。香港国际机场近年来一直在大力开拓至内地的客货运航线，通过参股、托管等多种方式，加强与珠三角以及内地其他城市之间的联系，将服务范围逐步向珠三角,甚至是长三角地区延伸。香港国际机场虽未列入排名,但其国际客货运输量都排在世界前列。

第二节 珠三角地区重点机场分析

一 广州白云国际机场

(一) 机场简介

广州白云机场地处广州市北部,白云区人和镇和花都区新华镇交界处,距离广州市中心约28公里。广州白云机场始建于20世纪30年代,目前拥有两座航站楼、三条跑道,飞行区等级为4F标准,可满足A380等大型宽体客机起降及停放需要,标准机位269个(含FB00)。作为国内三大航空枢纽之一,广州白云机场目前已经实现民航、城轨、地铁、高速公路无缝对接,为旅客换乘提供了更多方便。广州白云机场位于珠三角的核心区域,珠三角地区是我国开放最早的地区,拥有世界上密集度较高的工业基地和巨大的货源生成量,是目前国内经济最活跃的地区之一。广州市是珠三角地区的核心城市之一,是华南地区最大的进出口岸和重要的交通枢纽,发达的区域经济和便利的贸易口岸条件是广州白云机场航空客货运输持续发展的基础。

目前,广州白云机场是中国南方航空公司、海南航空公司、中国东方航空公司、深圳航空公司、九元航空公司、中原龙浩航空公司和浙江长龙航空公司等的基地机场;与近80家中外航空公司建立了业务往来,航线通达国内外230多个通航点,其中国际及地区航点超过90个,航线网络覆盖全球五大洲。2019年5月1日起,正式实施144小时过境免签政策。

(二) 主要指标分析

2011~2020年广州白云机场完成旅客吞吐量共计5.68亿人次,总体呈现稳步增长态势。广州白云机场的旅客吞吐量自2011年突破4000万人次之后,2013年突破5000万人次,2017年突破6000万人次,2019年实现了7000万人次的新突破,十年来平均每三年就实现一次"千万级"的跨越(见图5-2)。2020年完成旅客吞吐量4376.04万人次,比上年下降

40.4%，居全国机场第一位。

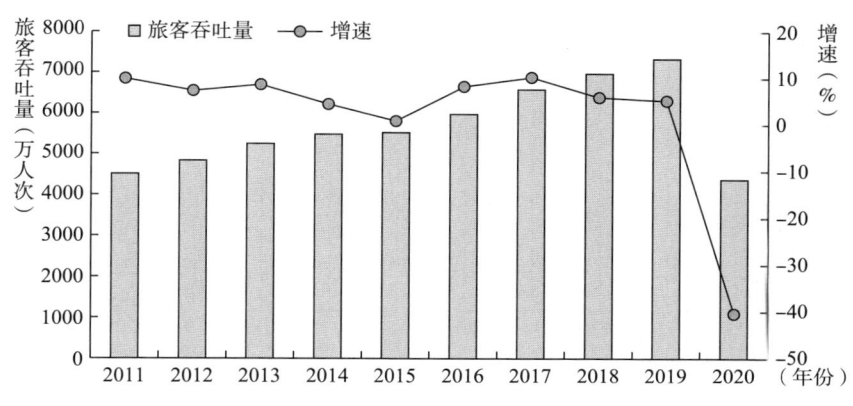

图 5-2　2011~2020 年广州白云机场旅客吞吐量及增速

2011~2020 年广州白云机场完成货邮吞吐量共计 1573.27 万吨。10 年间货邮吞吐量总体保持增长态势，其中，2014 年实现 11% 的增速，2015 年货邮吞吐量突破 150 万吨。2020 年全年货邮吞吐量 175.93 万吨，比上年下降 8.4%（见图 5-3），居全国机场第二位。

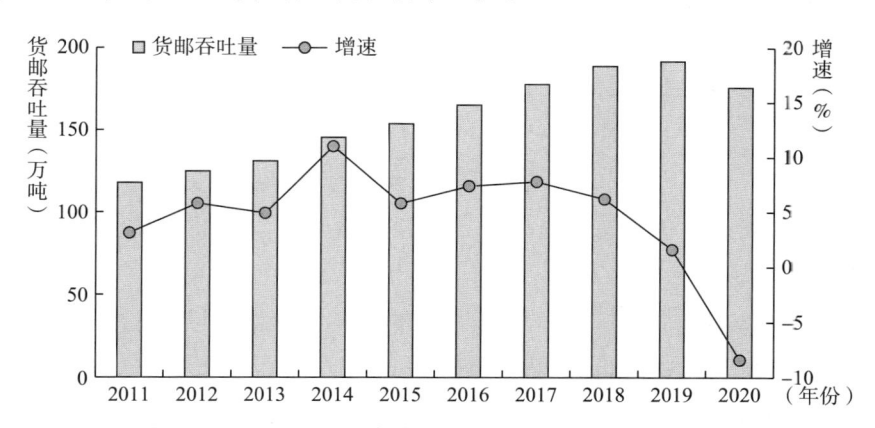

图 5-3　2011~2020 年广州白云机场货邮吞吐量及增速

2011~2020 年广州白云机场完成起降架次共计 418.14 万架次。10 年间有 5 年起降架次增速超过 5%。2014 年起降架次突破 40 万架次，2015 年虽然增速有所下滑，降到 -0.6%，但此后快速反弹（见图 5-4）。2020 年机场起降架次 37.34 万架次，比上年下降 24%，居全国机场第一位。

图 5-4　2011~2020 年广州白云机场起降架次及增速

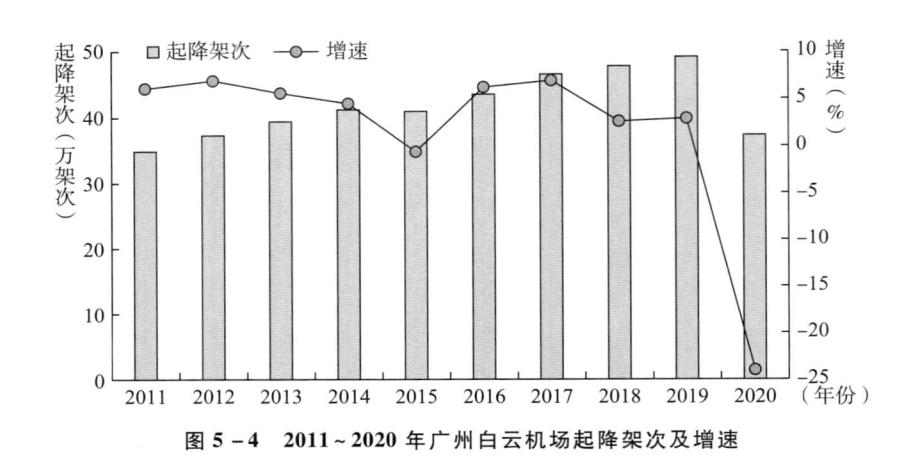

（三）2020 年重点事件分析

2020 年 1 月 10 日，广州白云机场出台 2020 年春运工作方案，按照"高效、畅顺、平安、智慧、温馨"的春运保障总体要求，在出发流程上实现了新科技"全覆盖"，增加运力超 2000 架次。

2020 年 1 月 28 日起，东方航空将开通广州至缅甸仰光的国际正班航班。

2020 年 4 月 1 日起，广州白云机场每月旅客量始终超越亚特兰大机场。

2020 年 4 月 8 日，广州白云机场恢复往返武汉航班。

2020 年 7 月 21 日起，南航将开通广州—兰州—嘉峪关航线，这是嘉峪关机场暑期新开通的第二条航线，该航线开通后，嘉峪关机场往返广州每日将有 2 个航班。

2020 年 8 月 5 日，广州白云机场宣布推出"一脸通行"服务，旅客注册授权后可实现"一张脸"通行机场。

2020 年 9 月 27 日，广州白云机场三期扩建工程开工，标志着广东机场集团按下争创世界一流机场集团的"快进键"，成为加快推进广东省"5+4"骨干机场布局和粤港澳大湾区世界级机场群建设、推动广东民航高质量发展的"新引擎"。

2020 年 10 月 29 日，"2020 中国民航四型机场建设发展大会暨成果展"在厦门举办。大会公布了 2019 年度民用机场服务质量评价结果，广州白云机场排名第一，荣获"2019 年度中国民用机场服务质量优秀奖"。

2020年11月1日起,广州白云机场11月单月客流量达501.4万人次,广州白云机场成为疫情后全球唯一一家单月客流量突破500万人次的机场。图5-5为2020年广州白云机场大事记。

1月10日	机场出发流程实现新科技"全覆盖"
1月28日	东方航空开通广州至缅甸仰光的国际正班航班
4月1日	每月旅客量始终超越亚特兰大机场
4月8日	恢复往返武汉航班
7月21日	南航开通广州—兰州—嘉峪关航线
8月5日	广州白云机场实现"一张脸"通行
9月27日	广州白云机场三期扩建工程开工
10月29日	荣获"2019年度中国民用机场服务质量优秀奖"
11月1日	广州白云机场成为疫情后全球唯一一家单月客流量突破500万人次的机场

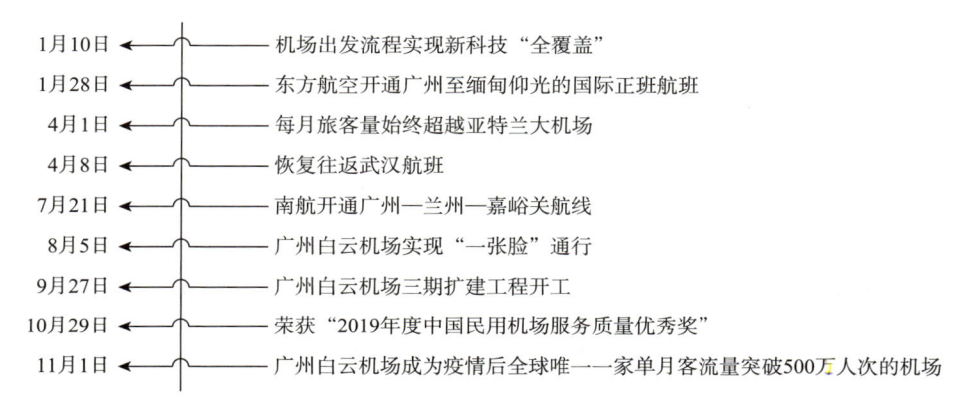

图5-5 2020年广州白云机场大事记

(四)发展规划

为加快建设广州白云机场国际航空枢纽,提升机场综合服务水平,按照引领粤港澳大湾区世界级机场群建设、支撑民航强国战略的国际航空枢纽功能定位,《广州白云国际机场综合交通枢纽整体交通规划(修编)》提出打造以广州白云机场为核心,高效、便捷、安全、绿色、经济的综合交通网络。其中,要形成"3060"交通圈:广州白云机场实现与广州中心城区30分钟通达,与珠三角各城市60分钟通达。广州白云机场腹地范围将进一步拓展,实现350公里/小时高速铁路连接全省各地级以上市及周边相邻省区,中间换乘不超过1次。该规划结合广州白云机场三期扩建工程,围绕建设多层级、一体化的机场综合交通枢纽,积极推进高速铁路、城际铁路、城市轨道引入机场,畅通机场对外道路交通,优化完善机场内部交通组织。

同时,要推动广州白云机场与深圳宝安机场、珠三角枢纽(广州新)机场之间实现高铁、城际铁路、高速公路快速连接,预留好建设接口,促进机场间功能互补。广州白云机场与深圳宝安机场可通过新塘经广州白云机场至广州北城际—穗莞深城际,或广中珠澳高铁—广深第二高铁实现快速连接;与珠三角枢纽(广州新)机场可通过广河高铁—广湛高铁,或规划研究的珠三角枢纽机场快线—广佛环线实现快速连接。

此外，在货运方面，广州白云机场共规划东、西两个货运区，均布局于机场北侧。按照"客货分流"原则，在北部及外围规划7条一级货运通道和11条二级货运通道，实现客货交通适度分离，减少货运对整体交通的影响。同时，研究机场货运区引入货运铁路的可行性，探索货运空铁联运。

二 深圳宝安国际机场

（一）机场简介

深圳宝安机场位于中国深圳市宝安区、珠江口东岸，机场距离深圳市区32公里，是中国境内集海、陆、空、铁联运于一体的现代化大型国际空港。深圳宝安机场于1991年10月正式通航。机场飞行区面积770万平方米，航站楼面积45.1万平方米，机场货仓面积166万平方米，共有2条跑道，第二跑道于2011年正式投入使用，飞行等级为4F，可以满足包括空客A380客机在内的大型客机起降。目前，深圳宝安机场已开通航线188条，其中国内航线158条（港澳台地区航线4条）、国际航线30条，通航城市149个，其中国内城市122个（港澳台4个）、国际城市27个。

深圳宝安机场作为城市窗口和区域经济发展的动力源，具备构建发达高效的"海陆空铁"综合交通运输体系的基础条件，拥有大湾区之"心"的独特地理优势。根据深圳国际航空枢纽建设目标和功能定位，深圳宝安机场将在更高层次上发挥开放基础平台的作用，加快打造面向亚太、连接欧美的客货运输网络，努力建设成为粤港澳大湾区世界级机场群重要的核心机场、"一带一路"建设布局中更具辐射能力的重要国际航空枢纽。

（二）主要指标分析

2011~2020年深圳宝安机场完成旅客吞吐量共计3.94亿人次。如图5-6所示，除2020年，机场旅客吞吐量持续增长，2013年，旅客吞吐量突破3000万人次大关；2016年，旅客吞吐量首次突破4000万人次大关。2019年，首次迈入5000万人次大关，达到5293万人次，居全国机场第五位，全球排名跃居第26位，增速在全球前30大机场中排名第二，标志着深圳宝安机场正式跻身全球最繁忙大型机场行列。2020年旅客吞吐量为3791.61万人次，比上年下降28.4%，居全国机场第三位。

2011~2020年深圳宝安机场完成货邮吞吐量1076.00万吨。2015年机

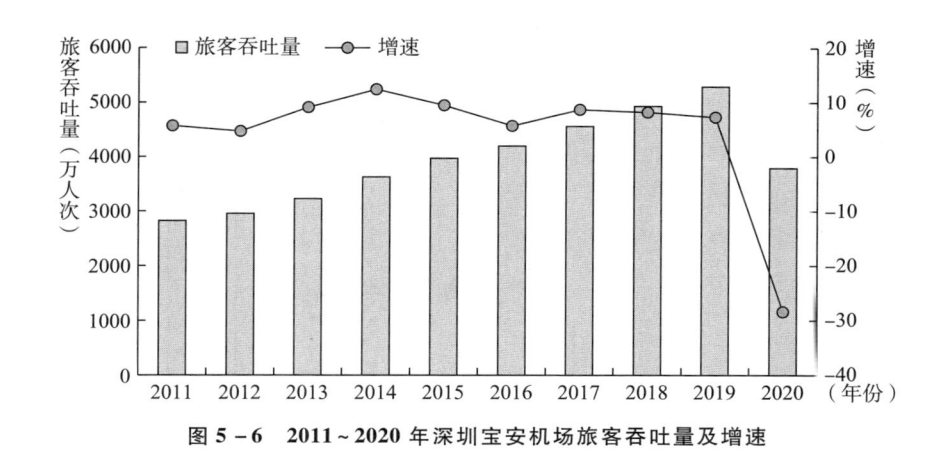

图 5-6　2011~2020 年深圳宝安机场旅客吞吐量及增速

场货邮吞吐量首次突破 100 万吨，机场正式迈入了货邮百万吨级机场行列，此后一直保持稳步增长势头（见图 5-7）。2019 年货邮吞吐量 128.34 万吨，比上年增长 5.3%，在全国机场中位列第五，全球排名第 23 位，增速在全球前 30 大机场中排名第三。2020 年货邮吞吐量为 139.88 万吨，比上年增长 9%，居全国机场第三位。

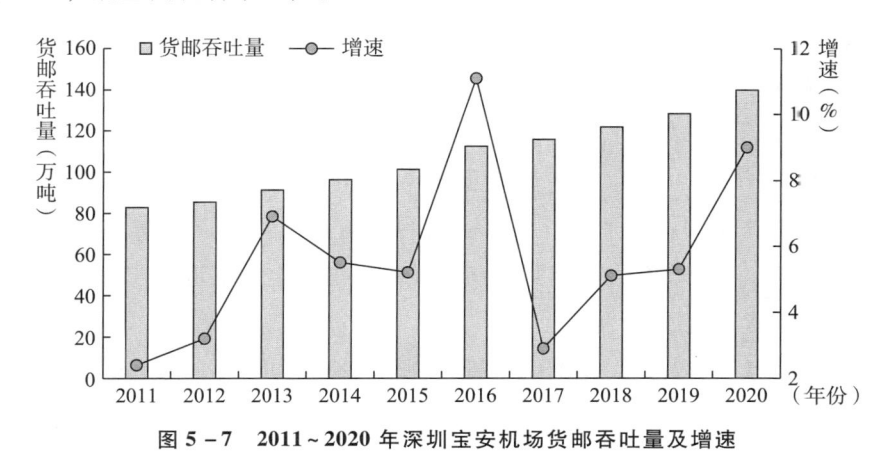

图 5-7　2011~2020 年深圳宝安机场货邮吞吐量及增速

2011~2020 年机场完成起降架次共计 301.90 万架次，基本保持了稳步增长态势。在 2014 年实现 11.2% 的增长后，2015 年起降架次突破 30 万架次，其余时间除 2020 年外，均保持在 6% 左右的增速（见图 5-8）。2020 年深圳宝安机场起降 32.03 万架次，比上年下降 13.5%，居全国机场第三位。

图 5-8 2011~2020 年深圳宝安机场起降架次及增速

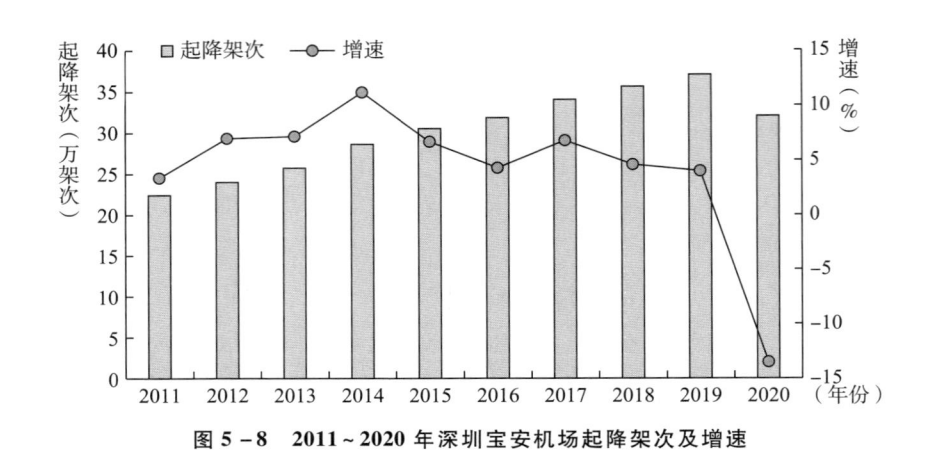

（三）2020 年重点事件分析

2020 年 5 月 31 日，开通今年首条定期洲际货运航线——深圳—芝加哥航线。

2020 年 9 月 18 日，欧洲最大的货运航空公司卢森堡国际货运航空在深圳宝安机场开通深圳—曼谷—布达佩斯—卢森堡洲际货运航线，由 B747 全货机执飞，前期每周一班。

2020 年 9 月 20 日，埃塞俄比亚航空开通深圳—迪拜—亚的斯亚贝巴洲际货运航线，由波音 777 全货机执飞，每周两班。

2020 年 10 月 26 日，南方航空深圳—法兰克福定期洲际货运航线正式开通，这是继深圳—芝加哥、深圳—曼谷—布达佩斯—卢森堡、深圳—迪拜—亚的斯亚贝巴 3 条定期洲际货运航线后，深圳宝安机场今年开通的第 4 条定期洲际货运航线。

2020 年 11 月 7 日，顺丰航空新开的深圳—杭州—洛杉矶洲际货运航线，首次在深圳拓展了北美地区市场。洛杉矶是美国第二大城市，是与美国西部、中部地区经贸交流的重要门户，该航线的开通将进一步增强深圳宝安机场国际货运航线网络在北美地区的通达性。

2020 年 11 月 11 日，中国货运航空有限公司开通的货运航线，其所连通的阿姆斯特丹机场也是欧洲的重要门户机场，不仅临近阿姆斯特丹港口，还可连接欧洲高铁以及机场周边发达的高速公路网络。深圳—阿姆斯特丹洲际货运航线每周 3 班，使用载量 95 吨以上的波音 777F 全货机执飞，该航

线将在两座机场之间搭建通畅的货运流通渠道,实现深圳与整个欧洲大陆的高效连通。图 5-9 为 2020 年深圳宝安机场大事记。

5月31日	开通2020年首条定期洲际货运航线深圳—芝加哥航线
9月18日	开通深圳—曼谷—布达佩斯—卢森堡洲际货运航线
9月20日	开通深圳—迪拜—亚的斯亚贝巴洲际货运航线
10月26日	南方航空正式开通深圳—法兰克福定期洲际货运航线
11月7日	顺丰航空新开通深圳—杭州—洛杉矶洲际货运航线
11月11日	开通深圳—阿姆斯特丹洲际货运航线

图 5-9 2020 年深圳宝安机场大事记

(四) 发展规划

在"十四五"期间,深圳民航业的发展将牢牢把握粤港澳大湾区和先行示范区"双区驱动"的重大历史机遇,以打造高品质创新型的国际航空枢纽为目标,着力提升国际航空服务和航空货运保障能力,努力将深圳宝安机场建设成为粤港澳大湾区世界级机场群的核心机场。为打造高品质创新型国际航空枢纽,深圳将从机场设施、航线网络、立体交通等多个方面开展工作。深圳宝安机场将加快提升机场国际化水平,构建空中大通道,连接全球创新型城市、欧美国家及澳大利亚热点城市及"一带一路"新兴市场国家节点城市,构建与城市功能相匹配的航线网络。

到 2025 年,深圳宝安机场国际航线数量超过 100 条。除继续大力拓展国际航线,深圳宝安机场还将积极打造专业高效的航空物流体系,争取货运航权逐步放开,拓展全货机航线,连通欧、美、中东等地区大型枢纽机场,完善"卡车航班"业务,发展高附加值的物流业态,丰富跨境电商业务类型,建立航空物流信息服务平台,建设具有较强国际竞争力的快件集散中心。

未来五年,深圳将加快推进深圳宝安机场卫星厅、第三跑道及 T4 航站楼等基础设施建成投用,到 2025 年基本完成机场新一轮扩建工程,形成多航站体系,大幅提升综合保障能力和质量。深圳还将积极完善机场陆侧交通接驳设施,积极发展空公、空海、空铁等联运服务,增加航空运力,构建空、陆、铁、海等多种运输方式相结合的立体交通网络。

按计划,深圳宝安机场还将推进数字化转型和四型机场建设,创新开展旅客全流程自动服务、行李全过程跟踪等数字化应用。深圳将进一步完善空港平台运作机制，探索机场运管委实体化、法定化运作，全面提升机场治理能力和治理现代化水平。同时，配合民航部门推动空域管理体制机制改革，争取在深圳设立大湾区联合管制中心。

深圳还将发展多元化的通用航空服务，推进南头直升机场迁建，稳步发展短途运输、应急救援、航空消费、无人机物流等多种类型的通用航空服务，推动低空跨境运输飞行常态化，完善口岸通关及跨境飞行服务组织模式，打造通用航空服务体系。

第六章

西部地区航空物流枢纽发展分析

西部地区的主要机场有西安咸阳国际机场、成都双流国际机场、重庆江北国际机场、昆明长水国际机场、贵阳龙洞堡国际机场、乌鲁木齐地窝堡国际机场、银川河东国际机场、拉萨贡嘎国际机场。[①] 由于前四个机场的旅客吞吐量、货邮吞吐量、起降架次之和在八个机场中占比均达到80%左右，故本章用其他机场代替贵阳龙洞堡机场、乌鲁木齐地窝堡机场、银川河东机场和拉萨贡嘎机场。

第一节 发展概述

随着民航业的迅速发展，沿海发达地区的航空资源异常紧张。特别是京津冀、长三角、珠三角地区的机场，航权时刻已处于饱和状态。相比之下，西部地区腹地空间较为辽阔，空域资源相对富裕，航空要素禀赋优势明显。此外，由于山区较多，相对于东部地区发达的地面交通以及水运海运体系，西部地区可用的陆运、水运资源较为匮乏。因此，西部地区航空业的发展具有更加广阔的空间。

西部地区入选国家航空物流枢纽承载城市的有西安、成都、重庆、昆明、贵阳、乌鲁木齐、银川、拉萨八座城市。从西部地区入选国家航空物流枢纽承载城市的分布来看，它们或者位于长江经济带，或者位于"一带

---

① 它们分别简称西安咸阳机场、成都双流机场、重庆江北机场、昆明长水机场、贵阳龙洞堡机场、乌鲁木齐地窝堡机场、银川河东机场、拉萨贡嘎机场。

一路"的重要节点、西部大开发的中心,打造航空枢纽是其必然选择。

2011~2020年西部地区各主要机场的生产指标均保持平稳较快增长,累计完成旅客吞吐量185067.4183万人次,累计完成货邮吞吐量1817.4958万吨,累计完成飞机起降架次1450.987万架次,如表6-1所示。在西部地区的各个机场中,成都双流机场、昆明长水机场、西安咸阳机场、重庆江北机场四个机场相应指标的占比较高(见图6-1),因此后续进行重点分析。

表6-1 2011~2020年西部地区入选机场主要生产指标

生产指标	西安咸阳机场	成都双流机场	昆明长水机场	重庆江北机场	其他机场	总计
旅客吞吐量(万人次)	33465.8904	41941.9487	36055.2942	32397.2734	41207.0116	185067.4183
货邮吞吐量(万吨)	248.8681	579.870376	347.040671	333.918031	307.7986	1817.4958
起降架次(万架次)	267.0483	296.6553	288.8068	252.9376	345.539	1450.987

旅客吞吐量占比
- 重庆江北机场 17.51%
- 其他机场 22.27%
- 西安咸阳机场 18.08%
- 成都双流机场 22.66%
- 昆明长水机场 19.48%

货邮吞吐量占比
- 重庆江北机场 18.37%
- 其他机场 16.94%
- 西安咸阳机场 13.69%
- 成都双流机场 31.90%
- 昆明长水机场 19.09%

起降架次占比
- 重庆江北机场 17.43%
- 其他机场 23.81%
- 西安咸阳机场 18.40%
- 成都双流机场 20.45%
- 昆明长水机场 19.90%

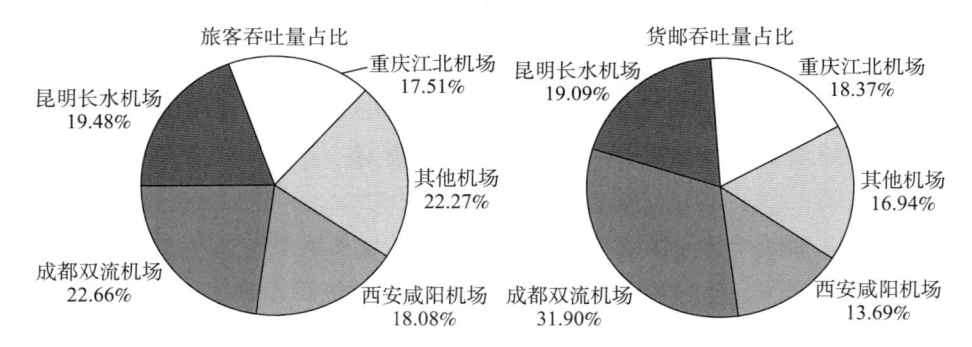

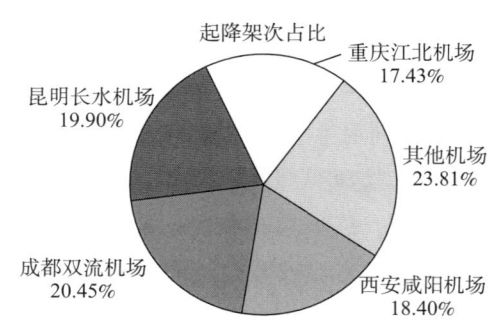

图6-1 2011~2020年西部地区入选机场主要生产指标占比

第二节　西部地区重点机场分析

一　西安咸阳国际机场

（一）机场简介

西安咸阳机场位于西安市西北方向的咸阳市渭城区，距西安市区25公里，为4F级民用国际机场。西安咸阳机场于1991年9月1日正式通航。机场拥有两条跑道，可满足A380客机起降，停机位有127个，货运区达2.5万平方米。多年来，西安咸阳机场一直在我国民航机场业保持着行业领先地位，运输业务量连续多年快速增长。西安咸阳国际机场基地航空公司共有6家，分别是中国东方航空、海南航空、南方航空、天津航空、幸福航空、深圳航空。目前，机场国际（地区）通航点总量达到67个，航线75条，联通全球36个国家74个主要枢纽和旅游城市，成为服务陕西"三个经济"发展的新引擎，构建起陕西对外开放和走向世界的航空大通道。

（二）主要指标分析

2011~2020年西安咸阳机场完成旅客吞吐量共计3.35亿人次，保持了高速增长势头。相对于2011年，2020年旅客吞吐量增长了46.83%，其中从2011年起，连续7年增长率超过10%，增速最快的2011年达到17.5%。继2011年旅客吞吐量突破2000万人次后，2015年突破3000万人次，2017年突破4000万人次（见图6-2）。此后，2018年和2019年增速回落至10%以下。10年间旅客吞吐量排名保持在全国前十位。2020年西安咸阳机场完成旅客吞吐量3107.39万人次，在全国机场中位列第八。

2011~2020年西安咸阳机场完成货邮吞吐量共计248.87万吨。相对于2011年，2020年货邮吞吐量增长了118%。西安咸阳机场货邮吞吐量的变化呈现两个阶段，其中2011~2014年货邮吞吐量增长不多，2015~2020年货邮吞吐量整体而言大幅增加（见图6-3）。2018年、2019年增速较高，分别达到20.3%和22.1%。10年间货邮吞吐量排名在全国第11位和第15位之间徘徊。2020年西安咸阳机场完成货邮吞吐量37.63万吨，比上年下降1.5%，在全国机场中位列第十。

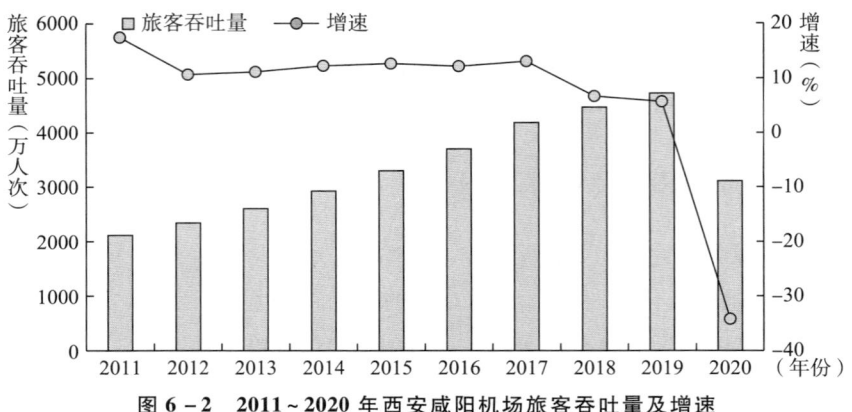

图 6-2 2011~2020 年西安咸阳机场旅客吞吐量及增速

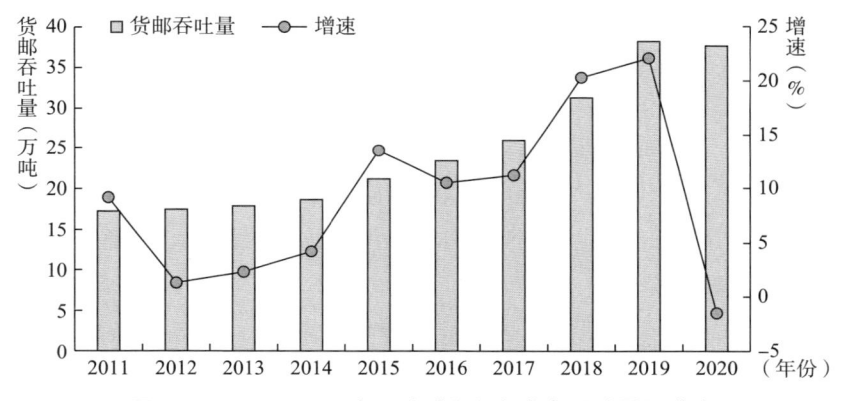

图 6-3 2011~2020 年西安咸阳机场货邮吞吐量及增速

2011~2020 年西安咸阳机场完成起降架次 267.05 万架次，平均增速为 3.81%。相对于 2011 年，2020 年起降架次增长了 38.13%，10 年间起降架次增速呈降低趋势（见图 6-4），2011 年增速最快，达到 12%，2020 年完成飞机起降架次 25.57 万架次，降幅达 26.1%，居全国机场第八位。

（三）2020 年重点事件分析

2020 年 3 月 23 日早上 8 点 18 分，一架航班号为 EY888 的阿提哈德航空公司航班从阿联酋首都阿布扎比飞抵西安。这也是以西安为目的地的北京的国际客运航班 12 个指定第一入境点之一，所保障的首架分流航班。

2020 年 4 月 8 日，武汉解封首日，从武汉起飞的南方航空 CZ3889 运载 43 位旅客于 16 时 49 分落地西安咸阳机场。

2020 年 7 月 22 日，机场三期扩建工程破土动工，标志着陕西民航发展

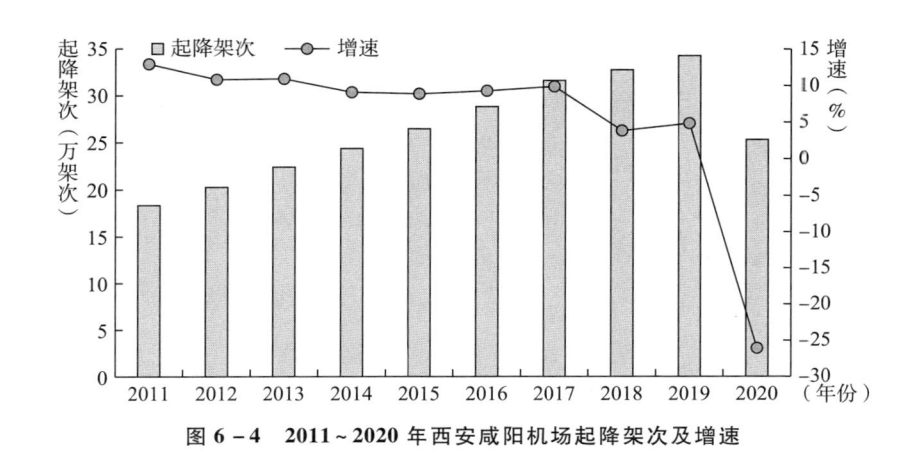

图 6-4　2011~2020 年西安咸阳机场起降架次及增速

史上规模最大，同时也是西北地区最大的民航工程进入建设实施阶段。项目建成后，将全面提升西安咸阳机场的基础设施保障能力和运行效率。

2020 年 10 月 25 日凌晨 3 点，南跑道关闭，西安咸阳机场进入连续 35 天的单跑道运行模式。

2020 年 10 月 29 日，由中国民用航空局指导，中国民用机场协会、厦门航空港管理委员会、厦门翔业集团有限公司、元翔国际航空港集团（福建）有限公司共同举办的以"聚力四型机场、助力民航强国"为主题的"2020 中国民航四型机场建设发展大会暨成果展"在厦门举行。会议公布了 2019 年度民用机场服务质量评价结果，西安咸阳机场荣获中国民用机场服务质量评价优秀奖，在获此殊荣的 17 家机场中位列第五。

2020 年 11 月 28 日早上 6 时 13 分，伴随着 MU9621 西安—义乌航班从南跑道安全起飞，西安咸阳机场在经历了单跑道运行 35 天之后，顺利恢复双跑道运行模式，航班计划也将全面恢复。

2020 年 12 月 17 日凌晨，由西安飞往上海的西北国际货航 C09601 航班在西安咸阳机场平稳起飞，这是地勤公司在取得西北国际货运航空配载授权资质后顺利完成的首次验证飞行任务。图 6-5 为 2020 年西安咸阳机场大事记。

（四）发展规划

《中华人民共和国国民经济和社会发展第十四个五年规划和 2035 年远景目标纲要》提到建设西安国际枢纽机场，加快建设世界级港口群和机场群。

到 2025 年，基本建成西安国际航空枢纽，综合保障能力大幅提升，以

```
3月23日  ←——— 一架航班从阿联酋首都阿布扎比飞抵西安
4月8日   ←——— 从武汉起飞的南方航空CZ3889落地西安咸阳机场
7月22日  ←——— 西安咸阳机场三期扩建工程破土动工
10月25日 ←——— 西安咸阳机场进入单跑道运行模式
10月29日 ←——— 荣获中国民用机场服务质量评价优秀奖
11月28日 ←——— 顺利恢复双跑道运行模式
12月17日 ←——— 飞往上海的西北国际货航C09601航班在西安咸阳机场起飞
```

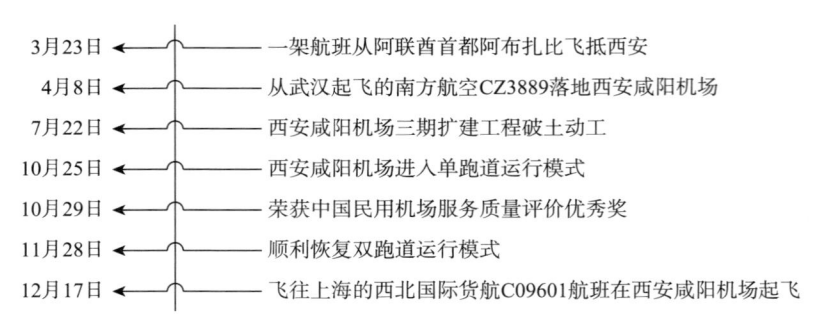

图 6-5　2020 年西安咸阳机场大事记

机场为核心的综合交通枢纽基本建成，中转功能和服务效率国内领先，将其打造成我国联系"一带一路"沿线国家和地区的重要枢纽，对区域发展的战略支撑作用显著增强。业务规模方面，年旅客吞吐量达到7100万人次，中转比例达到15%，其中国际及地区航线旅客吞吐量达到800万人次；年货邮吞吐量力争达到80万吨。基础设施方面，完成机场三期改扩建工程，以机场为核心的综合交通网络体系基本形成，西安终端管制中心建成投用，形成"五进八出"的终端区空域格局。航线网络方面，基本形成西向国际航空运输通道，国际及地区通航城市达到80个，其中"一带一路"沿线国家和地区通航城市50个。国内航线质量大幅提升，航空快线（日均10班以上）达到30条。全货运航线通航城市40个。中转服务方面，打造衔接紧密、覆盖广泛、运行高效的"四进四出"航班波。机场中转服务质量大幅提升，中转最短衔接时间（MCT）为国内互转45分钟、国际国内互转80分钟、国际互转50分钟；中转航班全部实现行李直挂；实现多种交通方式无缝衔接，空铁换乘时间30分钟之内。发展质量方面，确保不发生重大安全事故，"四型机场"建设成为行业标杆。航班正常率保持85%以上，旅客服务满意度稳步提升；机场单位能耗持续下降，实现污水污物零排放；机场智慧化运行水平大幅提升，运行效率国内领先。航空经济方面，服务区域发展的能力显著增强，形成顺畅的港城协同机制，临空主导产业产值突破1000亿元，初步建成具有较强竞争力的临空经济示范区；建设西安航空器适航审定中心、航空导航重点实验室等重点项目和研发平台。

到2035年，全面建成优质高效、竞争力强、特色鲜明的国际航空枢纽，建成世界一流的基础设施保障体系，形成全球通达的综合立体交通运输服务体系，成为全球重要的航空全产业链集聚高地、陕西全面高质量发展的强大动力源。业务规模方面，年旅客吞吐量达 1 亿人次以上，中转比例超过 20%，其中国际及地区航线旅客吞吐量达到 1600 万人次，年货邮吞吐量达到 150 万吨。基础设施方面，完成机场四期改扩建工程，基本形成机场终端格局。以轨道交通为主的机场综合交通体系更加完善。"五进九出"的终端区空域格局高效运行。航线网络方面，形成"一带一路"沿线国家高效通达、联通全球的国际航线网络，国际及地区通航城市达到 120 个，其中"一带一路"沿线国家通航城市 80 个，远程国际航线通航城市 40 个。国内客运航线网络质量进一步提升，通航城市超过 200 个，航空快线 50 条以上。货运服务网络覆盖全球，与全球主要航空货运枢纽高效通达。中转服务方面，枢纽中转体系更加完善，中转服务品质全球一流，国际航班中转最短衔接时间不超过 60 分钟。机场地面交通 1 小时覆盖关中城市群，空地联运效率领先全国，全面实现"一次换乘、通达全球"。发展质量方面，实现机场持续安全，全面建成"四型机场"和"四强空管"，机场智慧运行、卓越服务、绿色发展具有全球示范效应，形成独具历史人文特色的高品质服务体系，达到零排放、碳中和，机场全面实现可持续发展。航空经济方面，全面建成航空全产业链示范区，实现临空经济区高端产业集聚发展，形成港产城深度融合发展新模式，对区域经济社会的带动作用更加凸显，成为引领西部地区高水平开放、高质量发展的强大动力源。

二 成都双流国际机场

（一）机场简介

成都双流机场位于四川成都双流区北部，距离成都市中心约 16 公里，机场最早建于 1938 年，此后经历多次改扩建，1995 年机场被批准更名为"成都双流国际机场"。2008 年再次扩建后，机场飞行区等级提升为 4F 级。成都双流机场目前是中国大陆第四大航空枢纽，拥有两条跑道，可供 A380 飞机起降。机场可以为国际航班提供保税航空燃油，对外籍旅客实行 144 小时过境免签，为所有国际航班、国际旅客和进出口货物提供 7×24 小时全天候通关保障。现有美国联合航空、荷兰皇家航空、全日空航空、印度靛蓝航空、中国国际航空、四川航空等中外航空公司在此运营，拥有通达欧、美、非、亚、大洋洲的便捷航线网络。

机场拥有三个航空货运站，总面积达到10.7万平方米，每年可以处理多达150万吨的货邮运输，是中国中西部最大的综合货运站，并且能够提供全天候通关服务。UPS、FedEx、DHL 和顺丰速运均在成都开通了定期货运航线。

（二）主要指标分析

2011~2020年成都双流机场完成旅客吞吐量共计4.19亿人次，2011~2019年旅客吞吐量实现了平稳增长，平均增速为9.5%，低于全国平均增速10.8%。相比2011年，2020年旅客吞吐量增长了40.13%。2011年增速最快，为12.7%，2015年到2019年增速下降明显，2020年甚至出现负增长，降幅达27.1%（见图6-6）。十年间旅客吞吐量排名一直稳定在全国前六、西部地区机场群第一，排名呈现稳步上升趋势。2020年成都双流机场完成旅客吞吐量4074.15万人次，在全国同行业排名第二。

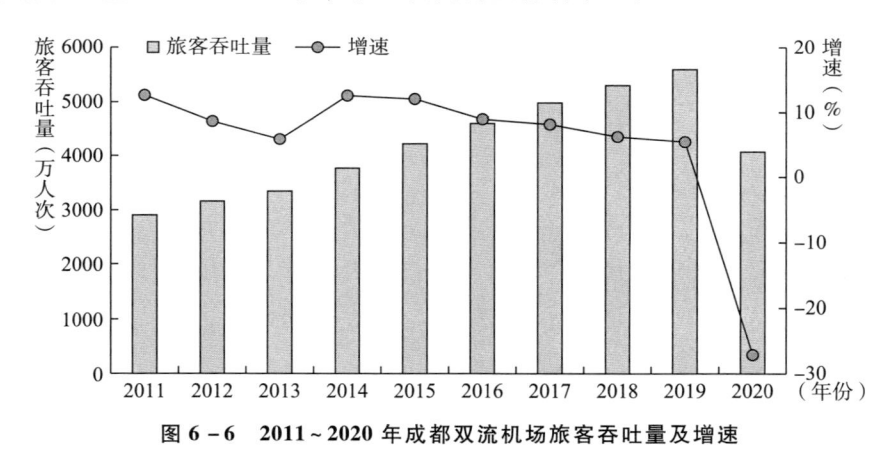

图6-6 2011~2020年成都双流机场旅客吞吐量及增速

2011~2020年成都双流机场完成货邮吞吐量共计579.87万吨，2011~2019年货邮吞吐量震荡上涨，平均增速为6.2%，与全国平均增速持平。相比2011年，2020年货邮吞吐量增长了29.47%。2011年货邮吞吐量增速最高，达到了10.5%，2013年增速为-1.3%，2020年增速为-7.9%（见图6-7）。十年间货邮吞吐量排名基本稳定在全国前七、西部机场群第一。2020年成都双流机场完成货邮吞吐量61.85万吨，在全国同行业排名第七。

2011~2020年成都双流机场完成起降架次共计296.66万架次，2011~2019年小幅增长，平均增速为6.8%，低于全国9.2%的平均增速，2020年

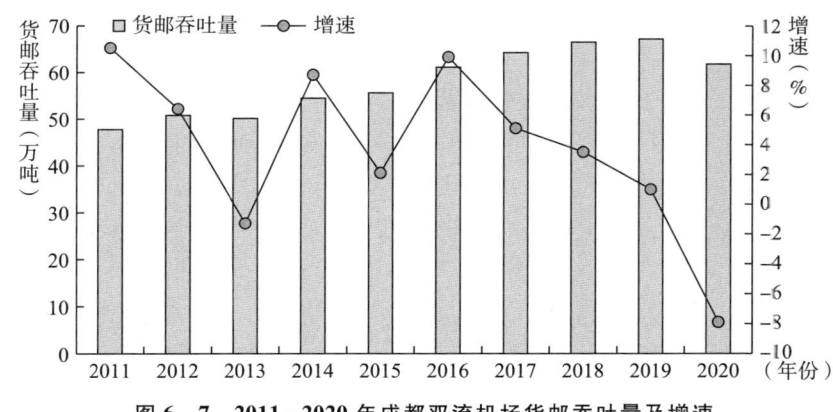

图 6-7　2011~2020 年成都双流机场货邮吞吐量及增速

呈负增长（见图 6-8）。相比 2011 年，2020 年起降架次增长了 40.2%。2012 年增速最快，为 9.1%，2020 年降速达 15%。10 年间飞机起降架次排名均在全国前十，2012 年和 2020 年排名最高，为全国第四，总体排名比较稳定。2020 年成都双流机场飞机起降 31.18 万架次，在全国同行业排名第四。

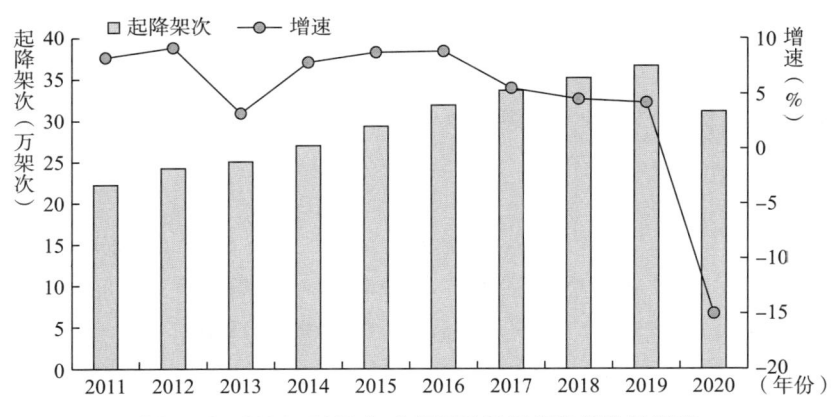

图 6-8　2011~2020 年成都双流机场起降架次及增速

（三）2020 年重点事件分析

2020 年 1 月 6 日，成都双流机场国内远机位卫星厅正式投入使用，随着卫星厅投用，成都双流机场的国内远机位登机口将增加至 26 个，机位总数将达到 228 个。

2020 年 1 月 10 日，成都双流机场和浙江长龙航空公司联合发布消息，将于即日起正式开通成都—塔什干航线。该航线是成都双流机场 2020 年开通的首条国际定期客运航线,将为中国和乌兹别克斯坦的旅客提供更多样、优质和便捷的出行选择。

2020年2月7日,国航恢复成都—新加坡航班。

2020年2月28日,为满足中德两国人员往来需要,国航恢复成都—法兰克福航班。

2020年5月20日,成都双流机场自1月27日以来,单日旅客吞吐量首次超过10万人次。

2020年6月4日,《2020年5月民航运行报告》显示,5月,成都双流机场跃居全球机场起降架次首位,成为全球最繁忙的机场。

2020年8月1日起,国航将开通成都直飞西双版纳航班,与现已通航的昆明、大理、丽江构成了更加完善的入滇航线网络。

2020年10月10日,受疫情影响,经历连续8个月的同比负增长后,成都双流机场的旅客吞吐量、货邮吞吐量、起降架次三大主要生产指标在9月均实现了同比正增长。图6-9为2020年成都双流机场大事记。

1月6日	国内远机位卫星厅正式投入使用
1月10日	正式开通成都—塔什干航线
2月7日	国航恢复成都—新加坡航班
2月28日	国航恢复成都—法兰克福航班
5月20日	单日旅客吞吐量首次超过10万人次
6月4日	成都双流机场5月成为全球最繁忙的机场
8月1日	国航开通成都直飞西双版纳航班
10月10日	机场三大主要生产指标实现同比正增长

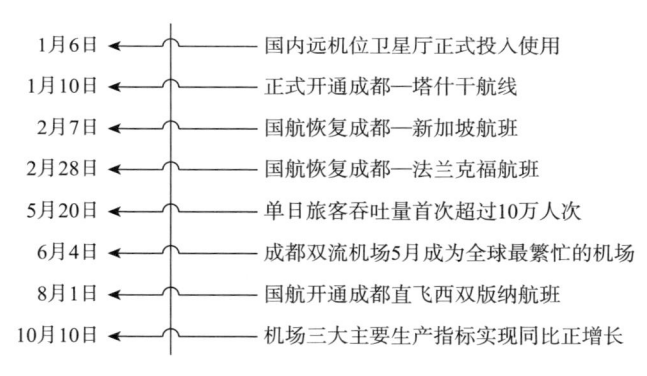

图6-9 2020年成都双流机场大事记

(四)发展规划

"十四五"时期,要加快构建双流"一场两翼、东西互济、协同发展"的城市空间格局,全面融入"两区一城"发展。在机场东片区,以中国西部(成都)科学城为重点,强化与高新区、天府新区连接,促进高质量发展示范区协同发展。在机场西片区,以杨柳湖城市综合副中心为重点,强化与"中优""西控"区域协同发展。要在"十四五"时期着力补短板、强弱项,同步推进传统和新型基础设施建设,构建互联互通、管理协同、安全高效的现代基础设施网络。形成以成都双流国际机场为核心的多层级对外交通体系,将双流西站提升为集高铁、公交、地铁一站式换乘的综合客运枢纽。基本建成空港国际商圈,打造多点共兴消费空间,提升空港消费品质体验。发展特色消费,探索试行"即买即退"便利服务,建设空港免税消费城。

根据《关于加快成渝世界级机场群建设的指导意见》(以下简称《指导意见》),近年来成都双流机场、重庆江北机场业务量排名位居全国前列,成都天府国际机场建成投用,支线机场健康发展,成渝地区民航发展进入快车道,有力服务和支撑了区域经济社会发展。《指导意见》指出,以成都、重庆国际航空枢纽功能建设为牵引,加快打造西部对外开放空中大通道,加快拓展航空服务市场新空间。《指导意见》明确了成渝世界级机场群的发展目标和远景展望——到 2025 年,成渝世界级机场群初具规模,成为支撑我国民航发展的第四极;到 2035 年,全面建成成渝世界级机场群。

三 重庆江北国际机场

(一) 机场简介

重庆江北机场位于重庆市郊东北方向 21 公里的渝北区。重庆江北机场于 1990 年 1 月 22 日建成投用。2017 年 8 月 29 日,随着东航站区及第三跑道项目建成投用,飞行区等级提升为 4F 级。重庆江北机场拥有三条跑道,其中第一跑道长 3200 米、第二跑道长 3600 米、第三跑道长 3800 米,可起降空客 A380 等大型客机,拥有货库 25 万平方米,能满足年旅客吞吐量 4500 万人次、货邮吞吐量 110 万吨、飞机起降 37.3 万架次的运行需要。

根据国务院关于民航体制改革的有关精神,2003 年 11 月 26 日在原民航重庆市管理局基础上设立了重庆机场集团有限公司,2004 年 4 月 18 日重庆机场集团有限公司加盟首都机场集团公司。2016 年 9 月 29 日,重庆机场集团有限公司整体移交重庆市政府管理。

重庆江北机场运输生产快速增长,航线网络日趋完善,机场通达性大幅提升。2019 年,重庆江北机场累计开通国内外航线 338 条,其中国际(地区)95 条,与世界互联互通的空中桥梁越发坚固。

(二) 主要指标分析

2011~2020 年重庆江北机场完成旅客吞吐量 3.24 亿人次,2011~2019

年旅客吞吐量快速增长,平均增速为12.4%,高于全国平均增速10.8%,2020年受疫情影响,出现负增长(见图6-10)。相比2011年,2020年旅客吞吐量同比增长了83.38%。2011年增速最快,为20.6%,2016年以后增速下降明显。10年间旅客吞吐量排名均在全国前十,居西部地区机场第四位,排名较稳定。2020年重庆江北机场完成旅客吞吐量3493.78万人次,在全国同行业排名第四。

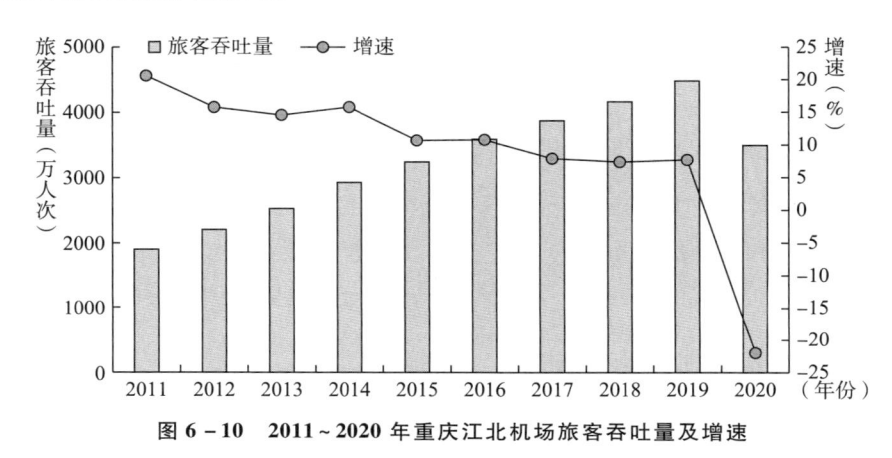

图6-10 2011~2020年重庆江北机场旅客吞吐量及增速

2011~2020年重庆江北机场完成货邮吞吐量共计333.92万吨。相比2011年,2020年货邮吞吐量增长了73.1%,其中2011年货邮吞吐量增速最高,为21.4%,2020年增速最低,为0.1%(见图6-11)。10年间货邮吞吐量排名在第10位到第15位之间,排名波动较大。2020年重庆江北机场完成货邮吞吐量41.12万吨,在全国同行业排名第八。

2011~2020年重庆江北机场完成起降架次共计252.94万架次,2011~2019年实现稳步增长,平均增速为9.2%,与全国9.2%的平均增速相同。相比2011年,2020年起降架次增长了64.69%。2012年起降架次增速最高,为17%,2020年呈现负增长,降幅为13.7%(见图6-12)。自2012年之后,重庆江北机场起降架次增速震荡下降,但10年间飞机起降架次的排名稳定上升,并且于2013年之后进入全国前十。2020年重庆江北机场完成起降架次27.47万架次,在全国同行业排名第六。

(三)2020年重点事件分析

2020年3月11日,国际机场协会(ACI)公布了2019年度全球机场服

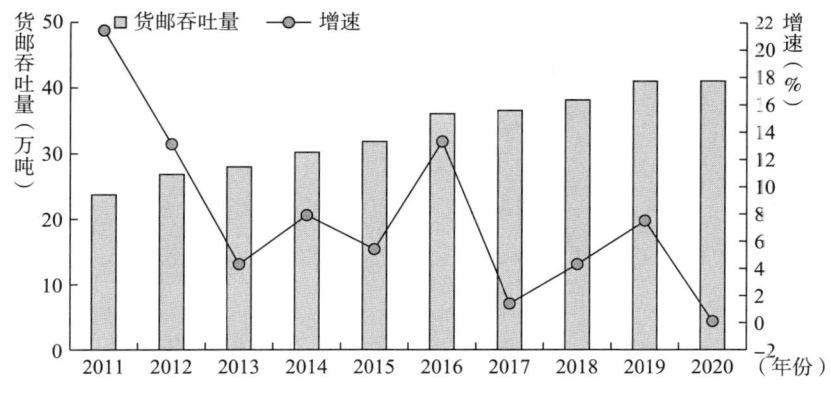

图 6-11　2011~2020 年重庆江北机场货邮吞吐量及增速

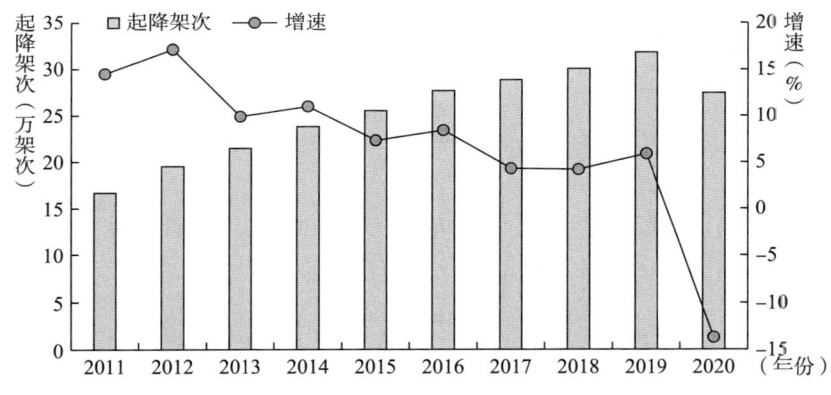

图 6-12　2011~2020 年重庆江北机场起降架次及增速

务质量（ASQ）获奖名单，重庆江北机场荣获全球旅客吞吐量 4000 万人次以上层级机场亚太地区"最佳环境及氛围奖""最佳旅客服务奖"两项大奖。

2020 年 3 月 29 日起，重庆航空从重庆往返北京的航班全部转场至北京大兴机场运行。

2020 年 5 月 15 日，重庆江北国际机场有限公司（以下简称江北机场公司）揭牌仪式在江北机场会议中心举行，江北机场公司的成立，标志着重庆机场集团实施管控体系改革、推进治理体系和治理能力现代化迈出了关键性步伐，对推动重庆辖区机场高质量发展、促进重庆民航持续健康发展具有十分重要的意义。

2020 年 6 月 9 日，重庆市公共资源交易网发布了《重庆江北国际机场 T3B 航站楼、第四跑道及配套设施建设工程项目设计》的招标公告。该工程已由国家发改委批准建设，已具备招标资格。该工程以2025年为设计目标年，按满足年旅客吞吐量7500万人次进行设计。

2020年6月19日，重庆新开首尔—重庆—安克雷奇—芝加哥全货运航线。至此，重庆江北机场累计开通国际（地区）航线达到99条。

2020年6月24日，一架编号为B-30F5的全新空客A320neo飞机在江北国际机场平稳降落，穿过"水门"后正式加入华夏航空机队，这也是重庆江北机场2020年迎来的第一架新飞机。

2020年7月1日起，暑运大幕拉开，重庆江北机场将新增和加密多条旅游航线。

2020年8月13日13时31分，一架银白色的专用校验飞机从重庆江北机场起飞前往重庆仙女山机场，标志着仙女山机场飞行校验工作正式开始。

2020年11月10日，一架机身喷涂华夏通程号、编号为B-650P的ARJ21飞机平稳降落在重庆江北机场，标志着重庆江北机场正式迎来ARJ21飞机。

2020年11月25日，重庆江北机场T3B航站楼及第四跑道工程正式开工建设，标志着重庆国际航空枢纽建设迈出新步伐。

2020年12月2日，重庆江北机场成功举行了航空器突发事件应急救援综合演练，旨在检验各应急救援保障单位在新形势下应对重大突发事件的综合应急救援处置能力和实战水平。图6-13为2020年重庆江北机场大事记。

（四）发展规划

重庆民航在"十四五"期间有六大发展目标。（1）航空运输服务覆盖水平持续提升，到2025年，基本航空运输服务普惠性更加凸显；新增布局重庆新机场，研究万盛、城口、石柱、开州、秀山等支线或通用机场布点；按照运输机场70公里的服务半径、通用机场30公里的服务半径，覆盖全市95%的区县和93%的人口。（2）航空运输规模稳步增长，到2025年，全市运输机场保障能力显著提升；运输机场总体客货运输保障能力达到8000万人次和120万吨；重庆江北机场实现旅客吞吐量6350万人次、货邮吞吐量60万吨；支线机场旅客吞吐量占比由3.6%提升至7%以上。（3）航线网络持续完善，巩固盈利性航线，拓展战略性航线，积极构建枢纽中转航线网络；到2025年，国内客运通航点达到185个，国际（地区）航线数量达到

3月11日	荣获"最佳环境及氛围奖""最佳旅客服务奖"
3月29日	重庆航空从重庆往返北京的航班全部转场至北京大兴机场运行
5月15日	江北机场公司成立
6月9日	T3B航站楼、第四跑道及配套设施建设工程获批
6月19日	新开首尔—重庆—安克雷奇—芝加哥全货运航线
6月24日	重庆江北机场迎来2020年第一架新飞机
7月1日	重庆江北机场将新增和加密多条旅游航线
8月13日	仙女山机场飞行校验工作正式开始
11月10日	重庆江北机场正式迎来ARJ21飞机
11月25日	T3B航站楼及第四跑道工程正式开工建设
12月2日	成功举行了航空器突发事件应急救援综合演练

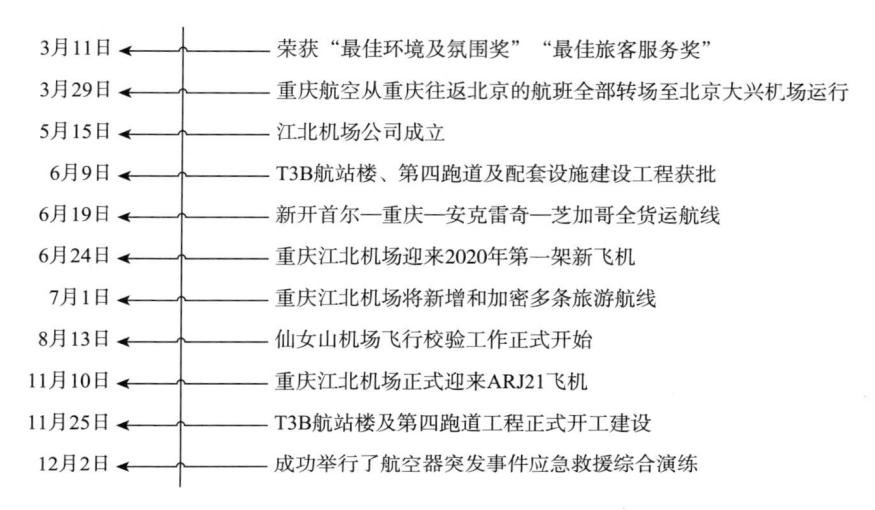

图 6-13 2020 年重庆江北机场大事记

115 条。(4) 通用航空发展取得新突破，新开工建设一批通用机场，完善支线机场通航设施；深入推进低空空域管理改革，全面提高空域使用效率；加快完善通用航空运营和服务保障体系，构建通用航空产业协同发展体系，加快通用航空全产业链发展。(5) 临空经济发展迈上新台阶，到 2025 年，基本建成开放引领、特色明显、动力强劲的国家级临空经济示范区，"一核五区"产业空间和"一轴三核九廊"的生态空间格局基本形成；临空经济示范区地区生产总值达 1000 亿元，临空制造业和临空服务业增加值占 GDP 比重超过 70%。(6) 中新（重庆）航空合作持续深化，到 2025 年，中新（重庆）航空合作基本形成客货运航班公交化、运输格局多元化、产业合作双向化格局。以重庆江北机场、新加坡樟宜国际机场为首末站，持续加强两地机场客货运联动和运力投入，进一步提高航线运输效率和运营质量；开通重庆至新加坡旅游包机，形成以代码共享和联盟组建等形式为主的中新航空合作企业。

四　昆明长水国际机场

（一）机场简介

昆明长水机场位于云南省昆明市官渡区长水村，在昆明市东北 24.5 公里处，由云南机场集团有限责任公司运营管理，为全球百强机场之一、国家"十一五"期间唯一批准建设的大型门户枢纽机场，是我国面向东南亚、南亚，连接欧亚非的"中国西南门户国际枢纽机场"。

昆明市先前使用的巫家坝国际机场建于1922年，是中国第二个民用机场。机场虽然经过3次改扩建，但是到2008年时，客运吞吐量已经远超设计容量，机场运营压力巨大。此外，巫家坝国际机场与昆明市中心的直线距离仅为6.6公里，不具备原地扩建的条件。因此，2007年1月29日经国务院和中央军委批准立项，2008年12月5日新机场正式开工建设。2011年5月1日，民航局正式批复定名昆明新机场为"昆明长水国际机场"。2012年6月28日，昆明巫家坝国际机场整体搬迁至昆明长水机场运营。

机场共有两条跑道，东跑道长4500米，西跑道长4000米，机位数量（含组合机位）161个，可满足旅客吞吐量3800万人次、货邮吞吐量95万吨、飞机起降30.3万架次的运行需要。

（二）主要指标分析

2011~2020年昆明长水机场完成旅客吞吐量共计3.61亿人次，保持了快速增长的态势。相比2011年，2020年旅客吞吐量同比增长了48.13%，其中2013年增速最高，达到23.8%，2015年以后旅客吞吐量增速持续下降，2019年增速低至2.1%，2020年出现负增长，降幅达31.4%（见图6-14）。继2011年旅客吞吐量突破2000万人次后，2014年突破3000万人次，2016年突破4000万人次。10年间昆明长水机场旅客吞吐量排名一直稳定在全国前七，2020年旅客吞吐量3298.91万人次，在全国同行业排名第六。

2011~2020年昆明长水机场完成货邮吞吐量共计347.04万吨，10年来保持了震荡上升态势。其中货邮吞吐量既有2013年、2015年10%以上的增速，也有2011年、2012年、2019年、2020年增速为负的情况（见图6-15）。10年间货邮吞吐量排名均在全国前12，排名比较稳定。2020年货邮吞吐量32.5万吨，在全国同行业排名第12。

2011~2020年昆明长水机场完成起降架次共计288.81万架次，10年间起降架次有两次跃升，第一次出现在2013年，增速达到了26.9%，为10年内增速最高；第二次出现在2015年，增速超过了10%。2015年以后增速一直在缓慢下降，至2019年首次出现负增长，增速为-1%，2020年持续负增长，增速为-23.1%（见图6-16）。10年间昆明长水机场飞机起降架次

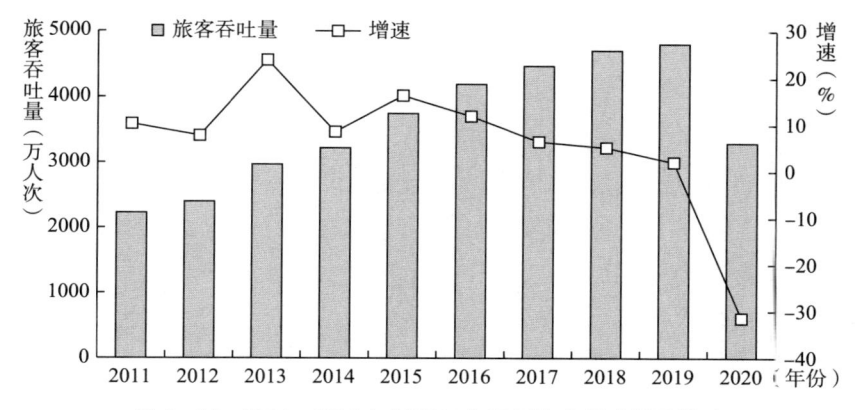

图 6-14　2011~2020 年昆明长水机场旅客吞吐量及增速

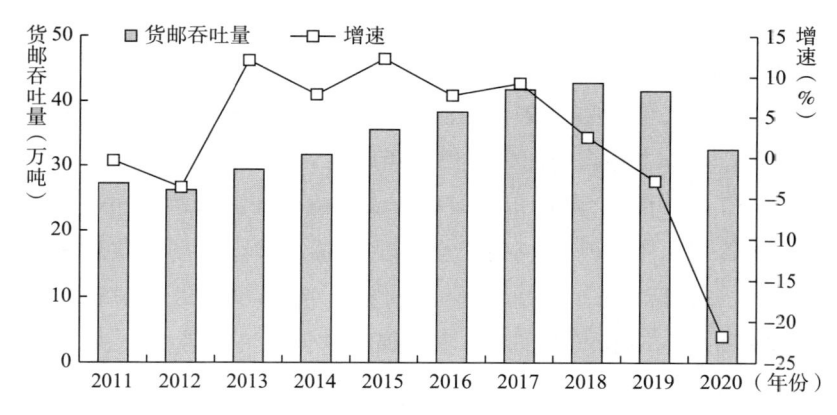

图 6-15　2011~2020 年昆明长水机场货邮吞吐量及增速

排名均在全国前十。2020 年昆明长水机场完成起降架次 27.28 万架次，在全国同行业排名第七。

（三）2020 年重点事件分析

2020 年 4 月 27 日，昆明长水机场荣获 2019 年度 CAPSE 机场交通服务提升卓越奖。

2020 年 4 月 30 日，昆明市推动经济社会高质量发展第四次新闻发布会举行，昆明市交通运输局副局长袁俊介绍，昆明市交通运输行业新基建重点项目有 34 个，总投资达 7110.69 亿元，2020 年计划完成投资 208.92 亿元。其中，昆明长水机场将新建 3 条跑道，中央航站区新建 T2 航站楼和 S2 卫星厅，计划完成投资 12.8 亿元。

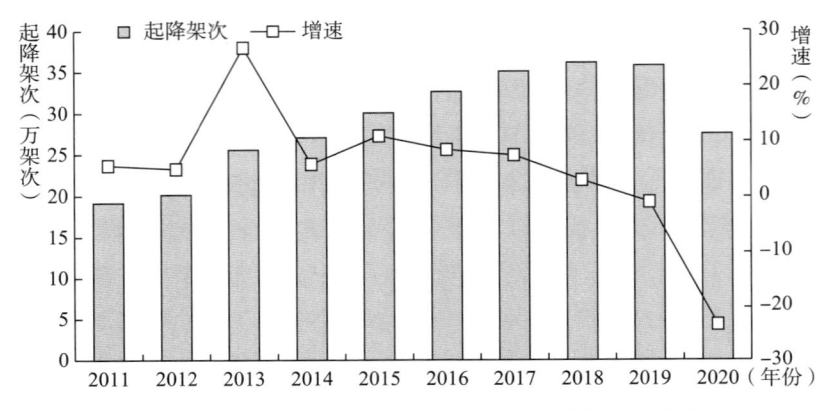

图 6-16　2011~2020 年昆明长水机场起降架次及增速

2020 年 7 月 1 日起，昆明长水机场启动旅客服务提质升级"十项行动"。按照民航局《中国民航四型机场建设行动纲要（2020-2035 年）》的要求，昆明长水机场着力打造国际航空枢纽品牌，进一步查找服务现场和旅客关注重点环节中存在的问题，使机场的服务品质再提升。

2020 年 7 月 20 日，昆明市政府联合云南滇中新区管理委员会、民航云南安全监督管理局正式公布《关于公布昆明长水国际机场净空保护区的通告》，昆明长水国际机场净空保护区范围将由原来的 1028 平方公里扩增至 1068 平方公里，同时新增加了净空安全保护监督举报电话。

2020 年 9 月 8 日，昆明长水国际机场有限责任公司党委荣获"全国抗击新冠肺炎疫情先进集体"称号。

2020 年 9 月 9 日，瑞丽航空 DR6521 航班从昆明长水机场起飞，瑞丽航空新开的昆明—唐山—沈阳航班正式开始运营。图 6-17 为 2020 年昆明长水机场大事记。

4月27日	荣获2019年度CAPSE机场交通服务提升卓越奖
7月1日	启动旅客服务提质升级"十项行动"
7月20日	《关于公布昆明长水国际机场净空保护区的通告》正式公布
9月8日	昆明长水国际机场有限责任公司党委荣获"全国抗击新冠肺炎疫情先进集体"称号
9月9日	昆明—唐山—沈阳航班正式开始运营

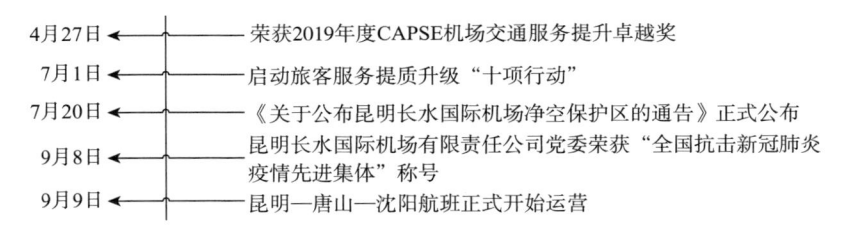

图 6-17　2020 年昆明长水机场大事记

（四）发展规划

2019年9月，民航局批复《昆明长水国际机场总体规划（2019版）》。新修编的总体规划按照满足近期2030年旅客吞吐量1.2亿人次、货运吞吐量120万吨、飞机起降架次76.2万架次，远期2050年旅客吞吐量1.4亿人次、货邮吞吐量300万吨、飞机起降架次84.8万架次的需求进行用地控制。近期规划新建东二、西二、西三3条跑道，中央航站区新建T2航站楼和S2卫星厅，远期规划预留西航站区。

云南将在"十四五"期间新建红河蒙自机场、怒江机场、元阳机场、宣威机场、楚雄机场、丘北机场和玉溪机场，并改扩建昆明长水机场、西双版纳机场、丽江机场等一批运输机场，迁建昭通机场、普洱机场，新建弥勒机场、凤庆机场、永德机场等一批通用机场，开展景东机场、勐腊机场、永善机场前期工作。5年内，云南将共计开工新建9个运输机场以及29个A类通用机场，到2025年，全省在建和运营运输机场总数达到20个，航线数量达到550条，通航城市达到210个。

以《昆明长水国际机场总体规划（2019版）》为契机，加快推进昆明长水机场改扩建，是适应经济社会发展需要，也是响应国家"一带一路"倡议和长江经济带战略的重要举措，将进一步提高昆明对内对外开放开发和辐射能力，全面提升基础设施保障能力。围绕"滇中崛起、沿边开放、滇东北开发、滇西一体化"的空间布局思路，结合云南省实施新型城镇化大发展和滇中城市群建设方案，推进运输机场建设布局，着力构建以昆明国际航空枢纽为核心，丽江、西双版纳、芒市为区域次枢纽，其他支线机场为补充的全省运输机场体系。打造昆明国际航空枢纽，加快机场改扩建工程。加快完善货运、机务维修、航空公司基地、航油、口岸等各类配套设施，提升昆明长水国际机场基础设施保障能力和运行效率。

第七章

中部地区航空物流枢纽发展分析

中部地区包括山西、河南、安徽、湖北、江西、湖南六个相邻的省份，2019年底这六个省份共计拥有27个机场，本章的研究对象为郑州新郑国际机场（以下简称郑州新郑机场）、武汉天河国际机场（以下简称武汉天河机场）、长沙黄花国际机场（以下简称长沙黄花机场）。

第一节 发展概述

中部地区入选国家航空物流枢纽承载城市的有郑州、武汉和长沙三个城市，涉及郑州新郑机场、武汉天河机场、长沙黄花机场。

中部地区包括长江中游城市群和中原城市群两大国家级城市群，其中长江中游城市群是以武汉城市圈、环长株潭城市群、环鄱阳湖城市群为主体形成的特大型城市群。中部地区包括山西、安徽、江西、河南、湖北、湖南六省，土地面积102.8万平方公里，占全国陆地国土总面积的10.7%，人口总数占全国总人口的1/4，是我国重要的粮食生产基地、能源原材料基地、现代装备制造及高技术产业基地和综合交通运输枢纽。2016年，国家发改委在《促进中部地区崛起"十三五"规划》中提出"中部地区是我国新一轮工业化、城镇化、信息化和农业现代化的重点区域，是扩大内需、提升开放水平最具潜力的区域"。

随着我国产业结构的调整，一些适合航空运输的产品生产基础开始向中西部地区转移，航空货运市场内移趋势明显，以郑州航空港经济综合实验区为代表的临空经济区抓住产业梯度转移的机遇，已经成为产业发展的新高地，航空物流枢纽也随之崛起。

2011~2020年中部地区入选国家航空物流枢纽机场的主要生产指标保持平稳较快增长，10年间旅客吞吐量超过5亿人次，累计完成5.7536亿人次，三个机场对旅客吞吐量的贡献率相差不大；累计完成货邮吞吐量699.4143万吨，其中郑州新郑机场在三个机场中表现最为突出，货邮吞吐量接近武汉天河机场与长沙黄花机场之和；累计完成飞机起降架次477.0538万架次，其中三个机场起降架次与旅客吞吐量的情况较为类似，不存在明显差异，如表7-1和图7-1所示。

表7-1 2011~2020年中部地区入选机场主要生产指标

生产指标	郑州新郑机场	长沙黄花机场	武汉天河机场	总计
旅客吞吐量（万人次）	19099.9566	19764.0387	18672.1384	57536.1337
货邮吞吐量（万吨）	391.9249	138.2357	169.2537	699.4143
起降架次（万架次）	161.0760	157.4128	158.5650	477.0538

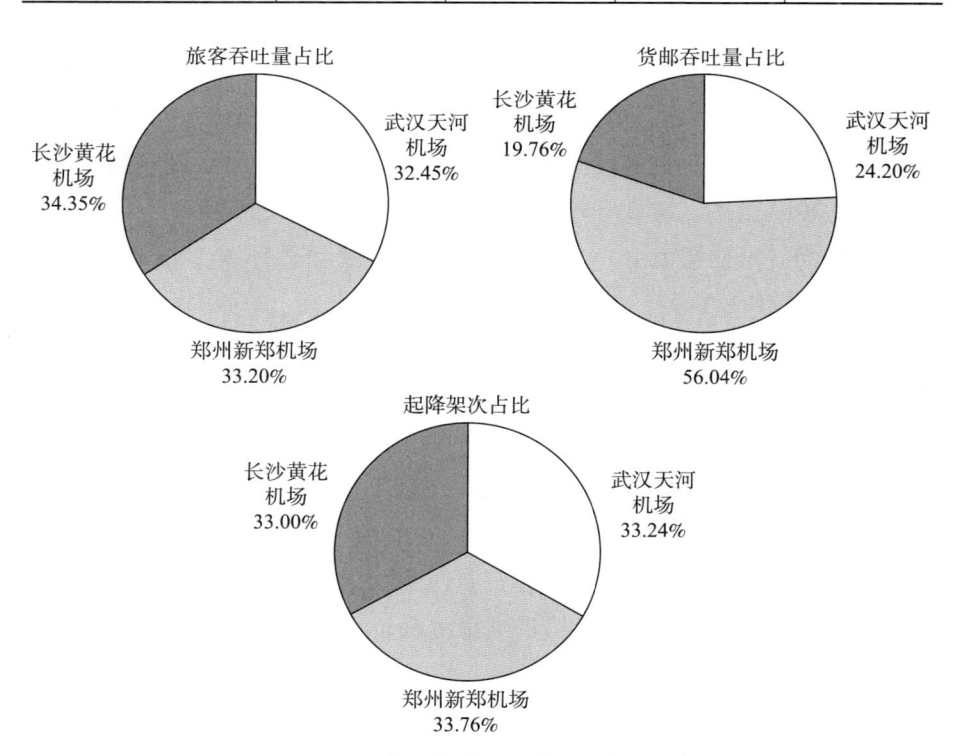

图7-1 2011~2020年中部地区入选机场主要生产指标占比

第二节　中部地区重点机场分析

一　郑州新郑国际机场

（一）机场简介

郑州新郑机场位于郑州市东南方，距市区 25 公里，于 1997 年 8 月 28 日建成通航，是中部地区首个拥有双航站楼双跑道的机场，可实现高速公路、地铁、高铁等多种交通方式的无缝衔接。郑州新郑机场是我国重要的干线机场、国家一类航空口岸，占地 1.6 万亩，拥有 4E 和 4F 级两条跑道，两个航站楼，客机停机位 149 个，货机停机位 9 个，保障能力可达年旅客吞吐量 4000 万人次、货邮吞吐量 70 万吨。

以郑州新郑机场为核心的郑州航空港经济综合实验区是国家级航空港经济综合实验区。郑州新郑机场也是国家一类航空口岸，拥有水果、冰鲜水产品、食用水生动物、肉类、澳洲活牛等多个指定商品进口口岸及国际邮件枢纽口岸，是国内进口指定口岸数量最多、种类最全的内陆机场。

截至 2019 年底，在郑州新郑机场运营的货运航空公司达 22 家，开通货运航线 37 条，通航城市 46 个。国内外客运航空公司达 59 家，开通航线 218 条，通航城市 121 个。

（二）主要指标分析

2011~2020 年郑州新郑机场完成旅客吞吐量共计 1.91 亿人次，10 年间旅客吞吐量呈现较快增长的趋势。2011 年郑州新郑机场旅客吞吐量突破 1000 万人次，2016 年突破 2000 万人次。从增速来看，增速超过 15% 的年份有 3 个，增速最快的 2014 年同比增长 20.3%，2015 年增速略有回落，但 2016 年再次实现 20.0% 的迅猛增长（见图 7-2）。自 2017 年起，旅客吞吐量连续 4 年居中部地区机场第一位。2020 年完成旅客吞吐量 2140.67 万人次，在全国同行业排名第 11。

2011~2020 年郑州新郑机场完成货邮吞吐量共计 391.92 万吨，10 年间货邮吞吐量呈现较快增长的趋势。2011 年郑州新郑机场货邮吞吐量突破 10 万吨，2013 年突破 20 万吨，2017 年突破 50 万吨，平均不到两年就增长 10

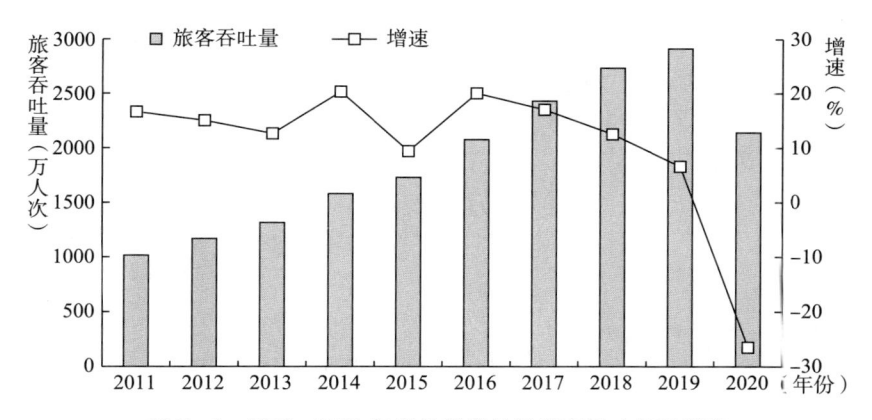

图 7-2　2011~2020 年郑州新郑机场旅客吞吐量及增速

万吨。2017 年之后货邮吞吐量增长开始进入瓶颈期。从增速来看，增速最高的 2013 年同比增长了 69.1%，之后增速开始下滑（见图 7-3）。从 2012 年起，郑州新郑机场货邮吞吐量连续 8 年居中部地区机场第一位，并于 2014 年跃居全国机场前十位。2020 年完成货邮吞吐量 63.94 万吨，在全国同行业排名第六。

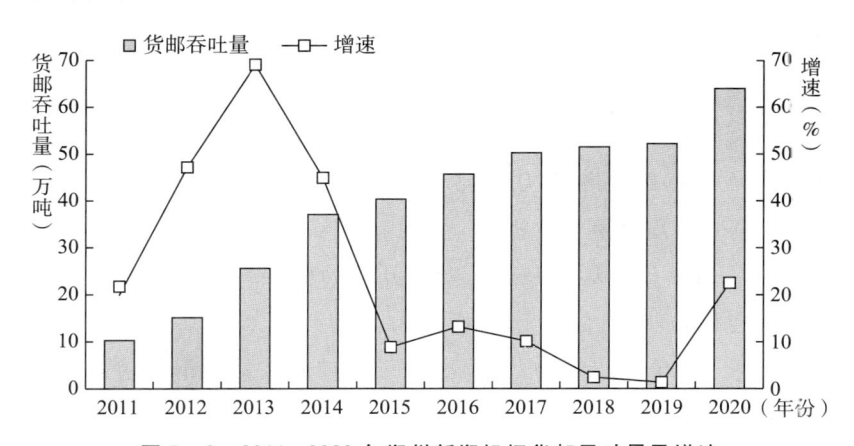

图 7-3　2011~2020 年郑州新郑机场货邮吞吐量及增速

2011~2020 年郑州新郑机场完成起降架次共计 161.08 万架次，10 年间起降架次总体呈增长的趋势。从增速来看，10 年来有 4 年的增速在 15% 以上，其中 2012 年增速最高，同比增长了 17.5%，并且当年起降架次突破了 10 万架次，2018 年突破了 20 万架次（见图 7-4）。从 2016 年起，郑州新郑机场起降架次连续五年位居中部地区机场第一。2020 年完成起降架次

17.87万架次,在全国同行业排名第14。

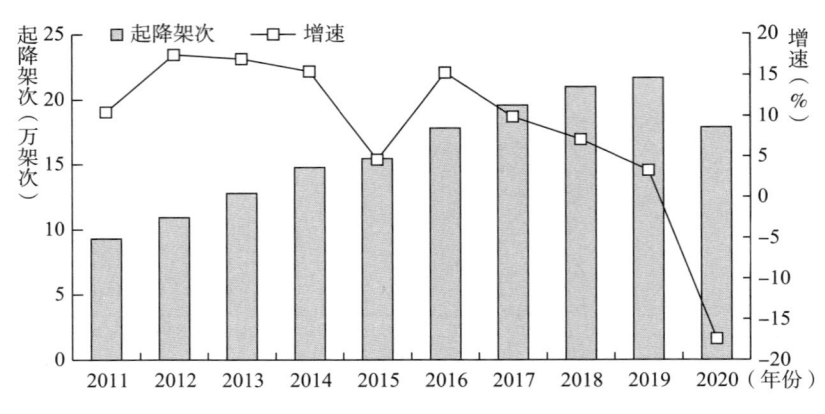

图7-4 2011~2020年郑州新郑机场起降架次及增速

近年来,郑州新郑机场通过实施"货运为先,以货带客;国际为先,以外带内;以干为先,公铁集疏"的发展战略,航空客货运得到快速发展,在民航业内走出了一条差异化发展新路径,"空中丝绸之路"平台的支撑和引领作用日益显现。凭借着客货运航线的通达性、一流基础设施的保障性、越来越便利化的大通关环境,郑州新郑机场在国内200多个机场中已形成独有的核心竞争力,并发挥出明显的社会效益和经济效益。2011~2020年郑州新郑机场货邮吞吐量保持正增长,2016年货邮吞吐量已居全国第七位,2017年货邮吞吐量首次突破50万吨,第一次跻身世界50强。

（三）2020年重点事件分析

2020年1月8日,郑州新郑机场新开辟的中国郑州—泰国曼谷跨境电商专线货运包机首航成功。

2020年1月26日,"空中丝绸之路"中匈航空货运枢纽项目签约仪式在郑州新郑机场举行。根据协议,河南机场集团将在欧洲首次合作设立海外货站,这在我国民航业还是首次。

2020年4月16日,郑州新郑机场北货运区工程、中国邮政郑州航空邮件处理中心项目同时举行开工仪式。郑州航空邮件处理中心项目作为郑州新郑机场三期工程北货运区的重要配套设施,将成为继北京、上海、广州之后第四大国际邮件集散口岸的核心工程。

2020年5月10日,作为河南省首家以郑州新郑机场为主运营基地的货运航空公司——中州航空公司在郑州新郑机场举行开航仪式。中州航空开航运营后，将提升河南省航空货运能力，增强河南省物流行业竞争力。

2020年5月14日，河南机场集团与桂林航空公司签署战略合作协议并宣布桂林航空郑州运营基地正式启动。至此，在郑州新郑机场运营的客运航空公司中，已有南航、西部航、深航、祥鹏航、桂林航五家基地公司。

2020年6月9日，河南首家基地全货运航空公司中原龙浩航空首条串飞郑州、广州"双基地"的国际货运航线开通，进一步"织密"了"空中丝绸之路"航线网络。

2020年6月23日，一架载有4727袋85吨邮件的飞机从郑州顺利起航，飞向德国法兰克福，标志着中国邮政号"郑州—欧洲"定期全货机邮件专线正式开通，这也是2020年以来河南邮政继郑州至首尔、郑州至东京邮航线路开通后，新开通的第3条国际航空邮路。

2020年9月8日，郑卢"空中丝绸之路"亮相2020年服贸会。2020年中国国际服务贸易交易会上唯一的航空类论坛——第二届"空中丝绸之路"国际合作峰会在北京开幕。

2020年9月21日，一架满载乘客的空客A320飞机平稳降落在郑州新郑机场，标志着柬埔寨王国国家航空吴哥航空公司正式开通金边至郑州的国际航线。

2020年10月12日，吉祥航空执飞郑州至赫尔辛基航线，这标志着自疫情发生以来我国民航企业新开的首条洲际航线——郑州至赫尔辛基定期客运航线顺利开航。

2020年10月20日，郑州新郑机场单日货量首次突破3100吨，达到3165吨，同比增长67%，再创历史新高。

2020年10月29日，郑州新郑机场再获中国民用机场服务质量评价优秀机场荣誉。

2020年12月30日，郑州新郑机场航空电子货运信息服务平台正式上线。郑州新郑机场作为民航局批准的目前国内唯一一个电子货运试点机场，将为全行业航空物流互联互通平台建设提供新实践、新理论、新方案。图7-5为2020年郑州新郑机场大事记。

1月8日	中国郑州—泰国曼谷跨境电商专线货运包机首航成功
1月26日	"空中丝绸之路"中匈航空货运枢纽项目在郑州新郑机场签约
4月16日	郑州新郑机场北货运区工程举行开工仪式
5月10日	中州航空公司在郑州新郑机场举行开航仪式
5月14日	桂林航空郑州运营基地正式启动
6月9日	首条串飞郑州、广州"双基地"的国际货运航线开通
6月23日	中国邮政号"郑州—欧洲"定期全货机邮件专线正式开通
9月8日	郑卢"空中丝绸之路"亮相2020年服贸会
9月21日	金边至郑州的国际航线正式开通
10月12日	郑州至赫尔辛基定期客运航线顺利开航
10月29日	再次获得中国民用机场服务质量评价优秀机场荣誉
12月30日	郑州新郑机场航空电子货运信息服务平台正式上线

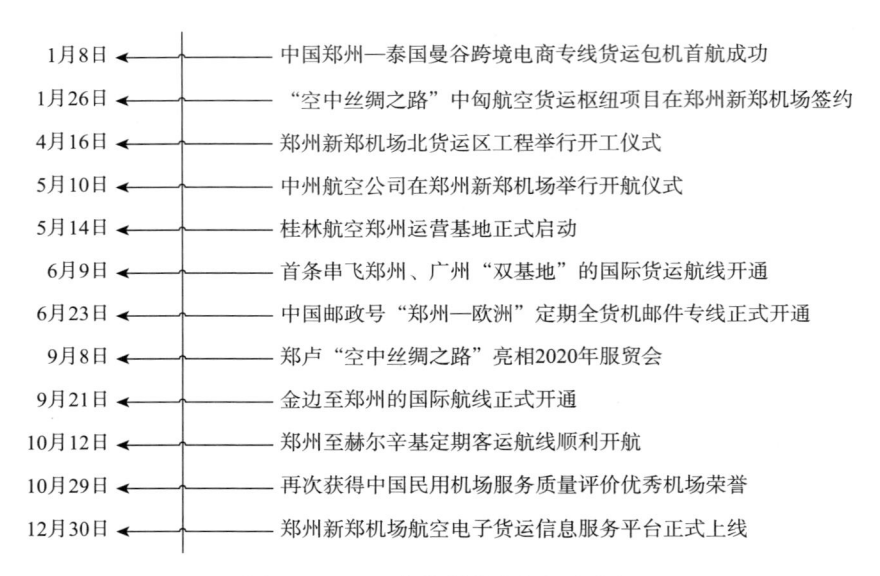

图 7-5　2020 年郑州新郑机场大事记

（四）发展规划

围绕国际航空货运枢纽战略目标，郑州新郑机场定位为区域航空客运枢纽、国际航空货运枢纽，贯彻平安、绿色、智慧、人文"四型机场"的发展理念，达到了国际一流航空枢纽水平，未来将成为推动中部地区高质量发展的新动力源。郑州新郑机场按照满足 2035 年飞机起降 77.1 万架次、旅客吞吐量 1 亿人次、货邮吞吐量 500 万吨的需求进行规划，用地面积约 53.3 平方公里，包括 5 条跑道、3 座航站楼、3 个货运区、2 个综合交通换乘中心和 1 座卫星厅，规划 6 条轨道交通引入机场。飞行区规划 5 条平行跑道，在南一和北一跑道之间规划中央航站区，形成三座航站楼+卫星厅布局。规划 T3 航站楼综合交通中心，规划货运空铁联运专线。《郑州新郑国际机场总体规划（2021 年版）》为郑州新郑机场擘画了未来 15 年的发展蓝图，2035 年将建成以郑州新郑机场为平台、功能完善、特色鲜明、协同高效的航空货运生态体系，打造辐射全球的国际航空货运（综合）枢纽，航空货、客运吞吐量进入全球前列，成为引领中部地区实现现代化的强大动力源。根据规划，郑州新郑机场在"十四五"时期，旅客吞吐量达到 4500 万人次，货邮吞吐量突破 100 万吨。根据计划，将利用好第五航权，积极争取第七航权，并强化航空客货运配套体系建设，加快机场三期工程建设，提升郑州新郑机场保障能力。推进郑州空港型国家物流枢纽建设，优化机场货运设施总体布局，提升专业服务能力与效率，持续提升通关效率，优化机场中转流程，实现"货畅其流、人享其行"。

二 长沙黄花国际机场

（一）机场简介

长沙黄花机场位于湖南省长沙市城东黄花镇，距离长沙城区约20公里，为4F级民用机场。长沙黄花机场于1986年6月25日动工，1989年8月29日首航。现有2条跑道，第一跑道长3200米、宽45米，第二跑道长3800米、宽60米，能够起降空客A380等大型飞机，可满足年旅客吞吐量3100万人次、货邮吞吐量32万吨、飞机起降24.4万架次的使用需求。

长沙黄花机场现有通往国内、国际定期航线100余条，共有31家中外航空公司在长沙运营，有中国南方航空公司、厦门航空公司、奥凯航空公司等5家航空公司在此设立运营基地。

长沙黄花机场以区域性枢纽机场为目标定位持续发力，致力于构建"4小时航空经济圈"。以长沙为中心的4小时航程，国内可覆盖除乌鲁木齐以外的所有省会（首府）城市和直辖市、95%以上的地级城市以及港澳台地区；国外可覆盖17个国家69个有国际机场的城市，其中，15个国家位于"一带一路"沿线。"4小时航空经济圈"为湖南搭建了参与区域与国际合作的主要平台，湖南将在更大范围内更大规模整合资源，形成区域竞争新优势。

（二）主要指标分析

2011~2020年长沙黄花机场完成旅客吞吐量共计1.98亿人次，10年间旅客吞吐量呈现稳步增长的趋势。长沙黄花机场旅客吞吐量在2011年至2014年的增速先降后增，2015年增速进一步降低，2016年再次实现高速增长，且当年旅客吞吐量突破2000万人次，之后几年增速再次下降，2020年甚至出现负增长，降幅为28.6%（见图7-6）。2020年长沙黄花机场完成旅客吞吐量1922.38万人次，在全国同行业排名第13。

2011~2020年长沙黄花机场完成货邮吞吐量共计138.24万吨。10年间货邮吞吐量虽然震荡上涨，但是涨幅不大，货邮吞吐量始终未能突破20万吨。从增速来看，10年来多数时间增速在6%以上，在2012年、2015年两

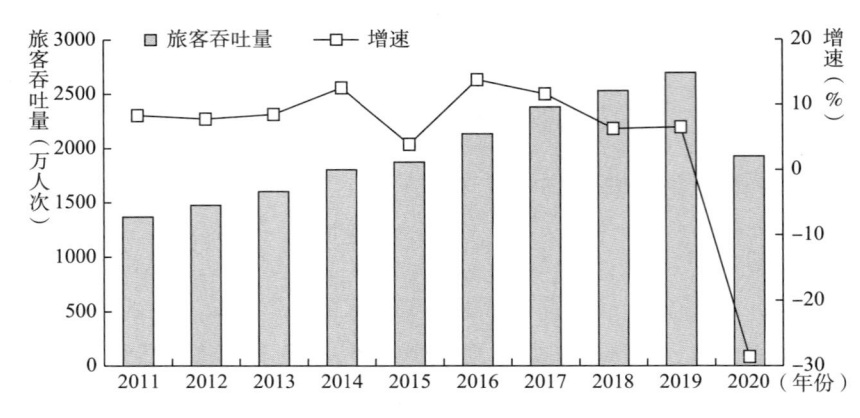

图 7-6　2011~2020 年长沙黄花机场旅客吞吐量及增速

次出现负增长（见图 7-7）。2020 年长沙黄花机场完成货邮吞吐量 19.2 万吨，在全国同行业排名第 15。

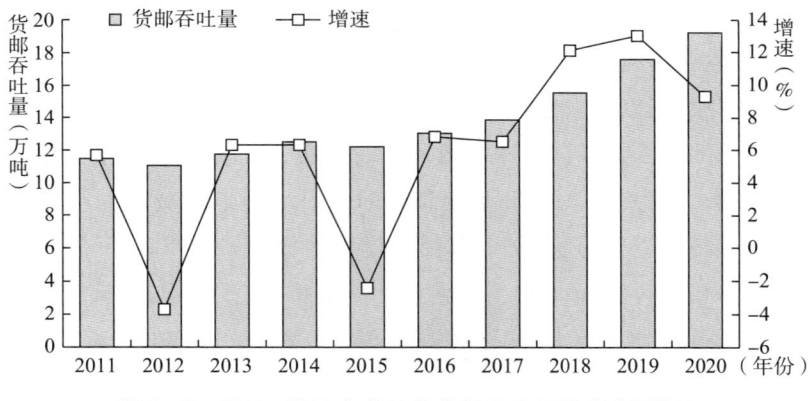

图 7-7　2011~2020 年长沙黄花机场货邮吞吐量及增速

2011~2020 年长沙黄花机场完成起降架次 157.41 万架次，10 年间呈现缓慢增长的趋势。10 年间，长沙黄花机场年起降架次均在 10 万架次以上，但始终未能突破 20 万架次。从增速来看，2014 年增速最高，为 10.5%，增速最低的是 2020 年，降幅为 20.3%（见图 7-8）。2020 年长沙黄花机场完成起降架次 15.63 万架次，在全国同行业排名第 15。

（三）2020 年重点事件分析

2020 年 1 月 29 日 6 点，载着 1097 公斤/6 个托盘援助武汉的海南航空 HU7924 次航班，从美国洛杉矶机场出发抵达湖南长沙黄花机场。这是湖南

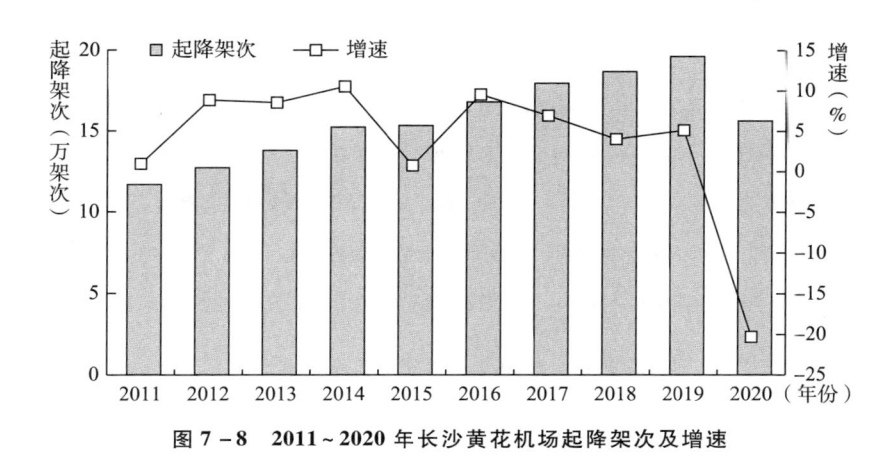

图 7-8　2011~2020 年长沙黄花机场起降架次及增速

首批由北美华人组织经长沙清关放行转运至武汉的捐赠（免税）型医疗物资。

2020 年 2 月 24 日，为了满足社会各界复工复产的航空运输需求，湖南机场集团全力护航复工复产，陆续恢复和加密了长沙黄花机场多条国内航线航班。

2020 年 4 月 7 日，长沙黄花机场改扩建工程计划获国家发改委批复立项，计划于 2020 年 10 月底开工。按总体规划，本期建设内容包括 50 万平方米的 T3 航站楼、2.6 万平方米的登机桥系统、28.5 万平方米的综合交通中心等。到 2030 年，长沙黄花机场可满足年旅客吞吐量 6000 万人次的出行需求。

2020 年 7 月 28 日至 30 日，湖南空管分局配合中南空管局设备巡检小组完成了长沙黄花机场多点定位系统的巡检工作。

2020 年 10 月 13 日，在经过三个月的紧张施工后，由中建五局三公司承建的长沙黄花 3 号货站综合业务楼实现主体封顶，为新货站年底建成投用奠定坚实基础。

2020 年 12 月 3 日，湖南投资规模最大的单体项目——长沙黄花机场改扩建暨综合交通枢纽工程启动。3 条跑道和 70 多万平方米航站楼，可满足年旅客吞吐量 6000 万人次、货邮吞吐量 60 万吨的需求，乘客 5 分钟即可轻松换乘各类交通工具。改扩建后的长沙黄花机场，将在满足人民美好航空出行需要的同时，极大带动临空经济区和航空产业发展，为民航强国建设贡献更大力量，为湖南加快实施"三高四新"发展战略带来新的动力，成为湖南飞向世界的新"引擎"。图7-9为2020年长沙黄花机场大事记。

```
1月29日  ——  北美华人援助武汉的救援物资抵达长沙黄花机场
2月24日  ——  恢复和加密了长沙黄花机场多条国内航线
4月7日   ——  改扩建工程计划获国家发改委批复立项
7月28日  ——  巡检小组对长沙黄花机场进行多点定位巡检工作
12月3日  ——  长沙黄花机场改扩建暨综合交通枢纽工程启动
```

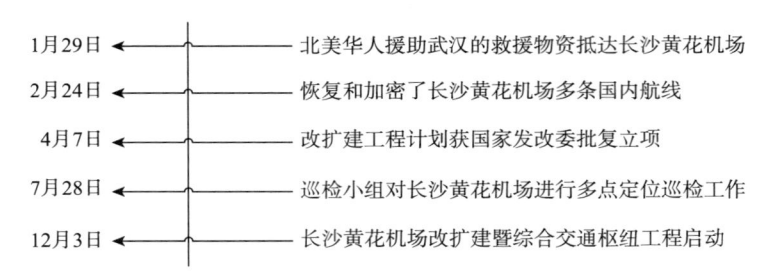

图7-9　2020年长沙黄花机场大事记

（四）发展规划

根据《长沙黄花国际机场总体规划（2019版）》，长沙黄花机场定位为我国中南机场群中带动区域特色经济发展的区域枢纽机场与重要的国际机场、打造空地无缝高效衔接的综合交通枢纽；远期为拥有多家基地公司进驻的国内大型枢纽机场与重要的国际机场、国家中部地区临空产业结构带动核心、长江中游重要的国际空港枢纽。长沙黄花机场近期规划用地面积约19.1平方公里，远期规划用地面积约35.2平方公里。客运吞吐量方面，长沙黄花机场将按照近期2030年旅客吞吐量6000万人次、货邮吞吐量60万吨、飞机起降45.6万架次，远期2050年旅客吞吐量9000万人次、货邮吞吐量150万吨、飞机起降61.5万架次的需求进行规划控制。规模设计方面，长沙黄花机场预计拥有4条跑道、431个机位和4座航站楼，并与地铁、高铁、磁悬浮、城际快线等有机衔接，形成"双井三横"的道路交通快速集散体系。

长沙黄花机场片规划范围西至机场大道，北至长浏高速公路，东至规划长攸高速公路，南至规划香樟路，规划用地面积约42.46平方公里，涵盖机场总体规划范围。片区规划城乡建设用地面积为2188.42公顷（含远景用地中的道路），范围内规划人口控制在1万人以内。片区主要功能为机场功能，西北侧配套了极少量的居住和商业用地。公共设施方面，将规划1所九年一贯制学校，机场内的公共服务设施按机场建设需求进行配置。片区规划形成"两廊五轴多点"的绿地系统，"两廊"为沿金阳大道、长浏高速的生态廊道以及沿长攸高速的生态廊道，"五轴"为中轴大道景观轴、香樟路景观轴、机场大道景观轴、机场中轴大道景观轴以及通航路景观轴,"多点"为范围内几处点状公园绿地。片区规划人均公园绿地面积为68.74平方米。

三 武汉天河国际机场

(一) 机场简介

武汉天河机场位于湖北省武汉市黄陂区,距离武汉市区约26公里。武汉天河机场建立于1990年,1995年正式建成通航,机场等级为4F级,拥有2条跑道,长度分别为3400米和3600米;共有机位117个,航空货站5.6042万平方米,可满足年旅客吞吐量3500万人次、货邮吞吐量44万吨、飞机起降40.4万架次的需要。2019年1月1日起,武汉天河机场开始实行144小时过境免签政策。目前有南航湖北分公司、东航武汉公司、国航湖北分公司和友和道通航空公司4家基地航空公司。

武汉天河机场拥有进境种苗、药品、食用水生动物、冰鲜水产品、水果等口岸资质,货运航线连通欧美,航线网络覆盖五大洲,总通航点达到132个,其中国际及地区通航点达52个,飞往芝加哥、列日等27个国家和地区。机场已经将机场货站海关监管区功能延伸至东湖综合保税区,通过光谷城市货站开展国际货运业务,大力发展物流服务中心项目、跨境电子商务业务、快件监管业务、冷链物流设施项目和园区加工贸易项目等。

(二) 主要指标分析

2011~2020年武汉天河机场完成旅客吞吐量共计1.87亿人次,2011~2019年,旅客吞吐量快速增长,并于2016年突破2000万人次。从增速来看,2011~2019年,增速基本保持在10%上下,2020年,受疫情影响,武汉天河机场旅客吞吐量首次出现负增长,降幅为52.8%(见图7-10)。2020年武汉天河机场完成旅客吞吐量1280.21万人次,在全国同行业排名第23。

2011~2020年武汉天河机场完成货邮吞吐量共计169.25万吨。2017年之前机场货邮吞吐量增速平均在8%左右,2018年货邮吞吐量实现20%左右的增长,货邮吞吐量一举突破20万吨(见图7-11)。2020年完成货邮吞吐量18.94万吨,在全国同行业排名第16。

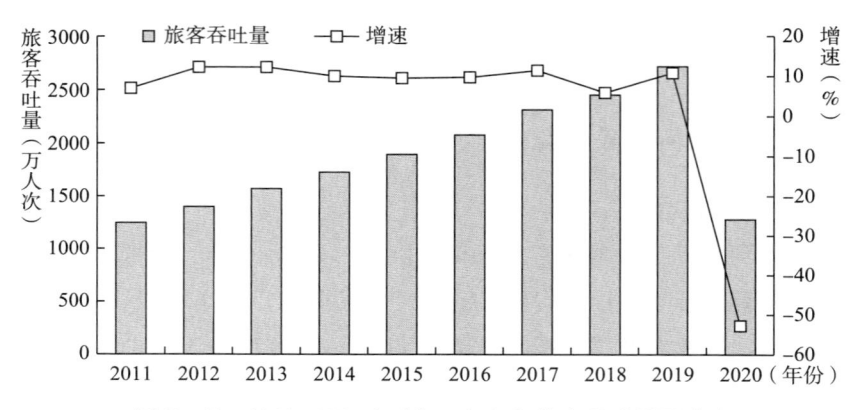

图 7-10　2011~2020 年武汉天河机场旅客吞吐量及增速

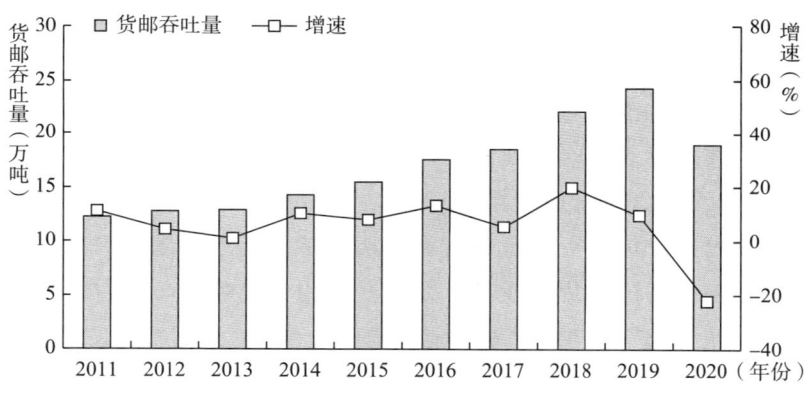

图 7-11　2011~2020 年武汉天河机场货邮吞吐量及增速

2011~2020 年武汉天河机场完成起降架次共计 158.57 万架次。2011~2019 年，武汉天河机场起降架次总体平稳增长，2019 年突破 20 万架次。2020 年，机场起降架次骤降。从增速来看，2012 年和 2013 年增速较高，分别达到 13.2% 和 12.2%（见图 7-12）。2020 年完成起降架次 11.52 万架次，在全国同行业排名第 23。

（三）2020 年重点事件分析

2020 年 1 月 24 日，武汉天河机场本场计划航班 6 架次（三进三出），均为国际航班进港，空返出港，实现罕见的"零出港"。此外，顺丰航空的两架波音 757 加班航班分别由深圳和杭州飞抵武汉，运送顺丰航空募集的医疗物资。

图 7-12 2011~2020 年武汉天河机场起降架次及增速

2020 年 4 月 8 日，停航近两个半月的武汉天河机场恢复民航运营。

2020 年 4 月 17 日，武汉天河机场新建国际库项目筹建。该项目位于湖北省武汉市天河机场货运区，总投资约 1.69 亿元，用地面积 5.36 万平方米，建筑总面积约 3 万平方米，包括国际货运站、海关卡口、业务用房、卡口雨棚、门卫、卡口弱电机房、消防水池及消防水泵房等，建成后将极大完善武汉天河机场的国际货物处理功能。该项目由武汉天河机场有限责任公司投资建设、中国中元国际工程有限公司设计、中建三局第一建设工程有限责任公司承建。

2020 年 4 月 24 日下午，1.2 万票共计 3000 多公斤的跨境电商货物在武汉天河机场国际快件监管中心完成出口通关后，搭乘 RW417 全货机航班飞往菲律宾马尼拉，当天还有 3500 票的货物从武汉直飞洛杉矶，跨境电商业务量远超 2019 年全年水平。

2020 年 5 月 10 日 14 时 36 分，奥凯航空 BK3209 航班载着 9689 公斤货物从武汉飞往大阪关西，标志着武汉至大阪定期货运航线正式开通，该航线是武汉天河机场 4 月 8 日复航以来开通的首条国际定期货运航线。

2020 年 9 月 11 日，武汉天河机场国内客运航班计划 505 架次，旅客吞吐量约 6.47 万人次，达到 2019 年国内航线同期水平。图 7-13 为 2020 年武汉天河机场大事记。

（四）发展规划

民航局批复了《武汉天河国际机场总体规划（2019 版）》，进一步明确

```
1月24日 ←———— 武汉天河机场实现罕见"零出港"
4月8日  ←———— 停航近两个半月的武汉天河机场恢复民航运营
4月17日 ←———— 武汉天河机场新建国际库项目筹建
4月24日 ←———— 跨境电商业务量远超2019年全年水平
5月10日 ←———— 武汉至大阪定期货运航线正式开通
9月11日 ←———— 国内客运航班计划和旅客吞吐量均达2019年同期水平
```

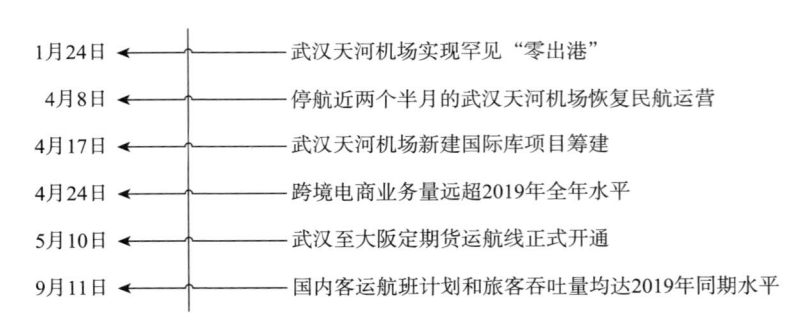

图7-13 2020年武汉天河机场大事记

了武汉天河机场区域枢纽机场、大型机场的战略定位。近期2030年，拟新建第三跑道、T4航站楼、T3航站楼卫星厅等，满足年旅客吞吐量6800万人次、货邮吞吐量80万吨、飞机起降47万架次的需求；远期2050年，拟新建第四跑道、第五跑道、T5航站楼及其卫星厅等，满足年旅客吞吐量1.2亿人次、货邮吞吐量200万吨、飞机起降75万架次的需求。

乐观预计，到2025年，机场集团年旅客吞吐量达到5000万人次、年货邮吞吐量达到36万吨、年保障航班架次达到40万架次，分别较2019年提高64%、45%和72%；机场集团资产规模达309亿元，非航业务比重超过53%，航空性收入和通航保障收入持续增长，科技创新投入占比达5%以上。武汉天河机场跑道数量增加至3条，高峰小时容量提升至60架次。四型机场示范项目多于2个。与鄂州花湖机场协调发展，全球领先、统筹协调、适度竞争、运行高效的客货双枢纽协同发展机制初步建立。综合经营实力跨上新台阶，门户枢纽建设取得新成效，干支协同发展迈出新步伐，四型机场建设取得新突破，企业治理效能得到新提升，服务区域发展达到新高度。

预计到2035年，集团资产规模、综合实力大幅跃升，价值创造能力处于国内一流，科技创新能力跻身全国创新型机场集团前列。中部国际航空门户枢纽和客货双枢纽体系全面建成，干支机场一体化发展格局形成，综合立体、空地深度融合的机场综合枢纽全面建成，港城联动和协同发展达到新水平，航空产业平台功能更加显著，对将湖北建设成为中部地区重要战略支点的支撑更加有力。集团高质量发展取得重大成效，成为国内一流、具有一定国际知名度的航空产业集团。

武汉天河机场航站区规划目标是 2020 年、2040 年旅客流量分别达到 4200 万人次、7000 万人次，货运量分别达 44 万吨、95 万吨。立足于"机场开发带动周边及区域经济发展"的理念，打造"航空城"，探索可驱动非航空业务的领域和商业运营模式，力图最大化地增加机场的运营利润。

第三篇　专题篇

第八章
"空中丝绸之路"视域下空港型物流枢纽比较研究

2021年全国民航工作会议明确,民航局将围绕"一带一路"倡议,打造西安、郑州、昆明、乌鲁木齐等"空中丝绸之路"核心节点。2021年国家发改委印发《关于做好"十四五"首批国家物流枢纽建设工作的通知》(发改经贸〔2021〕1697号),至此我国已有6个空港型国家物流枢纽上榜:北京、深圳、郑州、重庆、天津、西安。空港型国家物流枢纽与"空中丝绸之路"核心节点高度契合,但又有很多不同:国家物流枢纽建设强调的是货运枢纽、国家级枢纽高质量发展,而"空中丝绸之路"核心节点强调的是客货枢纽能级、国际航空运输通道的国际竞争力和国际空天开放合作平台建设。基于此,在"空中丝绸之路"视域下,如何发挥自身优势,选择合适的航空货运枢纽发展模式,打造良好的合作载体和机制,是当前值得深思的课题。

第一节 "空中丝绸之路"的内涵与空港型物流枢纽的发展

一 "空中丝绸之路"的内涵

(一)"空中丝绸之路"的理论基础
从世界市场理论视角来看[①],"空中丝绸之路"是中国提出的国际经济

---

① 陶林. 全球治理的中国方案:人类命运共同体论略[J]. 武汉理工大学学报(社会科学版),2020(01):7.

发展与全球空天合作治理理念,它表明了中国参与全球空天治理的立场、态度,以及国家间处理空天权益争议问题的原则,提出了合力构建空天命运共同体的要义。它是构建人类命运共同体的中国智慧,是空天全球化变革的中国方案。

从开放经济理论视角来看[1],"空中丝绸之路"是以国际航线与航空口岸为依托,实现各国跨境自由贸易的新通道。中国积极参与全球民航合作,通过空中大通道、临空经济区、民航业的高水平开放平台,构建全方位、立体化、网络状的空天开放系统,通过"空中丝绸之路"与自由贸易港(区)联动,全面深化国际合作,共建"天空命运共同体",谋划中国从民航大国到民航强国的全球战略。

(二)"空中丝绸之路"的内涵

基于新时期国际航空产业、制造业、服务业转移现状,"空中丝绸之路"是中国直面空天产业国际市场的激烈竞争,顺应国际产业转移规律和世界航空航天经济发展大趋势,中国航空企业进一步参与国际经济分工、加快企业国际化和进行国际产业转移,共享全球的市场和资源,通过空港自贸区、综保区、中国民航"一带一路"合作平台、航天国际合作平台,深化沿线国家在飞机制造、航空运输、基础设施建设、装备升级、技术创新、抗疫合作、管理输出等方面的交流与合作,形成紧密的命运共同体和利益共同体,为世界航空航天产业发展贡献的中国智慧[2]。

"空中丝绸之路"丰富和深化了以往"丝绸之路"的探索范围,是丝路学从陆上海上到空中的逐步完善。在"陆上海上丝绸之路"设施建设和亚欧大通道完善的基础之上,中国提出在"空中丝绸之路"上加强国际合作,共建"天空命运共同体"的倡议,拓展了"丝绸之路"的内涵和外延,也在去"西方中心论的阐释框架"中进一步完善中国丝路学话语体系。

王睿和苏嵘[3]认为"空中丝绸之路"必将加速丝绸之路经济带上沿桥沿

---

[1] 于海峰,王方方. 建设新时代中国特色社会主义开放经济理论体系[J]. 东岳论丛,2018(05):14-20.

[2] 夏先良. 构筑"一带一路"国际产能合作体制机制与政策体系[J]. 国际贸易,2015(11):8.

[3] 王睿,苏嵘. 西咸新区空港新城:空中丝绸之路的起点[N]. 陕西日报,2013-09-27(009).

线国家和地区的往来,而以大型空港为依托的临空经济区也将成为丝绸之路经济带融入世界经济发展中最具活力的发展空间。曹允春①认为从空间经济学的理论视角看,在现代化的运输方式中,民航以快捷高效的特点,使得"空中丝绸之路"成为优化我国开放型经济发展空间的加速器,临空经济区必将成为"空中丝绸之路"的战略支点。金真等②指出"空中丝绸之路"并非简单的交通系统工程,它强调物流集散功能,并通过大力发展航空物流业,集聚各种生产要素反哺航空经济,实现了区域物流与产业的融合互动发展。王韬钦③指出"空中丝绸之路"是以国际航线与航空口岸为依托,实现各国跨境自由贸易的新通道,是"陆海丝绸之路"发展的重要补充,也是新时代中国对外贸易往来的重要创新,更符合现代贸易发展的需求,有助于提高中国在世界经济舞台上的话语权与经济治理权。朱维荣④指出构建面向西南开放的"空中丝绸之路"是我国对外开放的国家战略,是构建人类命运共同体的中国智慧,也是对当前部分大国逆全球化的反制与突破。"空中丝绸之路"是践行"亲、诚、惠、容"周边外交理念的具体探索。根据共商、共建、共享原则,积极深化沿线国家在飞机制造、航空运输、装备升级、技术创新、管理输出等方面的交流与合作,形成紧密的命运共同体和利益共同体,促进经济建设与民航事业的可持续健康发展。

二 "一带一路"空港型物流枢纽的发展

空港型物流枢纽目前尚属于全新的概念和全新的研究对象。Neiberger⑤以货运量为指标,提出了"国际重要枢纽机场"(International Primary Hubs)

---

① 曹允春. 临空经济区:空中丝绸之路的战略支点 [J]. 区域经济评论,2015 (5):12.
② 金真,孙兆刚,杨震. 郑州建设国际航空物流中心的推进策略 [J]. 区域经济评论,2018 (1):72-77.
③ 王韬钦. "空中丝绸之路"公共价值创造的双重失灵与重塑 [J]. 青海社会科学,2021 (4):107.
④ 朱维荣. 云南构建中国面向西南对外开放空中丝绸之路探析 [J]. 民航管理,2021 (9):22.
⑤ Neiberger C. The effects of deregulation, changed customer requirements and new technology on the organization and spatial patterns of the air freight sector in Europe [J]. Journal of transport geography,2008,16:247-256.

的概念；Alkaabi 和 Debbage[①]在分析美国机场时曾提出"综合物流服务商枢纽机场"的概念；Mayer[②]通过四个量化指标将全球 114 个机场分为 8 类，其中航空货运收入占航空客货运总收入比例大于或等于 80% 的归为洲际货运依赖型机场，约 50% 的归为客货并举型机场，年货邮吞吐量中的国际业务量比例大于或等于 80% 的归为国际货运枢纽；中国民用航空局综合司[③]提出了"航空货运功能为主的机场"的条件性定义和三个判断条件；李宏斌等[④]给出空港型国家物流枢纽的概念，系统性地提出其两大基本功能、三大特殊功能、五大内涵特性。

对于"一带一路"倡议下空港型物流枢纽的相关研究，王姣娥[⑤]对中国与"一带一路"沿线国家的国际航线、航班、可售座位数进行分析，揭示航空客货运输联系的空间格局；王柏生[⑥]发现"一带一路"倡议的实施促进了国内沿线地区物流产业的集聚化发展；夏文汇等[⑦]测算了"一带一路"倡议下重庆国际物流与城市经济的协同度，并针对两者协调度偏低的状况提出了发展建议；罗良翌[⑧]强调在我国航空货运向航空物流方向转型阶段，对外贸易与航空物流的协同发展意义重大，对"一带一路"倡议的平稳实施也有着重要意义；杨山峰[⑨]对郑州空港型国家物流枢纽建设的影响因素进行关联度量化分析，为"一带一路"倡议下郑州空港型国家物流枢纽建设路

---

① Alkaabi K A, Debbage K G. The geography of air freight: connections to U. S. metropolitan economies [J]. Journal of transport geography, 2011, 19: 1517 – 1529.

② Mayer R. Airport classification based on cargo characteristics [J]. Journal of transport geography, 2016, 54: 53 – 65.

③ 中国民用航空局综合司. 行业热点跟踪：中国民航发展政策研究报告 2018 [M]. 北京：中国民航出版社, 2018: 90 – 95.

④ 李宏斌, 李芏巍, 王振, 杨倩. 空港型国家物流枢纽：概念、特征、机理及其在全球供应链中的特殊地位 [J]. 供应链管理, 2021 (7): 92 – 106.

⑤ 王姣娥. "一带一路"与中国对外航空运输联系 [J]. 地理科学进展, 2015 (5): 554 – 562.

⑥ 王柏生. 物流产业集聚对区域经济增长的影响研究——以"一带一路"国内沿线地区为例 [J]. 科技和产业, 2019 (11): 61 – 67.

⑦ 夏文汇, 周丹, 夏乾尹, 黎明, 江智利. "一带一路"倡议下重庆国际物流运输与城市经济协同度研究 [J]. 重庆理工大学学报（社会科学）, 2019 (11): 11.

⑧ 罗良翌. "一带一路"倡议下对外贸易与航空物流的协同发展 [J]. 对外经贸实务, 2020 (05): 4.

⑨ 杨山峰. "一带一路"下我国物流枢纽建设实证研究——以郑州空港为例 [J]. 商业经济研究, 2021 (12): 3.

径提供支撑;曹允春等①剖析"一带一路"倡议下跨境电商物流联盟运作,提出"一带一路"倡议下跨境电商物流联盟构建对策;王成林等②论述了北京空港型国家物流枢纽的发展定位和功能,并提出了适合首都的空港型物流枢纽临空产业集群发展模式;袁圣博等③对"空中丝绸之路"视角下郑州—卢森堡"双枢纽"建设的模式和经验进行了总结;林茹钰等④通过分析西安咸阳国际机场航空货运量、货邮量及旅客吞吐量,结合郑州航空港发展策略,对西咸空港新城航空货运的发展提出相应的建议。

综上所述,相关研究为"空中丝绸之路"理论创新及基于"空中丝绸之路"的国际物流通道、国家物流枢纽的发展路径提供了参考。鉴于此,我们以6个空港型国家物流枢纽为研究对象,运用开放经济理论分析"空中丝绸之路"视域下全方位、立体化、网络状的空天开放航空货运系统,多角度对比各个空港型国家物流枢纽的发展条件、资源优势、发展定位、发展模式,从而为有针对性地推进空港型国家物流枢纽建设提供参考与借鉴。

第二节 "空中丝绸之路"的中国行动

世界航空强国都有比较完善的基础设施、完备的法规体系、高效的综合运输系统、较高的服务质量、强大的科技创新能力和更大的国际话语权,它们通过设计航空运输服务贸易的国际体制机制,将压倒性实力转化为一种与其价值观及利益相符合的国际共识和普遍被接受的规范。以美国为主的航空运输双边协议和多边协议不断推动着国际航空运输服务贸易的自由化发展。当前的国际区域经济合作机制是以芝加哥公约体系为核心构建的。芝加哥公约体系是指以1944年《芝加哥公约》即《国际民用航空公约》为

---

① 曹允春,郑莉萍,石学刚. "一带一路"倡议下我国跨境电商物流联盟构建研究[J]. 铁道运输与经济, 2020, 42 (10): 7.
② 王成林,王萌,史浩然,许慧,郝冰洁. 北京空港型国家物流枢纽发展模式研究[J]. 物流研究, 2020 (12): 10.
③ 袁圣博,李潇. 空中丝绸之路视角下航空货运枢纽建设的探索与实践[J]. 营销界, 2021 (10): 4.
④ 林茹钰,殷小丽. "一带一路"背景下西咸空港新城航空货运发展策略研究[J]. 现代商业, 2018 (8): 2.

主体，辅以其他相关法律文件而共同构成的国际航空公法的基本法律框架，其中不仅包含了国际航空运输的重要规则，还确立了一大批具有国际法效力的法律原则和规则，是国际法在航空运输领域的具体适用。当前的国际民航安全保障机制是以民航安全治理为切入点，以《东京公约》《海牙公约》《蒙特利尔公约》《北京公约》《北京议定书》为原则对航空安全采取的相应的管控措施、管控模式[1]。

中国是民航大国，却不是民航强国，"空中丝绸之路"的合作机制将聚焦于经济合作领域，以"政策沟通、设施（通道）联通、贸易畅通、资金融通、民心相通"为切入点促进成员的经济发展。"一带一路"倡议突破了中国对外交往的单纯项目导向思维，我们既要开始从制度层面建立我国与其他国家的关系，以国家战略利益为出发点，制度化地融入全球国际航空运输市场，采取积极的地区制度建设战略，更要破除欧美"空天"霸权及俯视性议题研究惯例，在重释"中国与世界关系"中开展创新实践。

一 构建"空中丝绸之路"区域民航合作新模式

未来，我国与"一带一路"沿线国家的贸易额将翻番，人员流动和货物流通规模也将空前扩大，沿线各国民航业更应该加强全面合作，相互尊重、平等相待，在尊重各国航空政策的基础上，求同存异、互利开放，共同促进区域航空运输发展。可从构建航空运输政策协调机制、全面安全技术合作机制入手，积极引领沿线国家构建民航区域合作新模式[2]。

二 建立基础设施建设对接机制

我国应在相关规划的指引下，积极与沿线各国特别是民航欠发达国家增强沟通、协商、合作，确定民航设施的关键通道和重点工程，与"一带一路"沿线国家合资建设机场、空管等基础设施建设项目，并主动提供设计、咨询等服务。积极引进各类资本，主动利用丝路基金、亚投行、亚洲

---

[1] 徐梦晨. 地区冲突和反恐视角下的国际民航安全保障机制研究[J]. 法制博览, 2019 (06): 2.
[2] 李家祥. 以推进"一带一路"战略为契机构建民航区域合作发展新模式[J]. 空运商务, 2015 (07): 8.

发展基金、上合组织开发银行等多边融资机构，支持"一带一路"沿线国家民航基础设施建设。民航机场建设应积极配合国产民机等相关产业"走出去"，综合考虑国产民机的技术性能与特点来制定建设标准；研究北斗卫星导航系统在"一带一路"民航空中交通管制中的应用，带动国内空管装备"走出去"。

三 建立航空运输协调机制与国际产能合作机制

促进区域航空运输发展，提高运输便利化水平是根本。沿线各国应积极利用双边或多边合作平台，推进建立统一的航空运输协调机制，促进国际通关、边检等部门有机衔接，逐步形成兼容规范的航空运输规则，推动形成航空货运"单一窗口"，提高贸易便利化水平；放宽签证政策，提高沿线各国游客签证便利化水平，加强国际航线客源保障。我国应积极协调外交部、旅游局、海关、边防、口岸等相关政策主管部门，推动实施"沿线国家签证便利化""区域通关一体化"等"一揽子"便利化措施，优化政策环境，为我国区域航空运输发展创造更有利的条件。

当前，全球航空产业正面临着安全形势日益严峻、环保压力与日俱增、性能要求持续提高、生产方式不断变革等挑战，安全航空、绿色航空、智慧航空已成为全球航空产业发展的主题，我国必须在开放合作更高层面融入世界航空产业链①，通过强化空港国际枢纽功能、加速国际国内要素集聚和流动、提升资源要素配置效率、壮大跨境电子商务、探索建立空港型自由贸易区（港）、聚焦开放型临空产业体系等措施，进一步深化国际产能合作②。

四 深化"空中丝绸之路"金融开放合作

首先，通过基础设施投融资创新促进"空中丝绸之路"互联互通。其次，以租促售、以租借融、以融促产、以租促建，以航空融资租赁业务创新助力产融结合。再次，通过实施"内外分离"的发展模式，统筹在岸和离岸金融业务发展，以离岸金融创新推动自由贸易便利化。最后，通过建

---

① 杨栓昌. 开放合作，在更高层面融入世界航空产业链[J]. 国防科技工业，2018（11）：1.
② 曹允春，刘芳冰等. 临空经济区开放发展的路径研究[J]. 区域经济评论，2020（01）：11.

设国际投资便利化服务的"空中丝绸之路"创新示范区，鼓励中资商业银行"走出去"，提供跨境金融综合服务，成立"贸易+产能+金融"的特色产业联盟，推进人民币国际化。

五 铺就民心相通的"空中丝路"

民心相通是"一带一路"建设的重要内涵，而教育合作、文化融通、文明对话则是促进沿线国家和地区民心相通的必由之路。河南教育系统准备积极推进"空中丝路"合作办学计划、语言互通计划、双向留学计划以及援外工作计划。通过一系列措施的实施，不断促进我们与"一带一路"沿线国家不同民族、不同地区的人文交流，增进文化认同。在民航安全教育合作方面，可加强与沿线国家特别是民航欠发达国家的人员交流力度，设置"空中丝绸之路"专项培训资金，加强对相关国家民航专业技术人员在安全管理、航空服务、技术管理等方面的培训。

第三节 "空中丝绸之路"视域下空港型物流枢纽比较

打造"空中丝绸之路"空天共同体需要在核心节点（空港型物流枢纽）先行先试，通力合作，逐步形成"点—线—网—面"一体化的国际航空物流体系。我们选择6个空港型国家物流枢纽（北京、深圳、郑州、重庆、天津、西安）为研究对象，对"空中丝绸之路"视域下空港型国家物流枢纽的特征及发展模式进行比较，以便总结空港型国家物流枢纽开放发展过程中存在的问题并提出针对性的措施和建议。

一 "空中丝绸之路"视域下空港型物流枢纽的发展基础

（一）空港型物流枢纽建设情况

2021年，我国有6个空港型国家物流枢纽上榜，北京、深圳、郑州、重庆、天津、西安空港型物流枢纽的面积、区块组成及功能、区块特点、机场货运量等情况见表8-1。

第八章 "空中丝绸之路"视域下空港型物流枢纽比较研究

表 8-1 空港型物流枢纽建设情况（2021年）

名称（获批年份）	面积	区块组成及功能	区块特点	运营主体	机场货运量
北京空港型国家物流枢纽（2020年）	10.3平方公里	顺义片区由北京市空港物流基地和天竺综合保税区组成，面积为6平方公里，涵盖口岸区、保税区、国内区以及综合配套等；大兴片区则包括北京大兴国际机场周边的口岸功能区、保税功能区以及相关附属配套区域，面积为4.3平方公里	一市二场，机场外整合口岸、保税、物流园	顺义区、大兴区政府指导北京空港经济发展有限公司以及北京首都国际航空城控股有限公司以及北京大兴国际机场新航城控股有限公司开展基础设施建设工作	北京首都国际机场 140.13万吨 北京大兴国际机场 18.59万吨
天津空港型国家物流枢纽（2021年）	3.18平方公里	东区为1.3平方公里，西区为1.88平方公里，位于中国（天津）自由贸易试验区机场片区内，毗邻天津滨海国际机场	东区拟为战略发展预留区，西区又分为两个功能区：北空港物流基地、南综合服务基地	西区天津航空物流区的开发建设由天津保税港管委会负责	19.48万吨
深圳空港型国家物流枢纽（2020年）	5.5平方公里	以深圳宝安国际机场为核心功能区：国际物流功能区、国内物流功能区、城市物流功能区和综合保税区	机场为核心，机场货运站、综保区、物流园	深圳机场集团为运营主体牵头单位	156.82万吨
郑州空港型国家物流枢纽（2019年）	2.52平方公里	空港核心区，在国家示范物流园区建设基础上，整合郑州新郑国际机场西货运区、北货运区、新郑综合保税区（不含保税加工设施）	机场为依托，机场货站	河南省机场集团为运营主体牵头单位	70.47万吨
重庆空港型国家物流枢纽（2021年）	9.8平方公里	渝北区内，主要包括机场C3地块、机场C4地块、保税港区M分区、国际贸易物流园、空港贸易功能区	机场为核心，机场货站、保税区、物流园	重庆机场集团为运营主体牵头单位	47.67万吨

续表

名称（批准年份）	面积	区块组成及功能	区块特点	运营主体	机场货运量
西安空港型国家物流枢纽（2021年）	7.95平方公里	以陕西国际航空物流港为基础，打造"一港双心四园"，"一港"即空港（含机场三个货运站），"双心"即空铁联运中心和卡车航班中心，"四园"即航空仓储物流园，保税物流产业园，跨境电商国际快件物流园和空港冷链物流园	机场为核心，机场货站、保税区、物流园	陕西省西咸新区空港新城开发建设集团有限公司为运营主体	39.56万吨

(二) 空港型物流枢纽运营管理模式对比

各个空港型物流枢纽由于枢纽面积、功能及航空物流业务规模不同而选择了不同的运营管理方式：(1) 郑州、深圳和重庆选择机场集团作为运营建设主体；(2) 西安、天津选择政府平台公司作为运营主体；(3) 北京由"一市两场"的政府平台公司推进基础设施建设工作。

以机场集团作为运营建设牵头单位，优点是管理扁平、执行力强、责权利对等，但在航权利用、机场外围物流园建设、多式联运系统建设、航空物流生态圈打造方面则受到诸多限制。政府平台公司牵头的市场化运营既可以保证空港新城与物流枢纽同步发展，又可以形成多方参与共同建设的多元化形态，但管理难度大，目标实现约束太多。"一市两场"的政府平台公司仅负责基础设施建设，因而会面临国际航空物流市场化运营协同管理难的问题。

二 "空中丝绸之路"视域下空港型物流枢纽的发展特征

(一) 空港型物流枢纽发展定位、发展模式对比

各个空港型物流枢纽虽然区位物流优势不同、自然禀赋不同、机场基础设施投资不同、临空产业结构不同，但都选择了国际化的发展定位：北京要打造国际一流的空港型物流枢纽；天津要打造国际航空物流中心；郑州要打造全球航空货运枢纽；重庆要建成国际航空物流枢纽；西安要建成"一带一路"国际航空物流枢纽；深圳要打造华南货运门户和亚太主要快件集散中心（见表8-2）。六个空港型物流枢纽的发展模式见表8-3。因为它们都是"空中丝绸之路"的核心节点，民航局专门成立的促进航空物流业发展工作领导小组，进行了系统性的规划。(1) 在现有国际枢纽基础上，重点打造**郑州**、**天津**、合肥、鄂州等国际航空货运枢纽，形成航空物流集散的产业集群。(2) 更好地利用**北京**、上海、杭州、**深圳**等主要城市已基本形成的货运快线，打造"全球123快货物流圈"。(3) 在京津冀、长三角、粤港澳、成渝城市群（**重庆**）和重点城市、航空物流枢纽间布局全货运航线网络，加密中西部运输机场（**郑州**、**西安**），推进通用航空物流网络省际互通、市县互达、城乡兼顾，扩大交通不便地区无人机配送网络，扩大航空货运覆盖范围。

表 8-2 空港型物流枢纽发展特征对比

名称	类型	发展定位	中转联运	开放平台	发展意向
北京空港型国家物流枢纽	复合型物流枢纽	连接全球的国际一流空港型物流枢纽 首都特色临空产业供应链服务平台 港城一体的新型区域发展示范区 国内外重大活动服务保障基地	客运优先、客货并举 无缝衔接、全方式联运	保税区	立足首都、服务京津冀、辐射国内、连接世界、引领全球
天津空港型国家物流枢纽	港口型物流枢纽	国际航空物流中心 京津冀协同发展的全新动力源 适应现代化大都市建设要求的航空物流枢纽	构建"干支配"业务运营体系、应急物流保障体系	中国（天津）自由贸易试验区机场片区范围内	形成立足天津、协同京冀、面向全世界的国际航空物流中心
深圳空港型国家物流枢纽	港口型物流枢纽	国际航空枢纽 华南货运门户 亚太主要快件集散中心	无缝衔接、全方式联运的空港型物流枢纽全国样板	综合保税区	立足粤港澳大湾区、面向亚太、辐射全球的国际航空物流枢纽
郑州空港型国家物流枢纽	陆港型物流枢纽	全球航空货运枢纽 现代国际综合交通枢纽 航空物流改革创新试验区 中部崛起的新动力源	航空直运、中转、集散物流服务和空铁、空公、空空联运	综合保税区	以郑卢"空中丝绸之路"为核心，打造高效通达全球主要货运枢纽和经济体的运输通道，构筑辐射全球的货运航线网络体系
重庆空港型国家物流枢纽	港口型物流枢纽陆港型物流枢纽	国际航空物流枢纽 中新"双枢纽"航空运营中心 临空经济创新发展示范区 国家战略安全保障基地	面向全球的航空直运、中转、集散物流服务和空铁、空公、空空多式联运格局	中国（陕西）自由贸易试验区空港新城功能区范围内	建成面向东盟、外联欧美、辐射全球的临空经济、枢纽经济示范窗口
西安空港型国家物流枢纽	陆港型物流枢纽	"一带一路"国际航空物流节点 国内国际双循环内陆中心 关中平原城市群供应链组织运营中心 西北应急物流保障基地	以机场为核心，机场货站、综保区、物流园	保税区	立足西北、服务全国、辐射全球、建设"一带一路"国际航空物流枢纽

第八章 "空中丝绸之路"视域下空港型物流枢纽比较研究

表 8-3 空港型物流枢纽发展模式对比

名称	发展模式	特点或创新
北京空港型国家物流枢纽	以基地航司为主导,整合优质存量物流资源,促进跨国、跨省、跨区港城物流协同,形成网络化规模经济效应	国际公认的空港型物流枢纽核心节点,顺义、大兴"双枢纽"协调发展
天津空港型国家物流枢纽	协同京冀、面向全世界的国际航空物流中心	京津冀一体化,物流服务与产业组织联动发展
深圳空港型国家物流枢纽	协同粤港澳,国际物流集成商为主导+平台型企业为主导的货运枢纽,打造"通道+门户枢纽+网络"的航空物流生态圈	粤港澳大湾区一体化,注重业态模式创新、组织模式创新、运作技术创新
郑州空港型国家物流枢纽	以基地航司为主导,打造综合交通枢纽,形成新的竞争力	并购卢货航,郑州—卢森堡"双枢纽"创新,四港协同
重庆空港型国家物流枢纽	协同成渝,打造"通道+门户枢纽+网络"的航空物流生态圈	成渝一体化,与新加坡共建重庆航空自由贸易港
西安空港型国家物流枢纽	打造综合交通枢纽,形成新的竞争力,港城结合	物流服务与产业组织联动发展,建设西安航空城实验区

(二)空港型物流枢纽融入"空中丝绸之路"的意向

2017年6月14日,国家主席习近平在会见卢森堡首相贝泰尔时提出支持建设郑州—卢森堡"空中丝绸之路",为河南省明确参与"一带一路"建设、打造"空中丝绸之路"核心区指明了方向。所以,郑州空港型物流枢纽明确表明要以郑卢"空中丝绸之路"为核心,打造高效通达全球主要货运枢纽和经济体的运输通道,构筑辐射全球的货运航线网络体系。

西安是古代丝绸之路的起点。2018年2月7日国务院印发的《关中平原城市群发展规划》明确提出,要以西安咸阳国际机场为依托,强化西安的综合枢纽地位和辐射带动作用,深度参与"一带一路"建设。西安空港型物流枢纽明确表示要立足西北、服务全国、辐射全球,建设"一带一路"国际航空物流枢纽。加之陕西自贸区空港功能区成功加入世界自由区组织,成为陕西唯一、全国第三个加入世界自由区组织的自贸区成员,借助自贸区优势,空港新城正逐步成为西安国际交流与合作的"窗口"。

北京首都国际机场是目前国际航线最多的国内机场,是中国与世界连接的重要窗口。截至2019年底,北京首都国际机场通航65个国家及地区的294个航点,其中国际航点133个,拥有覆盖全球的服务能力,是国际公认的空港型物流枢纽核心节点,拥有世界第二的人流量和国内第二的货运量。北京可实现全球主要城市国际物流服务1日达，是连接中国与世界的国际物流主通道、"空中丝绸之路"的核心枢纽、"国际+国内"的双向辐射节点枢纽。所以，北京空港型物流枢纽要立足首都、服务京津冀、辐射国内、连接世界、引领全球。

2015年12月，国家发改委、交通运输部联合发布的《京津冀协同发展交通一体化规划》明确提出要"增强天津滨海机场区域枢纽作用，建设国际航空物流中心"，天津空港型物流枢纽要形成立足天津、协同京冀、面向全世界的国际航空物流中心。

深圳是我国引领国际合作与竞争的排头兵和主力军，是参与全球竞争、推进"一带一路"建设的枢纽。2019年深圳外贸出口"二十七连冠"，2019年在共建"一带一路"国家投资项目81个。深圳是中国第一个制定物流发展规划并将现代物流业作为支柱产业的城市，政策先发优势明显；深圳是中国供应链服务企业的发祥地，排名在前的40家供应链服务企业进出口总额15年来始终占深圳进出口总额的15%~18%，是全国物流供应链发展高地。深圳空港型物流枢纽要打造成为立足粤港澳大湾区、面向亚太、辐射全球的国际航空物流枢纽。

2021年2月26日，重庆市人民政府正式印发了《重庆市推动交通强国建设试点实施方案（2021—2025年）》，提出要以建设交通强国试点和国际航空枢纽为契机，推动国际航空货运战略通道与西向丝绸之路经济带通道、南向西部陆海新通道协同发展，构建向西以德国为中转枢纽，向南以新加坡为中转枢纽的空中"丝绸之路"中转网络体系。以"共商、共建、共享"为原则，研究探索重庆、新加坡等多方共建基础设施及航空网络体系的模式及利益分享机制。重庆空港型物流枢纽要建成面向东盟、外联欧美、辐射全球的临空经济、枢纽经济示范窗口。

三 "空中丝绸之路"视域下空港型物流枢纽的发展机遇与挑战

（一）国际政经新秩序重构加快"空中丝绸之路"系统构建

新冠肺炎疫情扰乱了正常的经济社会生活，对国际合作、国际贸易秩序也产生了巨大的影响，俄乌冲突持续激化，国际政经格局更加扑朔迷离，种种因素叠加导致中国境外业务的发展和经营遭受巨大风险，进而影响中

第八章 "空中丝绸之路"视域下空港型物流枢纽比较研究

国对外贸易以及航空物流的发展。中国将面临国际格局与自身生存环境的变化，系统构建"空中丝绸之路"也面临新的机遇与挑战。

（二）双循环战略实施有利于"空中丝绸之路"网络布局

当今世界正面临百年未有之大变局，面对新的发展形势与环境，中央提出加快构建大循环、双循环新发展格局。立足各地区位优势，以空港机场为枢纽，构建全面对外开放的"空中丝绸之路"，是新时期各地实施双循环发展的重大突破口。

（三）国家物流枢纽网络空间结构不断完善

航空货运是国家重要的战略性资源，是国民经济活动和商品要素流动的重要载体。京津冀、长三角、粤港澳的核心机场均为东部地区的百万吨量级机场，三大机场群对我国整体经济布局起着重要支撑作用：北京首都国际机场、深圳宝安国际机场的航空货邮运输业务已具有较高的枢纽化特征，郑州新郑国际机场前期良好的基础为郑州货运枢纽后期能级跃升做了大量的铺垫，鄂州专业航空货运枢纽机场的投运，将对我国的货运网络格局产生较大的影响[1]。目前，国家物流枢纽网络空间结构还在完善之中，除了天津明确协同京冀、深圳明确协同粤港澳，大部分承载城市之间的航空物流空间联系较弱，整体呈现"东密西疏、东强西弱"的空间格局[2]。

（四）中西部空港枢纽经济开放程度偏低

首先，中西部空港型物流枢纽承载城市还没有形成市场化、国际化的发展模式，仍是政府主导建设和投融资，缺乏区域性、全球性的商品交易中心，尚未形成以市场运作为基础的资源配置模式。其次，承载城市缺乏国际化企业集聚，大型跨国公司数量少，全球市场辐射范围小，尚未深层次嵌入全球价值链分工体系。最后，航空物流枢纽建设还面临航空物流业务规模小，国际航空货运结构占比较低，航空物流网络体系不完善，政府财政补贴多，国际转国际、国内转国际和国内转国内的航空中转比例低，航空产业链支撑不强等挑战。

---

[1] 李艳伟，杨倩雯. 我国运输机场航空货运业务发展结构研究 [J]. 物流技术，2022（1）：7.
[2] 曹允春，罗雨. 空港型国家物流枢纽承载城市航空物流关联程度及其网络结构研究 [J]. 技术经济，2020（8）：10.

第四节 开放合作，携手共建"空中丝绸之路"

一 从项目合作到制度设计，深化空天开放合作

基于我国航空产业、民航运输业的国际竞争力现状，前期"空中丝绸之路"国际合作交流的内容多以项目形式开展，如中国助力沿线国家机场建设（投建营一体化）、郑州空港型物流枢纽入股卢森堡货航、临空经济区"双国双园"建设等。未来，随着"空中丝绸之路"合作的空间扩展，中国与其他国家的区域民航合作机制将更加完善，航空合作制度设计内容也会更加丰富，"空中丝绸之路"的内涵还将进一步拓展，如构建民航突发公共卫生应急防范体系、共建健康丝绸之路[1]和开启全面建设航天强国新征程、在外空领域推动构建人类命运共同体[2]。

二 进一步优化国家物流枢纽网络空间结构

在政府的科学规划和政策引导下，完善空港型国家物流枢纽之间的分工合作和对接机制，推动郑州、西安、重庆空港型国家物流枢纽之间成立战略联盟，让政府协调和市场调节有机结合，争取克服地方性政策制度不完善、地方性恶性竞争和低水平重复建设等障碍，提高航空物流网络的协调程度。强化辐射带动作用，弱化空间差异程度。提高上海、北京、广州等核心城市辐射带动作用的均衡性，凸显对外围城市的"增长极"效应。重点培育郑州、成都核心圈层，优化与东部核心城市航空物流的空间联系，推动我国航空物流业形成东中西多中心联动发展的新格局。统筹考虑各承载城市的航空物流竞争力，以京津冀、长三角、粤港澳、成渝及中原城市群为核心区域，明确各城市的功能定位和服务范围，构建"轴辐式"梯度协作网络，提高整体运作效率。

---

[1] 朱稳根．人类命运共同体视角下全球航空业应对重大疫情治理的思考[J]．民航管理，2020（09）：5．

[2] 朱忻艺．外层空间命运共同体构建略论[J]．卫星应用，2019（07）：7．

三　提升各大空港国际航空货运枢纽竞争力

北京要提升"两场"国际货运枢纽竞争力，打造协同一体的空港型物流枢纽和"空中丝绸之路"创新示范区。首先，加强枢纽整体规划设计，科学构建航线结构和分配航班，形成"两场"优势互补、差异化发展格局；其次，要聚焦打造首都城市物流服务和航空货品消费聚集区，深耕快递、冷链、鲜活农产品、医药、航材等航空物流服务领域，打造具有服务贸易特色的国际消费新枢纽；再次，要依托空港型国家物流枢纽建设和客货运航线网络优势，打造高质量航空物流产业链，加强"空中丝绸之路"跨区、跨国间的协同联动，推动形成网络化规模经济效应；从次，要整合北京枢纽周边物流资源，强化与京津冀及其他地区物流枢纽之间的协同效应，加强北京枢纽在全球临空产业资源配置中的重要枢纽作用；最后，要以新基建为契机，积极对接北京市的高新技术产业集群，打造新技术应用示范区。

天津要打造立足天津、协同京冀、面向全世界的国际航空物流中心，首先，要完善综合交通枢纽体系，密切天津航空物流区与市区、天津港、京冀的联系，形成面向华北、辐射全国的"空铁互转"电商专线；其次，依托自贸区创新制度，落实"放管服"政策，优化营商环境；最后，结合天津进出口贸易实际，把做大做强跨境电商、生物医药等临空产业作为培育稳定货源强有力的支撑，尽可能地吸引从北京首都国际机场分流的腹舱货源。

深圳要打造立足粤港澳大湾区、面向亚太、辐射全球的国际航空物流枢纽，就要以业态模式创新、组织模式创新、运作技术创新为手段，形成以"干支配"业务为主体、以供应链集成业务为"融合之翼"、以平台支撑运行体系为"科技之翼"的"一体两翼"业务发展格局，培育壮大枢纽经济。同时，着力打造"通道+门户枢纽+网络"的航空物流生态圈，推进深圳空港型国家物流枢纽建设。

郑州要打造全球航空货运枢纽、现代国际综合交通枢纽和航空物流改革创新试验区，首先，要以"空天命运共同体"理念为指引，推动郑州、西安、重庆空港型国家物流枢纽间成立战略联盟，共同打造自主可控、安全可靠的航空物流产业链和供应链；其次，要以扩大内需、更高水平扩大开放、国内国际双循环相互促进为出发点，以服务"两新一重"建设为抓手来构建现代物流体系，全面提升物流服务的质量和效率；再次，要以供应链环境营造为基础，加强供应链服务产业链建设，推进物流枢纽智慧绿色发展；最后，要构建双循环枢纽经济产业体系，整合产业资源和开放资源，实现国际、国内更紧密的产业链供应链联系，推动郑州国际航空物流枢纽高质量发展。

重庆要打造国际航空物流枢纽、中新"双枢纽"航空物流运营中心，首先，要以交通强国试点和国际航空枢纽建设为契机，推动成渝国际航空货运战略通道与西向丝绸之路经济带通道、南向西部陆海新通道协同发展，构建向西以德国为中转枢纽、向南以新加坡为中转枢纽的空中"丝绸之路"中转网络体系，以"共商、共建、共享"为原则，研究探索重庆、新加坡等多方共建基础设施及航空网络体系的模式及利益分享机制；其次，依托临空高端制造业基地、国家骨干冷链物流基地，强化生产和消费双驱动的航空经济"生态圈"支撑；再次，补齐国际航空枢纽多式联运硬件短板，构建以经济性为根本的"航空＋"多式联运平台；最后，依托国际陆海贸易新通道建设、中新互联互通示范项目和成渝双城经济圈建设契机，探索重庆与新加坡共建航空自由贸易港，推动更深层次的创新与开放[①]。

西安要打造"一带一路"国际航空物流枢纽，首先，要建设沿黄（黄河）机场群联盟，加强空港型物流枢纽的协同合作，形成中西部空港型物流枢纽优势互补、差异化的发展格局；其次，要建设物流集群，优化通关服务，培育强大的基地航空公司和物流集成商，完善航线网络；最后，要复制推广自贸试验区创新发展经验，始终坚持以发展壮大临空产业为根本，持续开展首创性、差异化探索，丰富制度供给，立足秦创原临空产业聚集区和开放合作示范区，围绕产业链部署创新链、围绕创新链布局产业链，以自贸创新赋能产业发展，为临空经济高质量发展打造"新引擎"。

---

① 李斐．加快建设重庆国际航空物流枢纽的思考[J]．民航管理，2020（6）：3．

第九章

河南航空物流发展新契机：解读《河南省"十四五"现代物流业发展规划》

为了把河南打造成全国乃至全球举足轻重的现代化、国际化、世界级物流枢纽基地，加快现代物流强省建设步伐，省政府办公厅印发了《河南省"十四五"现代物流业发展规划》（以下简称《规划》），《规划》从构建立体物流通道系统、打造空港型国家物流枢纽、推动国际物流交流合作、发展冷链物流和快递物流、实施航空物流工程等多个方面对航空物流提出了发展要求。

第一节 河南省航空物流发展现状

物流综合实力持续增加。全省快递物流、电商物流、冷链物流等航空特色产品物流稳步发展。航空口岸7×24小时通关全面实施，进出口总值占全省比重稳定在60%左右。电子信息业产值占全省比重稳定在65%以上，跨境电商单量日均稳定在6万单左右，郑州新郑机场东部航空物流产业集聚区已成为首批示范物流园区，引进了顺丰、中通、申通、韵达、菜鸟网络、苏宁、唯品会等30多个物流项目，入驻物流企业100余家，年营业收入70余亿元，初步构建了服务于航空运输的现代物流产业体系。

物流设施网络更加完善。郑州高铁南站地铁换乘站已完工，南站站房工程初步设计已获批复，机场三期北货运区工程开工建设，机西高速二期投用，郑州航空港经济综合实验区高速交通环已形成，区内路网和对外联络通道更加通畅，实现了航空与地铁、城铁、高铁、公路等多种交通方式之间互联互通。连通境内外、辐射东中西的国际立体综合交通枢纽初步呈现。郑州新郑机场货邮吞吐量从2016年的45.67万吨增加到2020年的60多万吨，2020年郑州新郑机场货运量增速居全国大中型机场首位。郑州新郑机场已经发展成为北京、上海、广州、深圳之外的国内第五大国际货运机场。"十三五"期间，郑州新郑机场航线网络不断完善，初步形成了连接世界主要航空枢纽和主要经济体的国际航线网络，货运航线数量从2016年的34条增加到2020年的51条。

口岸开放体系建设成效显著。截至2020年，河南已拥有肉类、活牛、水果、冰鲜、食用水生动物、邮政、药品7个功能性口岸，初步形成了我国内陆地区数量最多、种类最全、效率最高的功能性口岸体系。郑州新郑综合保税区"四大功能，九项业务"已顺利开展。

物流组织效率加速提升。《郑州国际航空货运枢纽战略规划》获批实施，郑州空港型国家物流枢纽入选2019年国家物流枢纽建设名单，2020年郑州新郑机场获民航局批复成为全国航空电子货运项目唯一试点机场，郑州航空口岸客货运现场全面推行7×24小时通关服务，2019年郑州市进口整体通关时间为52.31小时、出口整体通关时间为0.98小时，相比2017年分别压缩50.43%和86.77%。

总体上，河南已初步构建了服务于航空运输的现代物流产业体系，航空物流业已进入"转型升级、提质增效"的新发展阶段。

第二节 《河南省"十四五"现代物流业发展规划》与国家战略的有效融合

国家高度重视现代物流业和航空物流发展，特别是党的十九大作出"加快物流等基础设施发展"的战略部署后，先后印发实施了《国家物流枢纽布局和建设规划》《"十四五"现代流通体系建设规划》《"十四五"航空物流发展专项规划》《"十四五"时期推进"空中丝绸之路"建设高质量发展实施方案》等一系列文件，加强对物流业和航空物流业发展的顶层设计和政策引导。近年来，河南省认真贯彻落实习近平总书记"河南要建成连

第九章　河南航空物流发展新契机：解读《河南省"十四五"现代物流业发展规划》

通境内外、辐射东中西的物流通道枢纽，为丝绸之路经济带建设多作贡献"的指示精神，始终把物流业发展作为现代服务业发展的支柱产业，明确到2025年，"通道+枢纽+网络"的现代物流运行体系基本建成，现代物流强省建设取得突破性进展。《规划》聚焦河南现代物流发展的突出问题，既以枢纽、通道和网络建设与国家战略全局对接，又以项目、工程来精准落实物流强省建设方略。

《国家物流枢纽布局和建设规划》提出，到2020年建设30个左右具有典型示范效应和带动能力的国家物流枢纽，到2025年建成120个左右国家物流枢纽，基本形成以国家物流枢纽为核心的现代化物流运行体系。所以《规划》提出通过强化空港枢纽的集聚辐射能力、增强陆港枢纽发展动能，加快推进交通区位优势向枢纽经济优势转变，更好支撑优势再造战略实施。

《"十四五"现代流通体系建设规划》提出，要以推动现代物流高质量发展为主题，加快构建经济高效、绿色智能、安全稳定的现代物流体系，这提醒我们未来五年物流业可能进入中高速增长期，部分城市和地区可能会出现行业规模报酬递减的情况，区域竞争将趋于平衡。所以《规划》立足"优势再造"战略，聚焦新时代中部地区高质量发展、黄河流域生态保护和高质量发展等国家战略的实施，对物流业发展也提出了相应的新要求。

《"十四五"时期推进"空中丝绸之路"建设高质量发展实施方案》强调，以更好满足与共建国家互联互通需要为目标，努力构建安全可靠、便捷高效、绿色集约、互惠包容的"空中丝绸之路"，服务新时代民航强国建设，助力共建"一带一路"高质量发展。

《"十四五"航空物流发展专项规划》强调，发展着力点从单一的运输链条拓展到多种生产链条，推进物流降本增效，从单一物流环节向物流组织模式创新转型。所以《规划》通过"航空物流工程"领航物流改革创新，着力推动航空物流企业与快递、跨境电商、生产制造企业深度合作，让郑卢"空中丝绸之路"成为河南物流走出国门的新名片，让郑州"空港型国家物流枢纽"成为打造枢纽经济的最强引擎。

第三节 《河南省"十四五"现代物流业发展规划》对航空物流的战略部署

《规划》提出,"十四五"时期我省现代物流业以推动高质量发展为主题,以降本增效为核心,坚持充分发挥物流对经济增长的拉动作用这"一条主线",加强与重大发展战略、产业升级、民生需求的对接,推进优布局、强合作、促融合、提效率、增动能"五大任务",加快推进"流量"变"留量",深度嵌入全球产业链供应链,构建国内大循环和国内国际双循环关键环,把河南省打造成全国乃至全球举足轻重的现代化、国际化、世界级物流枢纽基地,为畅通现代流通体系、服务构建新发展格局、谱写新时代中原更加出彩绚丽篇章提供坚实保障。

《规划》明确,推进"十四五"时期现代物流发展,要坚持协同联动、枢纽带动、创新融合、绿色安全四项工作原则。发展目标为到2025年,"通道+枢纽+网络"的现代物流运行体系基本建成,服务构建新发展格局的物流支撑体系基本形成,现代物流强省建设取得突破性进展。《规划》还从"规模实力、枢纽网络、优质高效"三个方面设定了"十四五"时期现代物流发展预期指标。

《规划》指出,"十四五"时期要完善运行体系、服务构建新发展格局,加强协同联动、促进区域协调发展,促进产业融合、畅通产业链供应链,强化民生保障、助推居民消费升级,突出创新引领、增强行业发展动能。同时,围绕上述五大任务提出实施航空物流、冷链物流、多式联运、应急物流、绿色物流、市场主体、重大项目七大工程,进一步明确任务抓手。

《规划》涉及航空物流的内容如下。一是构建立体物流通道系统。要以国家干线物流通道为主脉,打造集航空、水运、公路、铁路于一体的"2+10"立体物流通道系统。提升航空物流通道服务能级,加快建设"空中丝绸之路"物流通道。二是打造空港型国家物流枢纽。立足打造国家物流体系关键节点和重要平台,推动资源要素向国家物流枢纽集聚,提升一体化运作、网络化经营、专业化服务能力,建设功能复合、高效联通的物流设施群和物流活动组织中心。围绕郑州国家中心城市和航空港经济综合实验区建设，增强国际国内物流资源要素吸附能力，打造以空港型、陆港型国家物流枢纽为引领，以生产服务型、商贸服务型国家物流枢纽为支撑的现代国际物流中心。统筹推进国家物流枢纽、区域物流枢纽和物流节点建设，构建设施紧密互联、信息互通共享、业务高效协同的现代物流枢纽网络。三是推动国际物流交流合作。围绕支撑拓展"空中、陆上、海上、网上"四条丝绸之路，建立健全国际物流协作机制，畅通国际物流。推进卢货航亚太枢纽和运营基地建设，扩大"空中丝绸之路南南合作伙伴联盟"覆盖范围，加密国际航线航班，加快建设空空转运中心，构建连接全球主要经济体的空中经济廊道。四是发展冷链物流、快递物流。推动速冻食品、肉类、低温乳制品等特色优势冷链物流提质升级，强化药品冷链物流配送全程动态监管，完善自动化立体冷库、低温初加工、生产预冷等设施，加强销售终端冷库和冷柜配置，积极推进冷链物流模式创新，加强冷链产品质量追溯和监管体系建设，打造全链条、可追溯、"无断链"的冷链物流体系。加快郑州新郑国际机场邮件处理中心建设，开拓郑州直航国际邮路，推进进境邮件"一点通关、分拨全国"试点工作。围绕电子商务发展需求，加快完善区域性快递专业类物流园区、城市快件处理中心、城乡快递营业网点、快递末端投递四级快递物流设施功能。五是实施航空物流工程。深化拓展郑卢"双枢纽"战略合作，加密国际航线航班，增加海外航空货站数量，强化与全球主要航空枢纽联运协作，打造全球枢纽伙伴网络。依托郑州空港型国家物流枢纽，完善机场货运设施布局，加快北货运区国际货站、基地航空公司货站等相关设施建设。积极引进航空物流集成商，大力发展本土货运航空公司，提升航空物流保障能力。畅通航空物流服务链条，大力发展航空冷链、航空快递等特色物流，扩大客改货包机业务规模，支持郑州新郑机场推进航空电子货运和"空空中转"试点工作。

第四节 坚持"一条主线"，发挥物流对经济增长的拉动作用

一 "物流拉动"源于物流业地位的变化

传统物流业处于从属地位，生产决定物流。在传统的社会分工条件下，

人们生产的产品不是为自己消费，因此存在着复杂的生产、交换、分配、消费关系。生产是起点，消费是终点，分配与交换是中间环节，而传统物流业正处于国民经济再生产的中间环节。由于生产的结果决定着分配、交换与消费的对象与数量，生产关系决定着分配关系、交换关系与消费关系，因此，物流业始终处于从属地位。

当今物流业成为产业创新和产业转型的引领者。2014年10月出台的《物流业发展中长期规划（2014—2020年）》把物流业进一步提升为"基础性、战略性产业"，其基础性主要体现在物流业对国民经济发展的贡献度，其战略性主要体现在物流业对国民经济发展的引领度、扩展度。2017年，党的十九大报告提出加强"物流等基础设施网络建设"，在"现代供应链等领域培育新增长点、形成新动能"，为新时代物流业发展指明了方向。互联网、大数据、云计算等新一代信息技术的应用和网络化物流发展模式的创新，使得物流供应链的资源整合和产业衔接能力进一步提高，奠定了物流业在产业转型升级中的战略先导地位。2019年3月1日发布的《关于推动物流高质量发展促进形成强大国内市场的意见》对物流业的地位和作用做了进一步阐述，指出"物流业是支撑国民经济发展的基础性、战略性、先导性产业"，明确了优先发展物流业进而带动其他产业发展的必要性和可行性。

二 综合交通枢纽一体化发展，形成新竞争力

国家出台的《现代综合交通枢纽体系"十四五"发展规划》和《国家物流枢纽布局和建设规划》两大领域建设的纲领性文件，已经赋予了现代综合交通和现代物流业的基础设施战略定位。物流专业设施和交通基础设施网络不断完善，以枢纽城市为载体布局基础设施建设，是现代化强国建设的一个重要标志，也将大大提升交通物流融合发展的战略地位，并产生划时代的影响。在国家综合交通枢纽和国家物流枢纽承载城市构建现代化交通物流体系，对促进城市交通物流高质量发展、优化国家产业空间布局具有举足轻重的作用，枢纽城市将进入经济高质量发展主战场，枢纽的能力就是城市竞争力[①]。枢纽经济具有"乘数效应"，有效地促进枢纽城市和

---

① 李芏巍，华东，华宏铭. 解读现代综合交通枢纽"十四五"发展规划透晰枢纽城市发展的机遇[J]. 中国物流与采购，2022（05）：41-46.

地区的人员、资金、信息、技术与先进理念的流动与传播，能够放大投资效能，产生巨大的带动作用，为高质量发展奠定坚实的基础。为此，2021年12月31日《河南省"十四五"现代综合交通运输体系和枢纽经济发展规划》发布实施，这是国内首个以枢纽经济为牵引推动交通运输与经济社会深度融合发展的省级规划，到2025年，河南将初步建成枢纽经济先行区。

三 变"流量"为"留量"，需变交通区位优势为枢纽经济优势

物流业发展到物流集群阶段时才对地区经济产业产生明显的拉动作用，才能变"流量"为"留量"。而在此之前，物流业对经济发展的贡献还主要表现为基础性作用。物流集群是能稳定、持续提供健全、优质物流服务，经市场充分竞合后，价格和效率水平都处于较优和不断优化状态，并通过促进物流产业上下游和协作关联企业集聚、共享、匹配、融合而形成的物流产业生态。河南要推动物流业发展到物流集群阶段，需要推动交通区位优势向枢纽经济优势转化，更需要大力推动制造业高质量发展，培育壮大枢纽经济，总之，要着力推进四方面工作。一是着力巩固提升枢纽能级。以郑州国际性综合交通枢纽为引领，实施郑州新郑机场三期扩建工程、中欧班列郑州集结中心等工程，强化国际铁路、航空货运、邮政快递"三枢纽"优势，完善多式联运功能。二是着力畅通枢纽辐射通道。依托"米+井+人"综合运输通道布局，构建枢纽城市多通道、多方式、多路径辐射通道，实施一批牵引性工程，完善提升综合交通网络体系。通过基础设施高效互联和运输服务顺畅衔接，加速资源要素流动，服务产业集聚。三是着力强化枢纽开放平台。提升郑州、洛阳等交通枢纽口岸功能，优化全省铁路、航空口岸和综合保税区、保税物流中心布局，打造高等级开放平台；推动空、陆、海、网"四条丝绸之路"协同发展，全面畅通国际开放立体通道。四是着力培育壮大枢纽偏好型产业。发展航空经济、高铁经济、陆港经济、临港经济，实施物流提质发展行动，建设国家、区域物流枢纽，争创国家物流枢纽经济示范区，大力发展航空、冷链、电商快递等特色物流，打造物流"豫军"；做强电子信息、特色装备制造、建材加工、食品加工等制造业，以及商贸金融、商务会展、文化旅游等服务业。

四 空港型物流枢纽大发展，航空物流发展再赋能

河南要加快"超级枢纽工程"建设，构建起通达全球、布局合理、供需匹配、协同联动、平急结合、安全高效的物流基础设施网络体系，通过系统整合存量物流基础设施形成规模效应。要以打造郑州航空港区"超级枢纽工程"战略枢纽为重点，实现质量效率变革，打造现代航空物流体系。要以现代化航空货运网络补齐国际供应链短板，建立安全可靠的国际航空货运体系。要构建突发公共卫生事件下的应急供应链体系，加快郑州新郑机场信息化、科技化、智能化、人性化的智慧机场体系建设，推动生产服务型物流枢纽与制造业联动发展，提升物流对产业集群发展的支撑能力。要推动商贸服务型物流枢纽与商贸集聚区的联动与融合，打造航空1小时经济圈产业带，积极对接国际供应链综合服务商，解决营商环境、物流成本和产业聚集的问题。

第十章
郑州新郑机场空铁联运发展研究

随着鄂州花湖机场试飞完成，有关郑州与武汉（鄂州）机场货运枢纽建设的讨论显著增多，"谁是中国孟菲斯"的话题引起各方关注。"货运为先、国际优先"是郑州新郑机场的发展方向，也是当前发展的亮点。但是郑州新郑机场不可能也没有必要成为所谓的"中国孟菲斯"，原因如下。一是定位方面。郑州新郑机场是满足河南省内居民航空出行的主要机场，2019年旅客吞吐量已经达到2913万人次，排在全国第11位，即便受疫情影响，2021年旅客吞吐量仍然保持在1895万人次。因此，以货运为主来打造郑州新郑机场不符合郑州国家中心城市的定位。二是交通方面。除西部地区外，中东部地区四通八达的高速、高铁网络极大地提升了陆路运输的覆盖半径和时效性。FedEx在孟菲斯机场构建的轴辐式航线网络，基本可以通过空（干）陆（支）联运的形式实现。三是结构方面。郑州新郑机场2021年货邮吞吐量中国际货量占比已经达到76.6%，第五航权航线货运量占全部国际货运量的36%。但孟菲斯机场并非一个国际性货运枢纽，而是以国内货运为主，国际货量占比仅在12%左右。

因此，虽然鄂州花湖机场与武汉天河机场联合形成的"客货双枢纽"会对郑州新郑机场的发展产生影响，但郑州新郑机场的发展最终还是取决于机场的发展战略和实现路径。从当前的发展来看，加快推进空陆联运，尤其是空铁联运，将成为郑州打造国际航空物流枢纽的重要支撑。

第一节 郑州推进空铁联运的原因

一 区位与综合交通优势

郑州位于著名的"胡焕庸线"以东区域的几何中心，拥有独一无二的区位优势。"胡焕庸线"东南侧以占全国43.18%的国土面积，集聚了全国93.77%的人口和95.70%的GDP，压倒性地显示出高密度的经济、社会功能。依托"米"字型高铁和排名全国第一的高速通车里程，以500公里为半径推算，货物基本可实现"半日达"。随着郑州南站的投用以及高铁货运基地的建设，郑州已经具备了推进空铁联运的条件。

二 扩大开放的要求

多式联运先行先试、制度创新是国家对河南自贸区建设的要求，也是河南航空物流发展的内生动力。多式联运的形成离不开"干支结合"的运输体系。通过收购卢货航股权，郑州新郑机场形成了连通全球主要经济体的国际航空干线网络。在支线运输方面，卡车航班可以解决工业原材料、零部件、制成品进出口的集疏需求，而高铁货运则更有利于商务信函、电商快件、生物医药、生鲜、精密仪器等产品的运输，与卡车航班形成互补。推进空铁联运对于支持郑州新郑机场"国际优先"战略、提高河南的开放水平具有重要意义。

三 高质量发展的要求

物流产业集聚可以创造物流成本的比较优势，但也给交通和环保带来沉重的压力。当前郑州新郑机场以卡车为主的集疏运体系，在货运高峰期服务能力的增长已达瓶颈。空铁联运作为一种先进的物流组织形式，可以充分发挥高铁速度快、安全性高、环境污染小等优势，有利于航空港区"双碳"目标的实现，有助于航空、高铁之间的信息化、标准化建设，是推进郑州国际物流中心高质量发展的重要引擎。

第二节 空铁联运的发展现状

一 当前空铁联运的主要形式

国家标准《物流术语》（GB/T 18354-2021）将多式联运定义为货物由一种运载单元装载，通过两种或两种以上运输方式连续运输，并进行相关运输物流辅助作业的运输活动（Multimodal Transportation）。在实际使用中，多式联运的概念有所泛化，将使用两种或两种以上运输方式的联合运输统称为多式联运（Intermodal Transportation）。

航空、高铁运载单元存在显著差异，空铁联运主要指将运送到机场的货物，再由高速铁路发运到全国。由于高铁在空铁联运中主要发挥集疏运作用，高铁货运模式对空铁联运的货运组织起决定性作用。综合我国当前高铁货运模式，未来可供选择的高铁货运模式主要有四种：（1）货运专列模式，依靠新研发的高铁货运动车组进行运输，采用集装化装载方式；（2）确认车模式，利用每天早上开行的第一列检查线路安全状况的"探路车"运输货物；（3）捎带运输模式，将货物放在客运动车组大件行李处、后排座位的地方捎带运输；（4）客货动车组混编模式，将客运动车组车辆与货运动车组车辆混合编组开展运输。

从四种高铁货运模式来看，货运专列模式、客货动车组混编模式的货运量更大，对高铁货运站场与机场货站间的接驳中转作业无缝衔接的要求更高。考虑高铁货运站场与机场货站位置的分布，两者间的衔接可分为邻近式、接驳式和直达式三种。其中，邻近式是指高铁货运站场与机场货站紧邻，中间通过空铁联运货站衔接；接驳式是指高铁货运站场与机场货站相隔一定距离，中间通过卡车实现接驳；直达式是指高铁货运线路以地下形式引入机坪，高铁货运站场与机场货站通过分拣与传送设备相连。

二 郑州空铁联运的发展现状

2016年10月，郑州新郑机场与郑州铁路局签署战略合作协议，开展空铁联运项目研究工作，2017年该项目被交通部确定为第二批多式联运示范工程，2018年郑州新郑机场被民航局确定为开展货运空铁联运综合试点机场。

距离郑州新郑机场5公里的郑州南站是河南省"米"字型高速铁路网和中原城市群城际铁路网的重要枢纽站，未将引入郑万、郑阜高铁和机场至郑州南站城际铁路，预留南站至登封至洛阳、南站至开封（兰考）等城际铁路接入条件。南站在规划建设中考虑了两种形式的空铁联运。

一是分离式，即在站房东南方建设高铁物流中心，空运货物由机场经卡车运输至高铁物流中心，经分拣后通过连接各站台的专用物流通道运往动车组列车装车。这种方式的空铁联运衔接效率不高，但是运营模式更加灵活，对现有设施的利用率较高，建设成本较低，并且能够与卡车－高铁联运模式兼容，具有较好的适应性。

二是贴近式，即通过南站引出联络线至机场南货运区，并紧邻南货运区设置空铁联运站。郑州新郑机场在总体规划中已经预留了空铁联运项目用地。机场货运区与空铁联运站之间通过拖车和升降平台等设施进行短距离接驳，可基本实现空铁无缝衔接。

三　各地区高铁货运基地的建设情况

由于物流业务需要网络化经营，依托高铁集疏运体系开展空铁联运，要求各地配套建设高铁货运物流设施。高铁规划之初主要考虑客运需求，因此高铁货运业务仍处于探索期。自2012年广铁集团尝试以捎带运输模式开展高铁快运业务以来，高铁快运业务已经覆盖全国所有高铁列车经停的700多个城市。2014年，中国中车货运动车组项目立项，目前推出的货运动车组列车可以达到每小时350公里的时速。但未见以货运专列或客货动车组混编形式开展高铁货运的报道。

自2020年中央财经委员会第八次会议提出"加强高铁货运能力建设"以来，高铁货运基地建设的步伐有所加快。从各地公布的高铁货运基地建设情况来看，广西的推进力度最大。《广西高铁货运发展实施方案》提出，至"十四五"期末，将建成投产10个高铁货运基地一期工程。此外，江苏、四川也都陆续启动了高铁货运基地建设，详见表10-1。

表 10-1　各地规划建设高铁货运基地情况

城市	占地面积	功能
广西南宁	1280 亩	依托南宁第二动车所建设，功能规划包括高铁快运装卸作业区、高铁快运中转作业区、快递冷链物流区、综合配套服务区、增值创新发展区五大功能区
四川广元	1600 亩	依托广元动车运用所，功能规划包括分拣配送、电商仓储、电商冷链、综合服务、办公生活五大功能区
江苏淮安	核心区 499 亩，物流外溢区 1228 亩	建设装卸站台、分拨站台、办公区、停车场，并预留集装器暂存区、散货分拣及掏装箱区、社会仓储区的建设条件；物流外溢区设有电商仓储区、冷链仓储区、城市配送区、流通加工区、保税物流区、产业孵化集聚区、交易展示区、综合服务区等功能区块

从高铁货运基地建设和高铁货源情况来看，"十四五"时期高铁货运模式仍将以确认车和捎带运输模式为主，单次运输规模不大。预计到"十四五"期末，中东部地区将基本具备开行高铁货运专列或客货混编动车组的硬件条件。

第三节　郑州推进空铁联运的主要策略

需要明晰的是，郑州推进空铁联运从本质上看应当属于国际多式联运的范畴；从内涵来看，可以将其理解为"一柜到底"、"一单到底"和承担"全程责任"的国际运输服务。但是考虑到实际实施的难度，应重点围绕"一单到底"、"全程责任"、通关便利化等方面，分步骤、分阶段实施，在初步实现空铁运输高效衔接、具备联运发展的软硬件环境后，再逐步过渡到"一单到底"的高级阶段。

一　打造支持"一单到底"的软硬件环境

推进空铁多式联运初期的工作重点主要是软硬件环境的打造，旨在解决两种不同运输方式之间衔接的便利性问题。

硬件环境主要包括两个方面，一是多式联运业务的物流场站建设，如与南货运区相连的空铁联运货站。作为航空、高铁两种运输方式重要的衔接节点和货物拆解、拼箱打板、仓储配载等活动的作业地点，适时推进货站建设将成为郑州新郑机场真正实现空铁联运的关键一步。二是机场北货运区与高铁南站间物流专用通道建设，目前主要的指定商品进境口岸均分布于机场北侧，设计连接南北的专用物流通道有助于生鲜、医药等冷链产品进港分拣后的快速中转分拨。

软件环境也包括两个方面，一是政府和龙头企业引导建立国际多式联运信息平台，构建集生产作业、服务、数据、应用等于一体的信息化标准体系，综合应用云计算、车联网、船联网、卫星定位等先进技术，推进公路、铁路、航空开展数据交换，建立对运输全过程的动态跟踪、货物状态监测，实现货物运输可查询、可跟踪、可追溯，提高全程数字化、透明化、智能化、现代化水平。二是积极推动郑州新郑机场航空运单电子化试点提质扩面，参照《快递电子运单》（YZ/T 0148 – 2015）、《国内集装箱多式联运电子运单》（JT/T 1245 – 2019）标准的要求，设计一体化的多式联运平台"提单"样式，探索基于区块链技术的电子提单流转路径，建立起平台提单、电子提单和各种单证的关联关系，实现快递空运单与高铁货运电子面单的有效衔接。进一步地，加强与国际相关标准的对接，利用先进技术提高我国在多式联运信息化方面的话语权。

二 培育落实"全程责任"的空铁联运企业

《联合国国际货物多式联运公约》除阐述单据和发货人赔偿责任之外，重在阐述多式联运经营人的赔偿责任。1997年交通部和铁道部联合发布的《国际集装箱多式联运管理规则》也高度关注多式联运经营人的责任。空铁联运企业作为国际多式联运经营人，是承担全程运输责任的主体，是开展多式联运业务的基本条件。因此，要加强郑州新郑机场与郑州铁路局、中铁快运的合作，共同出资组建空铁联运企业，以股权为纽带形成利益共同体。

通过空铁联运企业建立服务标准。探索一体化的运营规则和商务规则，解决全程运输责任问题。探索适合空铁联运的安检标准。提升机场货运区安全保障的信息化水平，明确机场货运区与高铁货运基地间安全保障的责任划分。申报多品类货物分级分类安检试点，形成空、铁安检互认标准，提升货物安检效率。推进多货站多关区业务安保模式，实现国际货物一次申报、一次安检、一次查验、一次放行。

在发挥国有企业引领制度创新作用的同时，还应积极引导顺丰、极兔、京东、菜鸟、中国邮政等快递物流企业参与空铁联运，围绕商业模式创新、组织机构创新、管理模式创新、综合技术创新等方面开展空铁联运试点，培育具有跨运输方式货运组织能力并承担全程责任的企业，打造高铁快递物流网络、经营服务平台和生态圈。通过建设互信、互惠、共生的生态体系，营造相对稳定有序、适合空铁多式联运发展的市场环境。

三 推进通关便利化，优化营商环境

发挥指定商品进境口岸、邮政快件进出境口岸和跨境电子商务综合试验区作用，在满足海关监管要求的前提下，探索电子化监管方式，取消内外贸物理隔离设施，促进货站、堆场等口岸资源共享。充分利用云计算、大数据、人工智能、区块链、物联网及超痕量元素分析等先进技术进一步优化口岸服务、提升口岸效能。积极探索"抵港直装""随报随批""先放后检""7×24小时通关"等模式，在进口环节实施前置申报、快速查验，优化再造"空运+机场+通关+高铁"全流程服务。

推动口岸和国际贸易领域相关业务统一通过"单一窗口"办理，进出口环节监管证件及检验检疫证书等原则上通过"单一窗口"一口受理、一窗通办，推动实现企业在线缴费、自主打印证件。依托国际贸易"单一窗口"打通航空、铁路、港航、公路、邮政等各类口岸通关物流节点，实现多个口岸业务联动、各相关主体之间信息互通和协同作业，为企业提供全程"一站式"通关物流信息服务。

第十一章

航空物流企业服务质量评价研究：
基于航空物流企业分类的视角

第一节　前　言

一　建立航空企业分类分级标准的紧迫性

（1）落实《促进航空物流业发展工作任务分工表》的需要。2020年5月，根据冯正霖局长在国务院第87次常务会议上做的专题报告，2020年5月民航局正式成立以吕尔学副局长为组长的民航局促进航空物流业发展工作20人领导小组和工作小组，各司局主要负责人参与领导小组，中国航空运输协会（以下简称中国航协）也受邀加入领导小组和工作小组。6月，民航局确定《促进航空物流业发展工作任务分工表》，明确八大领域32项具体工作，中国航协作为第一牵头单位，负责承担27项"引导和规范货运代理服务"工作。

（2）落实《航空物流服务质量体系建设试点项目实施方案》的需要。根据民航局《关于开展提升航空物流综合保障能力试点工作的通知》，中国航协作为申报主体提出了《航空物流服务质量体系建设试点项目实施方案》。中国航协作为以航空运输企业为会员主体的行业社团组织，具有特殊的行业第三方地位和优势，适合组织行业各方编制行业规则和标准。为此，中国航协航空物流委员会专门成立航空物流标准化技术委员会，技术委员会的委员主要由国航、东航、南航、海航，以及首都、上海、广东和西部

第十一章 航空物流企业服务质量评价研究：基于航空物流企业分类的视角

机场集团的信息、业务和财务等领域的专家构成。此外，中国航协设立专门办公室，招聘多名具有行业从业经验的人员，共同做好项目试点工作。

（3）建立科学的航空物流企业分类分级标准是规范中国航空物流业发展的迫切需要。我国航空物流业与发达国家相比存在着物流成本高、运行效率低、管理体制不合理、竞争不规范、资源缺乏整合、基础性工作薄弱等问题，同时，我国航空物流统计指标体系的不完善、引导性不强也是重要的制约因素。由于航空物流业具有复合型特征，加之早期没有独立的物流统计指标体系，随着物流业的发展，航空物流统计体系的构建愈发复杂，使得目前航空物流统计指标和统计实践大大滞后于社会经济的发展。现有统计指标既不能准确反映我国航空物流产业发展现状，也不能有效衡量航空物流产业的运行质量，还无法全面地测算航空物流市场的需求与供给，进而不能全面反映航空物流活动的内涵。

2005年版《物流企业分类与评估指标》标准的实施促进了物流产业的规范化、标准化发展。该标准根据物流企业的主要服务功能，将其分为运输型、仓储型、综合服务型三类。而我国民航运输长期存在重客轻货的现象，对航空物流企业分类分级与评估指标的研究也比较缺乏，在这种情况下，建立科学的分类分级与评估标准成为推动中国航空物流行业发展的迫切需要。

二 研究意义

本研究旨在通过建立一套科学的评价体系对航空物流企业进行更科学、更合理的分类分级与评估分析。科学的评价体系对航空物流企业、航空物流服务供需方、主管部门及中国航空物流产业的发展都有重要意义，具体体现在以下四个方面。

（1）有助于引导中国航空物流企业的发展。本研究提出的航空物流企业分类分级方法反映了中国民航运输企业的实际情况，体现了客观性和动态性原则，有助于引导航空物流企业向更高层次发展。本研究提出的航空物流企业分类分级评估方案体现了有效性和动态性原则，更注重"管理能力"和"服务水平"，既有助于综合评估物流企业的水平，也有助于航空物流企业明确自身的定位，从而帮助其在自身硬件设施和现有物流服务水平的基础上，从经营层面和管理层面提升管理水平，向符合自身特点的航空物流企业类型和等级发展。

（2）有助于民航主管部门和物流主管部门管理和评估航空物流企业。科学合理的分类分级评价体系有助于主管部门分类分级地对航空物流企业进行管理和考核，为政府部门对不同类别的航空物流企业出台不同的鼓励引导政策提供了参照和依据。

（3）有助于物流服务供需双方共同发展。本研究提出的物流企业分类分级评估方案在"管理""服务""企业柔性"等方面更加强调满足顾客需求，更能体现物流服务提供商的综合实力，这就为物流服务供应商和需求方提供了一个共同发展的平台。一方面，物流服务需求方可以更好地识别不同服务内容、服务特点和服务能力的物流企业，这有助于需求方选择满足其需求的企业；另一方面，供需双方的适当选择也有助于双方开展更深入、更长久的合作。

（4）有助于促进中国航空物流行业发展。合理的分类分级与评估体系的建立有助于物流产业的规范化管理，也有助于物流产业的健康有序发展。本研究将通过下游客户对上游供应商服务的评价和期望，创新服务内容、提升服务标准、完善服务制度，促进航空物流服务行业的发展。

第二节　航空物流企业分类与服务质量评价研究综述

一　物流术语与国际民航法对责任主体的划分

2017年，全国物流标准化技术委员会经前期调研与全体委员投票后启动了《物流术语》的第三次修订工作，经国家标准委批准，于2019年3月列入了国家标准制修订计划中。《物流术语》（GB/T18354-2021）在2006版标准的基础上删除了41条术语，新增了71条术语，修改了104条术语，特别新增加了"发货人""收货人""无车承运人"的术语和定义，修改了"托运人""承运人""无船承运人"的定义。[1]

---

[1] 原《物流术语》标准制定时没有充分考虑国外的物流术语，目前有些国家，如日本、美国虽未提出物流术语，但在一些相关标准中有物流用语，此次修改对这几个术语和定义进行了补充和完善。

第十一章　航空物流企业服务质量评价研究：基于航空物流企业分类的视角

国际化是航空运输的天然属性，国际航空运输通常受一系列双边协议限制。因此，国际上对航空物流企业的分类通常是基于航空运输公约划分的责任主体而展开，通常航空货物运输合同的当事人主要包括托运人、收货人、承运人和代理人。

托运人是指要求使用民用航空器运送具备托运条件的货物，并与承运人订立航空货物运输合同的当事人。

收货人是指货物通过民用航空器被运送到指定地点后，提取货物的人。或者说，收货人是承运人按照航空货物运输合同所列名称而交付货物的人。收货人可以是托运人，也可以是托运人之外的第三人。

承运人是指利用民用航空器实施货物运输的当事人，主要是从事公共航空运输的企业。航空运输合同的承运人包括实际承运人和缔约承运人。缔约承运人是指以本人名义与托运人，或者与托运人的代理人，订立航空运输合同的人。实际承运人是指根据缔约承运人的授权，履行运输合同全部或者部分运输业务的人。

代理人是指在航空货物运输合同的签订过程中，经授权代表承运人或代表托运人的人。

然而，国际航空条约对国际航空货物承运人内涵的相关规定较为模糊，国际条约和各国司法对国际航空货物承运人的内涵认识也不同，这使得航空物流企业分类具有一定难度。目前，仅有少部分有关航空承运人责任制度的研究，航空物流企业分类及相关问题的研究在国内尚属空白。

二　国际相关民航组织对国际航空物流服务的评价方式

（一）航空货运卓越奖

航空货运卓越（ACE）奖于 2005 年推出。根据《航空货运世界》（*Air Cargo World*）和《货运机场新闻》（*Cargo Airports News*）联合举办的独家、匿名的航空货运优质调查结果，航空货运卓越奖会颁发给得分最高的航空公司和机场，以表扬其卓越表现，ACE 调查评价指标体系如表 11 – 1 所示。

表 11-1 ACE 调查评价指标体系

一级指标	二级指标	三级指标
机场评价指标	客户服务	索赔处理迅速
		问题解决迅速、礼貌
		销售队伍专业、知识渊博
	整体表现	履行承诺和合同约定
		可靠
		完成预定的运输时间
	价值	与服务水平相称的价格
		增值项目
	信息技术	平台建设
		信息技术应用
航空公司评价指标	整体表现	履行承诺和合同约定
		可靠
		及时和礼貌的客户服务
		联合服务与地面处理
		卡车运输等
	价值	有竞争力的价格
		与服务水平相称的价格
		增值项目
	设施	停机坪
		仓储
		易腐品中心
		高速公路等交通方式
	操作业务	海关
		安全
		保税区

（二）航空货运行业标杆计划

《标杆管理》由 Emerald 出版，主要讨论航空货运行业的标杆举措。航空货运行业标杆计划评价指标体系如表 11-2 所示。

表 11-2 航空货运行业标杆计划评价指标体系

一级指标	二级指标
经营绩效	接受出口货物量
	出口空运提单执行时间
	货件实时状态的信息
	处理未空运的出口货物
	进口货物交付情况
	追踪丢失的货物
	处理货物损坏/丢失索赔
	航线功能/灵活性
	沟通的清晰度
	及时响应时间
	定期新闻更新
提供服务范围	快递货运能力
	提供特殊货物服务，包括危险货物、活体动物、易腐货物、贵重货物等
	普通货物定期运输
	性价比

（三）国际航空货运协会货运服务质量工具

货运服务质量（Cargo Service Quality，CSQ）工具是 2019 年国际航空货运协会（TIACA）为空运行业制定的全球标杆标准的一部分，旨在评估整个航空货运供应链的质量，促进航空货物供应链全球标准的完善及新的全球航空货运标准的制定，从而提高整个产业链的质量。

CSQ 工具可用于客观评估服务质量，建立标杆参数，通过差距分析确定优势和改进领域，评价其他运营商的服务质量，优化投资及共享经验。

CSQ 系统由四个部分组成：评估、标杆、改善和卓越。评估部分包括 51 个客观问题，涵盖由货物运往机场货站开始至货物送达过程中涉及货物处理的各方面问题。标杆是指参与计划的货站可向业内最优秀的货站或竞争对手学习，并据此制定增长和投资策略。改善是指 CSQ 评估可让参与计划的货站清楚了解客户的需要和期望以及对服务水平的评价，从而获得改善服务的机会。卓越是指参与计划的货站有机会不断改善服务质量及运营产品，提高运营效率和客户满意度。

CSQ 评价工作主要就流程、技术、设施、监管机构和一般机场基础设施等变量对机场进行评价。CSQ 机场评价指标考虑客户对机场货站服务的满意度，这样做是为了帮助机场识别需要改进的领域并全面改进产品和服务。

（四）IATA 全球货运 Cargo iQ 质量管理标准

Cargo iQ 既是 IATA 在全球航空货运业推行的行业质量管理标准，同时也是 IATA 在全世界范围内推进的流程改进项目。

Cargo iQ 通过可衡量的质量标准来规范流程，提高航空货运业的效率；致力于改变全球航空货运业碎片化的管理现状，并提供一个公共的平台，总结兼具可靠性、可预测性和前瞻性的货运管理经验，以降低成本、提高客户满意度。

Cargo iQ 定义了从发货到收货的整个航空货物运输链，使这个供应链中的环节从 40 个减少到 19 个，降低了操作成本，提高了服务水平，统一了对航空货物每一环节的质量要求。

上述评价方式的特征见表 11-3。

表 11-3 国际相关民航组织对航空物流服务的评价方式汇总

内容	ACE 调查评价	航空货运行业标杆计划	CSQ 工具	Cargo iQ
指导思想	分类设计动态评价指标，重视客户满意度	分类设计观察指标，提高客户满意度	综合考虑成本与服务，提高产业链的质量	通过质量标准来规范流程，提高航空货运行业的效率
评价对象	评价机场和航司	评价货运承运人	评价整个航空货运供应链，重点侧重机场和货运代理企业	评价整个航空物流链
评价方法	由客户评价	标杆管理、战略质量规划	标杆管理、流程管理	供应链管理、质量管理、最佳业务分析
优点	简单、客观、公正	分析全面	从整个产业链综合评价，更科学	系统性强
缺点	具有滞后性	周期长	不完善，还在探索中	投资大、对基础管理和供应链管理要求高

第三节 航空物流企业分类分级

航空物流企业因为兼具自身业务类型和形成方式的多样性，其分类涉及交通运输、物流管理与工程、系统科学等多个领域或学科，是一个庞杂的体系性问题。有鉴于此，本章以《分类与编码通用术语》（GB/T 10113-2003）中的分类指导观点为基础，以航空物流企业的多维特征为切入点，结合多维分类法，探讨对其进行分类的基本思路和原则，为构建完善的航空物流企业分类体系奠定基础。

一　基于主体的航空物流企业分类

航空物流是以飞机为主要运输工具，以机场货站为货物主要集散节点的一种物流组织形式。因此，机场货站及飞机是航空物流业的重要组成部分。根据以上分析，结合主体维度的航空物流企业分类方式，可以归纳出机场货站及飞机的实际运营企业，即机场货站和航空公司，是航空物流业的主体企业。

因为在实际的航空物流操作当中，航空公司往往不直接与发货人签订运输合同，而需要航空货运代理企业帮助其直接面对收货人和发货人，进行货物的集疏运及签订合同等工作。由此航空货运代理企业也可归为航空物流企业当中重要的一类。

除以上三类企业之外，近些年，我国航空物流企业的经营范围也日趋扩大，出现兼有以上两类企业的业务类型的航空综合服务商，如顺丰公司除拥有自己的航空货运公司外，还投资建设鄂州货运机场，其业务范围覆盖航空物流全链条。目前，我国航空综合服务商的数量虽少，但物流量很大，且它们多为航空物流市场中的头部企业。因此，单独将航空综合服务商归为航空物流企业中的一大类。

综上所述，可以将航空物流企业划分为机场货站、航空公司、航空货运代理企业、航空综合服务商四大类，每一类企业可再根据自身特性再进行细分。

二 航空物流企业分级研究

(一) 航空物流企业分级方案

1. 分级数量的确定

依据航空物流企业可执行性分级原则,应尽量简化分级层数,以使后续的服务质量分类评价具有较好的操作性。因此,对于每一类企业的分级数量保持在两层以内较为合理。

2. 分级边界的确定

在分级过程中,层级与层级之间的边界应清晰,但也需要考虑边界设置的合理性问题。例如,*Air Cargo World* 颁发的"全球航空货运卓越奖"对机场评价时使用了货邮吞吐量100万吨的分界线,这样的设置则可能会出现99万吨和101万吨的机场被分为两个不同的层级。因此,为规避此类边界设置所带来的问题,结合两层级的划分数量,本章航空物流企业的分级边界尽量以"是/否"或"有/无"的方式来进行确定。

3. 企业分级属性的选取

依据上述分类分析,通过查阅网络文献和咨询航空物流领域专家,综合获得航空物流服务质量视角下四类企业的相关属性。具体而言,从属性的影响对象、影响范围、重要程度、稳定程度四方面来进行对比分析,结合两层级的划分数量和"是/否"或"有/无"的划分形式,重点突出分级属性的稳定性和重要程度,最终选择的航空物流企业分级属性如表11-4所示。

表11-4 航空物流企业的分级属性

企业类型	分级属性	划分方式
机场货站	干线/支线机场	是/否
航空公司	货运航空公司	是/否
航空货运代理企业	直接订舱权	有/无
航空综合服务商	—	

(二) 航空物流企业分级标准

1. 机场货站

现有机场货站类企业的分级属性有货邮吞吐量、飞行区等级、干线/支

第十一章　航空物流企业服务质量评价研究：基于航空物流企业分类的视角

线机场等，综合考虑航空物流的特征及服务质量评价的目的，最终选择"干线/支线机场"为机场货站的分级属性。基于我国机场货站的发展现状，本章给出如下标准来界定干线/支线机场。

（1）支线机场界定标准。①评价周期内货邮吞吐量一般小于10万吨的机场，如武夷山机场、池州九华山机场等；②机场的货邮吞吐量虽大，但地处偏远，航线以国内短程为主，其主要功能是为当地干线机场输送旅客和货物，如喀什机场、德宏芒市机场等；③机场处于非首都、非省会或非自治区首府城市，在可预见的中枢航线网络中暂不会成为干线的机场，如临沂沭埠岭机场、义乌机场等。

（2）干线机场界定标准。中国大陆范围内（不包含港澳台地区）除支线机场以外的其余机场。

2. 航空公司

现有对航空公司进行分级研究的文献较多，具体的分级属性包括航班数量、可用座位数、营业收入等，结合本章的研究目标，最终选择"货运航空公司"为航空公司的分级属性，并基于此给出具体的界定标准。

（1）货运航空公司界定标准。①以航空飞行器为运输工具为货物提供民用航空货运服务的企业；②自有或租赁至少一架具备商业用途的民用全货运飞机。

（2）普通航空公司界定标准。除上述货运航空公司之外，在中国大陆范围内（不包含港澳台地区）开展航空货运业务的航空公司。

3. 航空货运代理企业

现有对航空货运代理企业的分级研究中较多采用货运量、营业收入、直接订舱权为分级标准，结合可操作性和稳定性等要求，本章选取"直接订舱权"为分级属性，并以此为基础将航空货运代理企业划分为一级航空货运代理企业和普通航空货运代理企业，具体的界定标准如下。

（1）一级航空货运代理企业界定标准。①拥有商务部出具的国际货运代理资格证书；②可以直接向航空公司订舱。

（2）普通航空货运代理企业界定标准。除上述一级航空货运代理企业之外，开展航空货运代理业务的企业。

4. 航空综合服务商

因为航空综合服务商主营业务较为复杂，涵盖范围广泛，所以在征求行业内专家意见之后，综合认为对于航空综合服务商不予分级，即对航空综合服务商在同一层级进行服务质量的评价。其具体的界定标准为：业务范围涵盖机场货站、航空公司、航空货运代理企业中任意两类及以上的企业。

三　航空物流企业分类分级评价体系

以航空物流企业服务质量评价为目的，根据上述分类及分级研究，可总结归纳出航空物流企业分类分级评价体系，如图11-1所示。该分类分级评价体系涵盖航空物流全链条，包含4大类、7层级，以及对应的7套评价指标体系。

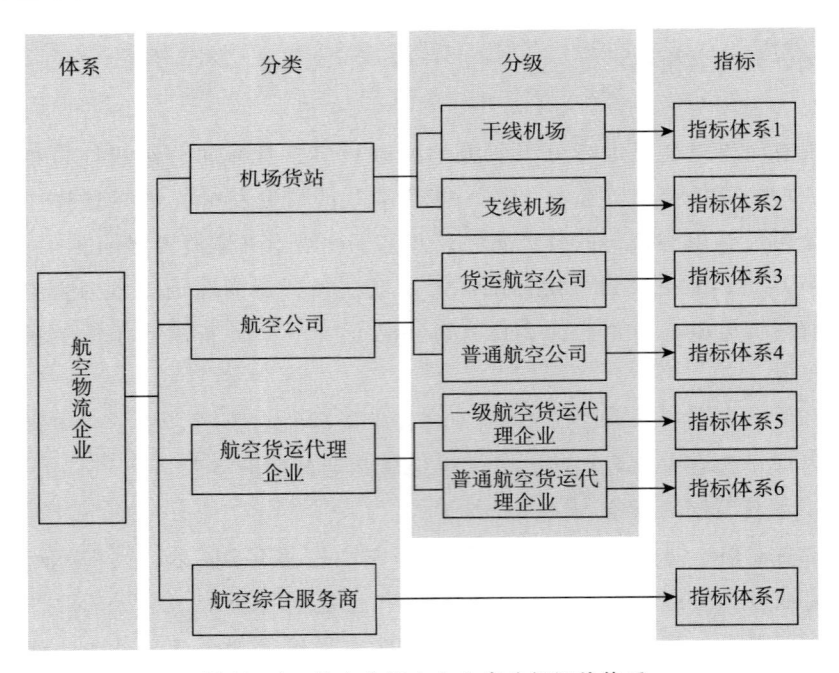

图11-1　航空物流企业分类分级评价体系

第四节　航空物流企业服务质量评价指标体系

一　服务质量评价指标体系构建思路

国内民航业一直存在"重客轻货"的现象，这在服务质量评价方面也有所反映。例如，国内学者对于航空运输的服务质量评价大多集中于客运方面，对于货运则较少研究；国内已出台较多针对客运的航空运输服务质量评价标准，对于航空物流的服务质量评价标准却很少。

航空物流的服务质量评价与民航客运的服务质量评价有一定的相似之处，但也存在独有的特征，因此，在构建航空物流企业服务质量评价指标体系时可借鉴现有民航客运的研究成果，但重点在于挖掘航空物流的关键特征和内涵。

第一，航空物流的服务对象是货物，发货人只处于航空物流链的起点而不参与全过程，所以发货人对物流过程中的服务感受是不全面的。第二，货物是在发货人、航空货运代理企业、机场货站、航空公司、收货人这些主体之间流转，这种流转方式是一种串联关系，任一环节的服务质量下降，皆会影响最终的服务水平。而且每一类主体企业在这个流程中皆为中间环节，因此，对于每一类主体企业而言，上游主体都可视为客户，下游主体都可视为服务提供方。第三，机场货站、航空公司、航空货运代理企业三者之间互为补充，配合发展，决定了整个产业的总体效益。例如，机场货站的效益取决于社会接受这一服务的群体规模。从这个意义上说，航空公司、航空货运代理企业在机场货站运输的货物越多，机场货站的效益基础就越牢固。

根据以上分析，航空物流企业服务质量评价指标体系的构建将从两个方面展开。（1）从评价主体企业自身内部进行服务质量指标选取；（2）从与评价主体企业相联系的上下游主体企业进行满意度调查，考虑到可操作性原则，只选取影响最大的主体企业进行满意度调查。

二 机场货站服务质量评价指标体系

机场货站处于航空物流链条的中游位置，航空公司、航空货运代理企业均与其有业务往来。通过分析可知，航空公司对于机场货站的发展影响最大，因此，机场货站的服务质量评价指标体系参考《民用运输机场服务质量》（MH/T 5104 – 2013）的内容，结合航空公司的满意度调查进行构建。干线机场货站服务质量评价指标体系和支线机场货站服务质量评价指标体系见表 11 – 4 和表 11 – 5。

表 11-4　干线机场货站服务质量评价指标体系

一级指标	二级指标	三级指标	指标释义
干线机场货站服务能力	规模	货邮吞吐量	评价周期内在某机场进出货物的总重量
		起降架次	评价周期内在某机场起飞或降落的商业飞机数量
		入驻货运航空公司数量	评价周期内在某机场开展航空货运业务的货运航空公司数量
		国内航班比重	某机场国内—国内实际进出港航班量/该机场实际进出港航班总量
		高峰小时架次	实际进、出港航班量最多的单位小时架次
		进出港航班量	实际出港航班量+实际进港航班量
		货运航线数量	评价周期内机场开通的货运航线数量
		直飞航线数量	出港直飞航线数量+进港直飞航线数量（A→B和B→A计为2条航线）
		出港准点率	出港准点航班量/实际出港航班量
		货物处理能力	机场货站规划设计的年货物处理量
	基础设施	货邮处理面积	机场内部用于货邮分拣、包装等作业的占地面积
		货运站建筑面积	机场内部存储各类货物的建筑面积
		货运楼建筑面积	机场内部用于办理货运业务的建筑面积
		停车场面积	机场内部用于货车停放的总面积
		道路密度	机场内部道路总里程/机场占地面积
		货运停机坪面积	机场内部用于停放货机的占地面积
		跑道数量	机场内部可提供货机起降的跑道数量
		货库种类	根据货物属性提供相适应的保管场所，如冷藏库、危险品库、贵重品库等种类的数量
	响应速度	货邮空空中转时间	飞机起飞时间-飞机降落时间
		货车滞港时间	货车离开机场的时间-货车进入机场的时间
		货邮出库出港时间	飞机起飞时间-货物出货运站时间
		货邮进港入库时间	货物进入货运站时间-飞机降落时间
		货邮进港发出提单时间	发出提单时间-飞机实际到达时间
	可靠性	视频监控覆盖率	视频监控已经覆盖的货站重点区域数量/视频监控应当覆盖的货站重点区域数量
		货运损坏率	航空货运损坏票数/货物运输总票数
		货运差错率	航空货运差错票数/货物运输总票数
		有效投诉率	根据年度机场投诉百万分率数据计算
	管理水平	物流专业人才数量占比	物流管理与工程相关专业人才数量/机场员工总数
		大专以上学历从业人员占比	大专以上学历的员工数量/机场员工总数

第十一章 航空物流企业服务质量评价研究：基于航空物流企业分类的视角

续表

一级指标	二级指标	三级指标	指标释义
航空公司满意度	有形性	货运区面积	机场货站能提供满足航空公司货运需求的场所面积
		货运设备	机场货站货运设备较先进，能够满足需求
		货运设施	机场货站拥有或使用现代化的办公场所、仓库等
		信息化水平	机场货站物流信息化水平高，能够随时跟踪物流进
	交互性	业务素质	机场货站服务人员技能水平、业务素质能够胜任其岗位
		沟通能力	机场货站服务人员沟通能力强且沟通过程愉快
		投诉满意度	机场货站处理投诉快捷，答复令人满意
	可靠性	服务准时	机场货站能准时为客户提供所承诺的服务
		服务完好	机场货站能完好为客户提供所承诺的服务
		服务稳定	机场货站提供服务的稳定性是值得信赖的
	响应性	误差处理	机场货站对客户需求或误差处理等问题具有有效的反应能力
		响应能力	根据航空公司要求，机场货站有快捷的响应能力
	经济性	服务费用	为服务支付的费用相对合理
		增值服务	机场货站提供的增值服务合理，受到欢迎

表11-5 支线机场货站服务质量评价指标体系

一级指标	二级指标	三级指标	指标释义
支线机场货站服务能力	规模	货邮吞吐量	评价周期内在某机场进出货物的总重量
		起降架次	评价周期内在某机场起飞或降落的商业飞机数量
		国内航班比重	某机场国内—国内实际进出港航班量/该机场实际进出港航班总量
		高峰小时架次	实际进、出港航班量最多的单位小时架次
		进出港航班量	实际出港航班量+实际进港航班量
		航线数量	评价周期内机场开通的航线数量
		直飞航线数量	出港直飞航线数+进港直飞航线数（A→B 和 B→A 计为 2 条航线）
		出港准点率	出港准点航班量/实际出港航班量
		货物处理能力	机场货站规划设计的年货物处理量

续表

一级指标	二级指标	三级指标	指标释义
支线机场货站服务能力	基础设施	货邮处理面积	机场内部用于货邮分拣、包装等作业的占地面积
		货运站建筑面积	机场内部存储各类货物的建筑面积
		货运楼建筑面积	机场内部用于办理货运业务的建筑面积
		停车场面积	机场内部用于货车停放的总面积
		道路密度	机场内部道路总里程/机场占地面积
		停机坪数量	机场内部用于停放飞机的停机坪数量
	响应速度	货车滞港时间	货车离开机场的时间－货车进入机场的时间
		货邮出库出港时间	飞机起飞时间－货物出货运站时间
		货邮进港入库时间	货物进入货运站时间－飞机降落时间
		货邮进港发出提单时间	发出提单时间－飞机实际到达时间
	可靠性	视频监控覆盖率	视频监控已经覆盖的货站重点区域数量/视频监控应当覆盖的货站重点区域数量
		货运损坏率	航空货运损坏件数/货物运输总件数
		货运差错率	航空货运差错件数/货物运输总件数
		有效投诉率	根据年度机场投诉百万分率数据计算
	管理水平	物流专业人才数量占比	物流管理与工程相关专业人才数量/机场员工总数
		大专以上学历从业人员占比	大专以上学历的员工数量/机场员工总数
航空公司满意度	有形性	货运区面积	机场货站能提供满足航空公司货运需求的场所面积
		货运设备	机场货站货运设备较先进，能够满足需求
		货运设施	机场货站拥有或使用现代化的办公场所、仓库等
		信息化水平	机场货站物流信息化水平高，能够随时跟踪物流进程
	交互性	业务素质	机场货站服务人员技能水平、业务素质能够胜任其岗位
		沟通能力	机场货站服务人员沟通能力强且沟通过程愉快
		投诉满意度	机场货站处理投诉快捷，答复令人满意
	可靠性	服务准时	机场货站能准时为客户提供所承诺的服务
		服务完好	机场货站能完好为客户提供所承诺的服务
		服务稳定	机场货站提供服务的稳定性是值得信赖的

第十一章　航空物流企业服务质量评价研究：基于航空物流企业分类的视角

续表

一级指标	二级指标	三级指标	指标释义
航空公司满意度	响应性	误差处理	机场货站对客户需求或误差处理等问题具有有效的反应能力
		响应能力	根据航空公司要求，机场货站有快捷的响应能力
	经济性	服务费用	为服务支付的费用相对合理
		增值服务	机场货站提供的增值服务合理，受到欢迎

三　航空公司服务质量评价指标体系

航空公司处于航空物流链条的中心位置，是航空物流的核心环节，机场货站、航空货运代理企业与其有业务往来。一般来说，航空货运代理企业负责组织货源，然后预定相应的航班进行运输，机场货站为飞机的起降及货物装卸提供设施及便利条件，由此可知，航空公司的货运业务是以航空货运代理企业提供的货运订单为前提。因此，对航空公司而言，航空货运代理企业对其货运业务发展的影响最大。所以，航空公司服务质量评价指标体系需结合航空货运代理企业的满意度调查来构建。货运航空公司及普通航空公司的服务质量评价指标体系见表11-6和表11-7。

表11-6　货运航空公司服务质量评价指标体系

一级指标	二级指标	三级指标	指标释义
货运航空公司服务能力	规模	货邮周转量	评价周期内航空公司所运货物吨数与其运送距离的乘积
		货邮运输量	评价周期内航空公司所运货物吨数
		通航国家数量	航空公司开通货运业务的国家数量
		通航城市数量	航空公司开通货运业务的城市数量
		货运航线数量	评价周期内航空公司开通的货运航线数量
	设施设备	自有/租用仓储面积	航空公司自有或租用的可存放货物的仓库总面积
		自有/租用航空器货运总载重量	航空公司自有或租用的可载运货物的航空器总载重量
		全货机数量	评价周期内航空公司自有或租赁的全货机数量
	响应速度	平均到达延误时长	到达延误时长总和/实际执飞航班量（单个航班的到达延误时长=实际到达时间-计划到达时间，若提前到达，则到达延误时长为0）
		到港准点率	到港准点航班数量/实际执飞航班数量

续表

一级指标	二级指标	三级指标	指标释义
货运航空公司服务能力	可靠性	飞机完好率	符合维修放行条件的飞机架日数和实有飞机的总架日数之比
		货运差错率	航空货运差错件数/货物运输总件数
		航班取消率	取消航班量/计划执飞航班量
		事故征候万时率	平均每飞行一万小时发生飞行事故的次数
		货运事故率	在货物运输过程中由于航空承运人责任造成货物损失的概率
		货运赔偿率	在货物运输中,由于货运差错而赔偿的金额与货运总收入之比
		有效投诉率	有效投诉票数/航空公司货物运输总票数
	管理水平	飞机载运率	飞机执行航班飞行任务时实际业务载量/可提供的最大业务载量
		飞机日利用率	飞机在评价周期内平均每日的生产飞行小时数
		物流专业人才数量占比	物流管理与工程相关专业人才数量/航空公司员工总数
		大专以上学历从业人员占比	大专以上学历的员工数量/航空公司员工总数
		行政处罚次数	企业及企业负责人因涉及本单位的行为被民航局认定的行政处罚总次数
航空货运代理企业满意度	有形性	货运设备	航空公司的货运设备较先进,运输能力能够满足需求
		货运设施	航空公司拥有或使用现代化的办公场所、仓库等
		信息化水平	货代公司委托货物能够随时跟踪进程
	可靠性	问题处理	航空公司服务过程中解决问题的能力
		准时完好	航空公司能准时完好提供货物运输服务
	响应性	误差处理	航空公司服务过程中的误差处理能力
		发货的及时性	航空公司发货的及时性
		票据的及时性	航空公司出具票据的及时性
	交互性	业务素质	航空公司业务人员业务素质胜任岗位要求
		投诉处理时间	航空公司处理投诉的时间
		投诉渠道	航空公司接受货代公司进行投诉的渠道数量
	经济性	经济性	服务费用为服务支付的费用相对合理
		增值服务	航空公司提供的增值服务合理,受到欢迎
		服务匹配	航空公司提供的物流方式满足客户需求,且合理

第十一章 航空物流企业服务质量评价研究：基于航空物流企业分类的视角

表 11-7 普通航空公司服务质量评价指标体系

一级指标	二级指标	三级指标	指标释义
普通航空公司服务能力	规模	货邮周转量	评价周期内航空公司所运货物吨数与其运送距离的乘积
		货邮运输量	评价周期内航空公司所运货物吨数
		通航国家数量	航空公司开通货运业务的国家数量
		通航城市数量	航空公司开通货运业务的城市数量
		航线数量	评价周期内航空公司开通的航线数量
	设施设备	自有/租用仓储面积	航空公司自有或租用的可存放货物的仓库总面积
		自有/租用航空器货运总载重量	航空公司自有或租用的可载运货物的航空器总载重量
		飞机数量	评价周期内航空公司自有或租赁的飞机数量
	响应速度	平均到达延误时长	到达延误时长总和/实际执飞航班量（单个航班的到达延误时长=实际到达时间-计划到达时间，若提前到达，则到达延误时长为0）
		到港准点率	到港准点航班数量/实际执飞航班数量
	可靠性	飞机完好率	符合维修放行条件的飞机架日数和实有飞机的总架日数之比
		货运差错率	航空货运差错件数/货物运输总件数
		航班取消率	取消航班量/计划执飞航班量
		事故征候万时率	平均每飞行一万小时发生飞行事故的次数
		货运事故率	在货物运输过程中由于航空承运人责任造成货物损失的概率
		货运赔偿率	在货物运输中，由于货运差错而赔偿的金额与货运总收入之比
		有效投诉率	有效投诉件数/航空公司货物运输总件数
	管理水平	飞机载运率	飞机执行航班飞行任务时实际业务载量/可提供的最大业务载量
		飞机日利用率	飞机在评价周期内平均每日的生产飞行小时数
		物流专业人才数量占比	物流管理与工程相关专业人才数量/航空公司员工总数
		大专以上学历从业人员占比	大专以上学历的员工数量/航空公司员工总数
		行政处罚次数	企业及企业负责人因涉及本单位的行为被民航局认定的行政处罚总次数

续表

一级指标	二级指标	三级指标	指标释义
航空货运代理企业满意度	有形性	货运设备	航空公司的货运设备较先进，运输能力能够满足需求
		货运设施	航空公司拥有或使用现代化的办公场所、仓库等
		信息化水平	货代公司委托货物能够随时跟踪进程
	可靠性	问题处理	航空公司服务过程中解决问题的能力
		准时完好	航空公司能准时完好提供货物运输服务
	响应性	误差处理	航空公司服务过程中的误差处理能力
		发货的及时性	航空公司发货的及时性
		票据的及时性	航空公司出具票据的及时性
	交互性	业务素质	航空公司业务人员业务素质胜任岗位要求
		投诉处理时间	航空公司处理投诉的时间
		投诉渠道	航空公司接受货代公司进行投诉的渠道数量
	经济性	服务费用	为服务支付的费用相对合理
		增值服务	航空公司提供的增值服务合理，受到欢迎
		服务匹配	航空公司提供的物流方式适应客户需求，且合理

四 航空货运代理企业服务质量评价指标体系

航空货运代理企业处于航空物流链的两端，与客户、机场货站联系紧密。通过分析可发现，客户对于航空货运代理企业发展的影响最明显，因此结合客户满意度对航空货运代理企业服务质量评价指标进行选择。一级航空货运代理企业和普通航空货运代理企业服务质量评价指标体系见表11-8和表11-9。

表11-8 一级航空货运代理企业服务质量评价指标体系

一级指标	二级指标	三级指标	指标释义
一级航空货运代理企业服务能力	基本情况	企业注册资金	企业的股东实际缴付的出资数额
		企业成立年限	评价日期－企业法人营业执照上的成立日期
		社保人数	以社保证明或社保证书为准（提供相关证明材料）
		资产负债率	企业负债总额/企业资产总额

第十一章　航空物流企业服务质量评价研究：基于航空物流企业分类的视角

续表

一级指标	二级指标	三级指标	指标释义
一级航空货运代理企业服务能力	设施设备	自有/租用仓储面积	企业自有或租用的可存放货物的仓库总面积
		自有/租用运输工具总载重量	企业自有或租用的可载运货物的运输工具总载重量
		运营网点数量	企业在中国大陆内的运营网点数量
		分支机构数量	企业在中国大陆内的分支机构数量
	业务能力	营业收入	评价周期内企业的营业收入总额
		航空货运量	评价周期内航空货运代理企业通过航空运输的货物总重量
		执牌资质数量	拥有空运铜牌、危化品申报资质、代理报关资质、代理报检资质、仓储资质、集卡运输资质等的数量
		直接订舱航司数量	可进行直接订舱业务的航空公司数量
		代理航线数量	企业代理的航线数量
		代理网站数量	企业在中国大陆内的代理网站数量
	可靠性	货运损坏率	航空货运损坏件数/货物运输总件数
		货运差错率	航空货运差错件数/货物运输总件数
		顾客投诉率	顾客有效投诉次数/货物运输总件数
		质量管理认证	通过一类体系认证情况，如ISO9001质量体系认证，标准化体系认证等
	管理因素	大专以上学历从业人员占比	大专以上学历的员工数量/企业员工总数
		企业银行信用等级	银行出具的企业的信用等级
		法定代表人银行信用等级	企业法定代表人在银行无失信记录
		纳税信用级别	企业的纳税信用等级
		刑事处罚行为	企业及企业负责人因涉及本单位的行为而被刑事处罚的，取消参评资格
		行政处罚行为	企业及企业负责人因涉及本单位的行为被民航局认定的行政处罚行为次数
客户满意度	有形性	货运设备	货代公司具有专业的设施设备，能够满足顾客的需求
		货运设施	货代公司拥有或使用现代化的办公场所、仓库等
		信息化水平	货代公司信息化水平高，能够及时获取物流及其他信息

续表

一级指标	二级指标	三级指标	指标释义
客户满意度	响应性	响应能力	货代公司对顾客要求如订货、包装等,有快捷的响应能力
		服务主动性	货代公司能够主动接洽顾客并提供物流服务
		服务及时性	货代公司提供发货及到货通知、票据等方面的及时性
		误差处理	货代公司对客户需求或误差处理等问题具有有效的反应能力
	协作性	主动帮助	货代公司具有主动帮助顾客解决问题的态度和意愿
		货运方案设计能力	货代公司能为不同客户提供优化或创新的物流设计方案
		信息及时性	货代公司主动与顾客共享物流信息,并及时提供信息
	交互性	外在形象	货代公司工作人员外在形象良好
		业务素质	货代公司服务人员技能水平、业务素质能够胜任其岗位
		沟通能力	货代公司与顾客沟通能力良好且过程愉快
		投诉处理	货代公司处理物流客户投诉快捷,答复令人满意
	可靠性	企业形象	货代公司在社会上具有良好的外在形象和口碑
		服务准时	货代公司能准时为客户提供所承诺的物流服务
		服务准确	货代公司能准确为客户提供所承诺的物流服务
		服务完好	货代公司能完好为客户提供所承诺的物流服务
	经济性	服务费用	为物流服务支付的费用相对合理
		服务匹配	货代公司提供的物流方式满足客户需求,且合理
		增值服务	货代公司提供的增值服务恰当且合理,受到客户的欢迎

第十一章　航空物流企业服务质量评价研究：基于航空物流企业分类的视角

表 11-9　普通航空货运代理企业服务质量评价指标体系

一级指标	二级指标	三级指标	指标释义
普通航空货运代理企业服务能力	基本情况	企业注册资金	企业的股东实际缴付的出资数额
		企业成立年限	评价日期-企业法人营业执照上的成立日期
		内部管理	具有完善的企业章程和组织架构（提供相关证明材料）
		社保人数	以社保证明或社保证书为准（提供相关证明材料）
		资产负债率	企业负债总额/企业资产总额
	设施设备	自有/租用仓储面积	企业自有或租用的可存放货物的仓库总面积
		自有/租用运输工具总载重量	企业自有或租用的可载运货物的运输工具总载重量
		运营网点数量	企业在中国大陆内的运营网点数量
		分支机构数量	企业在中国大陆内的分支机构数量
	业务能力	营业收入	评价周期内企业的营业收入总额
		货运量	评价周期内企业运输的货物总重量
		执牌资质数量	拥有空运铜牌、危化品申报资质、代理报关资质、代理报检资质、仓储资质、集卡运输资质等数量
		代理航线数量	企业代理的航线数量
		代理网站数量	企业在中国大陆内的代理网站数量
	可靠性	货运损坏率	航空货运损坏件数/货物运输总件数
		货运差错率	航空货运差错件数/货物运输总件数
		顾客投诉率	顾客有效投诉次数/货物运输总件数
		质量管理认证	通过一类体系认证情况，如 ISO9001 质量体系认证，标准化体系认证等
	管理因素	大专以上学历从业人员占比	大专以上学历的员工数量/航空货运代理企业员工总数
		企业银行信用等级	银行出具的企业的信用等级
		法定代表人银行信用等级	企业法定代表人在银行无失信记录
		纳税信用级别	企业的纳税信用等级
		刑事处罚行为	企业及企业负责人因涉及本单位的行为而被刑事处罚的，取消参评资格。
		行政处罚行为	企业及企业负责人因涉及本单位的行为被民航局认定的行政处罚行为次数

续表

一级指标	二级指标	三级指标	指标释义
客户满意度	有形性	货运设备	货代公司具有专业的设施设备，能够满足顾客的需求
		货运设施	货代公司拥有或使用现代化的办公场所、仓库等
		信息化水平	货代公司信息化水平高，能够及时获取物流及其它咨询
	响应性	响应能力	货代公司对顾客要求如订货、包装等，有快捷的响应能力
		服务主动性	货代公司能够主动接洽顾客并提供物流服务
		服务及时性	货代公司提供发货及到货通知、票据等方面的及时性
		误差处理	货代公司对客户需求或误差处理等问题具有有效的反应能力
	协作性	主动帮助	货代公司具有主动帮助顾客解决问题的态度和意愿
		货运方案设计能力	货代公司能为不同客户提供优化或创新的物流设计方案
		信息及时性	货代公司主动与顾客共享物流信息，并及时提供信息
	交互性	外在形象	货代公司工作人员外在形象良好
		业务素质	货代公司服务人员技能水平、业务素质能够胜任其岗位
		沟通能力	货代公司与顾客沟通能力良好且过程愉快
		投诉处理	货代公司处理物流客户投诉快捷，答复令人满意
	可靠性	企业形象	货代公司在社会上具有良好的外在形象和口碑
		服务准时	货代公司能准时为客户提供所承诺的物流服务
		服务准确	货代公司能准确为客户提供所承诺的物流服务
		服务完好	货代公司能完好为客户提供所承诺的物流服务
	经济性	服务费用	为物流服务支付的费用相对合理
		服务匹配	货代公司提供的物流方式满足客户需求，且合理
		增值服务	货代公司提供的增值服务恰当且合理，受到客户的欢迎

五　航空综合服务商服务质量评价指标体系

因航空综合服务商的业务范围较为广泛，甚至有些企业的业务范围覆盖航空物流的全链条，但一般航空综合服务商会直接接触货主进行揽件业务，所以针对航空综合服务商的服务质量评价，需在其自身内部评价的基础上结合客户满意度调查来进行，具体的服务质量评价指标体系如表 11 – 10 所示。

表 11 – 10　航空综合服务商服务质量评价指标体系

一级指标	二级指标	三级指标	指标释义
航空综合服务商服务能力	设施设备	货库种类	根据货物属性提供相适应的保管场所，如冷藏库、危险品库、贵重品库等种类的数量
		货邮处理面积	用于货邮分拣、包装等作业的占地面积
		自有/租用仓储面积	企业自有或租用的可存放货物的仓库总面积
		自有/租用全货机总载重量	企业自有或租用的全货机总载重量
	业务能力	航空货运量	评价周期内企业通过航空运输的货物总重量
		营业收入	评价周期内企业的营业收入总额
		业务覆盖国家数量	企业开通货运业务的国家数量
		业务覆盖城市数量	企业开通货运业务的城市数量
		货运航线数量	评价周期内企业开通的货运航线数量
		执牌资质数量	拥有空运铜牌、危化品申报资质、代理报关资质、代理报检资质、仓储资质、集卡运输资质等的数量
	可靠性能	货运损坏率	航空货运损坏件数/货物运输总件数
		货运差错率	航空货运差错件数/货物运输总件数
		顾客投诉率	顾客有效投诉次数/货物运输总件数
	管理因素	大专以上学历从业人员占比	大专以上学历的员工数量/企业员工总数
		物流专业人才数量占比	物流管理与工程相关专业人才数量/航空公司员工总数
		企业银行信用等级	银行出具的企业的信用等级
		法定代表人银行信用等级	企业法定代表人在银行无失信记录
		纳税信用级别	企业的纳税信用等级
		刑事处罚行为	企业及企业负责人因涉及本单位的行为而被刑事处罚的，取消参评资格

续表

一级指标	二级指标	三级指标	指标释义
客户满意度	有形性	货运设备	企业具有专业的设施设备，能够满足顾客的需求
		货运设施	企业拥有或使用现代化的办公场所、仓库等
		信息化水平	企业信息化水平高，能够及时获取物流及其他信息
	响应性	响应能力	企业对顾客要求如订货、包装等，有快捷的响应能力
		服务主动性	企业能够主动接洽顾客并提供物流服务
		服务及时性	企业发货及到货通知、票据等方面的及时性
		误差处理	企业对客户需求或误差处理等问题具有有效的反应能力
	协作性	主动帮助	企业具有主动帮助顾客解决问题的态度和意愿
		货运方案设计能力	企业能为不同客户提供优化或创新的物流设计方案
		信息及时性	企业主动与顾客共享物流信息，并及时提供信息
	交互性	外在形象	企业工作人员外在形象良好
		业务素质	企业服务人员技能水平、业务素质能够胜任其岗位
		沟通能力	企业与顾客沟通能力良好且过程愉快
		投诉处理	企业处理物流客户投诉快捷，答复令人满意
	可靠性	企业形象	企业在社会上具有良好的外在形象和口碑
		服务准时	企业能准时为客户提供所承诺的物流服务
		服务准确	企业能准确为客户提供所承诺的物流服务
		服务完好	企业能完好为客户提供所承诺的物流服务
	经济性	服务费用	为物流服务支付的费用相对合理
		服务匹配	企业提供的物流方式适应客户需求，且合理
		增值服务	企业提供的增值服务恰当且合理，受到客户欢迎

第十二章
新发展格局下航空经济高质量发展路径

为了深入贯彻习近平总书记视察河南时的重要讲话及指示精神,实现省委、省政府对郑州航空港经济综合实验区的新定位、新目标、新要求,将航空港实验区建成引领中部、服务全国、联通世界的枢纽经济高地,我们需要深刻认识新发展格局下航空经济的新特征,把握航空港经济先行区发展的新思路,才能实现河南航空经济高质量发展的新突破。

第一节 高质量发展要求下航空经济的新特征

航空经济是以航空枢纽为依托,以现代综合交通运输体系为支撑,以提供高时效、高质量、高附加值产品和服务并参与国际市场分工为特征,吸引航空运输业、高端制造业和现代服务业集聚发展而形成的一种新的经济形态。从航空活动到航空产业再到航空经济,这既是国民经济发展的产物,也是对航空规律认识的深化,还是对国际航空运输实践的提炼。

航空经济作为由前沿技术和与之相适应的现代经济组织形式支撑的新型经济形态,具有如下特征:开放性和全球性、高时效性、高附加值与高技术性、圈层性与网络性、运行高度协调性。在新的"双循环"发展格局下,航空经济部分特征的内涵和重点发生了变化:第一,开放成为必由之路;第二,效率成为价值导向,从强调规模、速度到强调质量、效率,效能产业体系、极核与扩散效应不断增强;第三,创新成为第一动力,高效益与创新性并存;第四,共享成为根本目的,人民至上,绿色共享;第五,协调成为内生特点,空陆海联运、区域协同一体化。

第二节　河南航空经济发展的优劣势

近年来河南通过实施航空经济发展战略,加快对外开放高地和平台建设,加快现代物流业的发展,郑卢"空中丝绸之路"也从一条航线发展为"网达天下",同时积极支持和引导互联网技术与现代物流融合,不断推动体制机制创新,使战略定位有了显著的提升。近期,河南以管理体制改革为统领激发航空经济内生发展新动力,以强化规划为引领探索区域一体化发展新路径,以强化产业科技人才支撑为导向形成产城融合新模式,建设航空港经济发展先行区。而面对高质量发展要求下航空经济的关键问题,河南还需要跃出"内陆樊篱",实施更高水平开放;进一步提高航空枢纽竞争力,提升枢纽能级;解决人才、产业和资金支撑不足的问题,聚焦创新驱动;提高资源要素集聚力,形成枢纽的极化效应和扩散效应,推动枢纽经济规模化发展。

第三节　河南航空经济高质量发展路径

一　深化航空枢纽开放发展,"空中丝绸之路"做深做实

增强枢纽的开放性,统筹安全与发展。通过不断丰富"空中丝绸之路"郑卢合作的内涵与外延,强化"双枢纽"战略功能,完善航空客货运输网络,打造东进、西扩、南至的空中物流大通道,打造具有全球影响力的国际航空物流中心和全球航空网络的重要节点,打造多层次、立体化的航空开放合作平台,通过推进"空中丝绸之路"示范工程,提升郑州—卢森堡"空中丝绸之路"品牌优势,设立河南"空中丝绸之路"基金,支持符合条件的中资金融机构利用卢森堡欧盟单一牌照制度优势加快欧洲网点布局。谋划举办"空中丝绸之路"国际合作(郑州)峰会、"空中丝绸之路"国际产能合作博览会,吸引"空中丝绸之路"国际合作联盟或分支机构落户河南。以优化营商环境作为推动经济高质量发展的基本前提,努力构建安全可靠、便捷高效、绿色集约、互惠包容的"空中丝绸之路"。

二 完善枢纽基础设施体系，加快双循环服务支撑体系建设

以建设综合交通枢纽为切入点，形成人流、货流、商流、信息流和资金流的聚集条件，发展枢纽经济。通过加快推进机场三期工程及其他配套工程设施建设，探索空铁联运，加快总结郑州新郑机场海外货站试点和空空中转试点经验，提升机场航空货运服务能级，提高机场综合运行保障效率。加快补齐河南客运基地航空公司短板，推进机场运行管理信息化、自动化和智能化发展，通过加快支线机场发展，建立机场联盟，努力提供优质服务，增强人民群众民航出行的获得感。

以打造航空港区"超级枢纽工程"战略枢纽为重点，将交通枢纽在更广阔的范围、更全局的视野下统筹规划建设，以驱动和整合国内国际两个循环为动力，推动建设面向新型产业链和供应链的国际大通道，提高全球性航空运输资源、产业链与供应链的配置能力，构建功能合理、高效协同的枢纽网络体系，最大范围和最大限度地发挥交通枢纽对经济要素资源的集聚和辐射作用。

三 通道优势转为产业优势、贸易优势，建设枢纽经济产业体系

做大做强航空物流等优势产业，高质量发展航空高端制造业和航空金融、航空会展等现代服务业，推动生产服务型物流枢纽与制造业联动发展，推动商贸服务型物流枢纽与商贸集聚区联动融合，将通道优势变为产业优势和贸易优势。构建以航空物流为基础、航空关联产业为支撑、航空衍生产业为补充的枢纽经济产业体系，通过枢纽经济产业与供应链服务、成本、效率、品质的双向匹配，发展新业态、新模式，培育新型产业集群。

四 创新引领高水平对外开放，打造创新中心和国际创新门户

建立省级主导、市级主责、分类管人、直通管事、聚焦主业、差异考核的航空港实验区管理架构，构建航空经济体制机制改革创新体系。加快构建以企业为主体、市场为导向、产学研紧密结合的开放型航空经济创新体系，统筹各地航空产业平台，重点强化航空产业、航空物流、航空都市等功能。在人事薪酬、投融资体制改革等方面大胆创新，打造市场化、法

治化、国际化营商环境，建设航空港经济发展先行区。进一步壮大航空科技教育规模，完善河南航空经济技术学科专业布局，打造航空人才培育基地，加快航空科技创新，打造航空资源开发与人才集聚新高地。优化口岸营商环境，促进口岸监管模式创新和通关便利化。全力打造创新新引擎，开展机场建设、空域管理等重大技术创新研究，加快5G等新技术研发应用，提升现有机场通航保障能力和服务国内大循环的水平，探索开展航空领域综合改革试点，全面塑造改革创新驱动航空经济发展的新优势。

五 空港枢纽成为区域增长的极核，航空枢纽带动更大范围区域发展

依托航空枢纽速度经济、流量经济、网络经济优势，促进空港枢纽辐射和集聚效应的不断放大以及空港枢纽与区域要素和能量的自由流动，促进航空城从临空效率性向枢纽效能性转变；一核引领、六区联动、多园协同，依托交通枢纽、物流枢纽、产业枢纽等资源集聚载体，以聚流、引流、驻流和辐射为特征，进一步提高企业创新动力和政府组织能力；通过技术变革、制度创新、组织更新，优化城市、区域经济要素的时空配置，重塑产业空间分工体系和供应链服务体系；精准配置交通、物流等基础设施网络，全面提升城市、区域经济运行质量和效率；以提升双循环规模和能力为方向，从全球分工体系与国家发展战略角度精准定位，优化调整国内、国际辐射方式，选择科学的机场、铁路场站、陆港间联动模式，实现从单一城市、机场的竞争走向城市群、机场群协同共赢的转变，实现沿海开放与内陆开放的广泛互动，构建统筹有力、竞争有序、分工合作的协同发展新格局。

后　记

　　航空经济作为一种新的经济形态，不仅是各地政府、企事业单位营商与投资工作的热点，更是我国实现区域协调发展、高质量发展的重要方向。尤其是，航空经济发展的重要载体——临空经济区示范区，正不断发挥交通衔接、对外交流、产业聚集等作用，其发展历程折射着中国经济社会发展新动能的变迁。物流枢纽是物资中转分拨中心、资源要素集聚中心和相关经济活动的组织中心。物流枢纽规模的扩大、功能的完善带动服务需求的持续扩张，促使枢纽承载城市成为区域经济发展的中心。空港型国家物流枢纽不同于普通物流枢纽，它是物流体系的核心基础设施，是辐射区域更广、集聚效应更强、服务功能更优、运行效率更高的综合性物流枢纽和枢纽经济集聚区。但一个不容忽视的现实是，航空经济、航空物流、枢纽经济的实践已经走在了理论的前面，有关理论探索亟待推进，其指导实践的作用尚需进一步发挥。

　　基于此，为全面把握我国现有已批复和在建的临空经济区发展的现状，全面系统总结临空经济区建设和空港型物流枢纽发展的经验和存在的不足，国家发改委综合运输研究所、航空经济发展河南省协同创新中心、中国城市临空经济研究中心和河南航空经济研究中心组成联合课题组展开研究，由金真、谢本凯等执笔完成了《中国航空物流枢纽发展指数报告（2021~2022）》。国家发改委综合运输研究所汪鸣所长，郑州航空工业管理学院党委书记付强教授、院长刘代军教授多次激励我们，并多方面予以及时指导和有力支持。本书的出版，既得益于郑州航空工业管理学院宽松的学术氛围，也得益于学院领导、同仁、朋友的关心和帮助。河南水利与环境职业学院院长李广慧教授、科技处刘兆瑜处长等对于本研究及最终成书，始终予以热情关注和支持。

本书在撰写过程中参阅了国内理论界的一些研究成果，在出版过程中还得到了社会科学文献出版社的关心和大力支持，在此一并致以最诚挚的谢意。本书是集体合作的成果。执笔人员有航空经济发展河南省协同创新中心专家组成员金真、常金铃、宋志刚、谢本凯、常广庶、张妍棋、樊毓卿、朱镇远等老师，吴盈辉、刘晶晶、曹雨晴、张笑笑等同学在资料整理方面也做了大量工作。写作提纲由国家发改委综合运输研究所、航空经济发展河南省协同创新中心、中国城市临空经济研究中心共同拟定。最后由谢本凯做了全书的审稿、定稿工作。由于作者理论水平有限和数据可得性等原因，本书内容还存在相当大的改进空间。在此，敬请广大读者予以谅解并指正。

图书在版编目(CIP)数据

中国航空物流枢纽发展指数报告.2021-2022/金真等著.--北京:社会科学文献出版社,2022.9
(航空技术与经济丛书.智库报告)
ISBN 978-7-5228-0980-9

Ⅰ.①中… Ⅱ.①金… Ⅲ.①物流-航空运输-交通运输中心-研究报告-中国-2021-2022 Ⅳ.①F562.3

中国版本图书馆 CIP 数据核字(2022)第 200462 号

航空技术与经济丛书·智库报告

中国航空物流枢纽发展指数报告(2021~2022)

著　　者 / 金　真　谢本凯　等

出 版 人 / 王利民
组稿编辑 / 陈凤玲
责任编辑 / 李真巧
责任印制 / 王京美

出　　版 / 社会科学文献出版社·经济与管理分社(010)59367226
　　　　　 地址:北京市北三环中路甲29号院华龙大厦　邮编:100029
　　　　　 网址:www.ssap.com.cn

发　　行 / 社会科学文献出版社(010)59367028
印　　装 / 三河市尚艺印装有限公司

规　　格 / 开本:787mm×1092mm　1/16
　　　　　 印　张:13.75　字　数:213千字

版　　次 / 2022年9月第1版　2022年9月第1次印刷
书　　号 / ISBN 978-7-5228-0980-9
定　　价 / 99.00元

读者服务电话:4008918866

版权所有 翻印必究